事典　和菓子の世界

増補改訂版

中山圭子

岩波書店

まえがき

「羊羹はお菓子なのにどうして羊の字が使われているの？」「端午の節句にはなぜ柏餅を食べるのですか」

私が所属する株式会社虎屋の菓子資料室、虎屋文庫には、和菓子に関わる様々な質問が飛び込んでくる。受け答えをするなか、和菓子の由来がわかるような辞典があったらと思うことは多く、気長に調査・研究を続けながら、いつか作れたらとぼんやり考えていたのだが、辞典執筆の依頼は想像した以上に早くやってきた。うれしいと思う反面、とまどったのは言うまでもない。

しかし、全国各地の名菓や和菓子作りの本はあっても、身近な最中（もなか）や饅頭の来歴、加えて、それらにまつわるエピソードをまとめたものはないと気づいたとき、手元にあると便利で、和菓子がより楽しめる内容だったら……と方向性が見え、執筆の意欲がわいてきた。和菓子に関する言葉の定義というより、事柄について解説する「事典」とし、奥深い和菓子の世界に親しむガイドブックのような活用を考えてみた。

本書は、名称編、モチーフ編、素材・用語編の三部から構成される。名称編では、全国和菓子協会のウェブサイトや一般的な菓子関連書籍に見られる主要な菓子名を選びだした。それぞれの菓子の歴史を解説するとともに、古典文学や史料を引用して、人々がどのような思いで作り、味わい、楽しんできたかを想像しながらまとめた。モチーフ編では、和菓子に見られる意匠を植物や動物などに分け、その象徴性や造形のおもしろさに触れた。斬新なモチーフも見られる今日だが、ここではとくに伝統的なものを収録している。また、素材や製法用語も、一般的な菓子関連書籍に見られるものを選んだ。

名称、モチーフ、素材・用語のいずれにおいても地域や店の個性による違いは存在する。全国区では無名でも、特定の地域ではだれもが知っている名称や意匠があるし、同じ素材・同じ製法なのに呼び名が異なる場合もある。残念ながら今回は全国各地の菓子を幅広く収めることはかなわず、執筆しながら、都道府県別の『事典 和菓子の世界』が刊行されればと願わずにはいられなかった。本書の誕生が、地元の菓子文化を見直し、その地域ならではの菓子を守り、後世に伝えていく動きにもつながっていけば幸いである。

ちなみにイタリアでは、スローフード協会の会員の協力によって『*L'Italia dei dolci*』(二〇〇三)が刊行されている。イタリア各地の伝統的な菓子(名物というより各地で大事にされてきた素朴な菓子)を一つ一つカラー写真つきで紹介するもので、こうした本も執筆の刺激になったことを記しておきたい。

ありがたいことに、名称編では、虎屋を中心に多くの和菓子店のご協力を得、菓子のカラー写真を多数掲載することができた。またモチーフ編では、阿部真由美さんの素敵なイラストにより、文章表現では難しい和菓子の色かたちの美しさが、イメージしやすくなったと思う。本の企画から刊行に至るまでお世話になった岩波書店辞典編集部の藤田紀子さんに感謝したい。

美術家の森村泰昌氏がかつて拙著『和菓子ものがたり』(二〇〇〇)の巻末エッセイに「和菓子とは、

話題が豊富であり、広大かつ深い学問の対象であり、また胃袋だけでなく想像力にも訴えかけるお楽しみな世界でもある」と記してくださったように、和菓子には無限の魅力がある。こうした和菓子のすばらしさを今後も伝え残していければと思う。

最後になったが、これまで様々な機会にご教示・ご協力くださった各方面の先生方、および和菓子ファンや業界の方々、虎屋の黒川光博社長、そして社員の皆様に厚く御礼申し上げたい。

二〇〇六年一月

中山圭子

増補改訂版　まえがき

二〇一三年、和食がユネスコの無形文化遺産に登録された影響もあって、和菓子への関心は近年高まっていると感じる。教育面でいえば、小中学校の調べ学習や伝統文化の授業で、和菓子がよく取り上げられるようになった。虎屋文庫顧問の青木直己氏が立正大学の日本史の講座で「和菓子の歴史」を担当されるなど、この動きは大学教育にも広がっている。また、国立情報学研究所と国文学研究資料館は、江戸時代の料理書を身近に感じてもらえるよう、クックパッドにレシピを公開。菓子のレシピもあり、人気を集めている。食文化に関わる古典籍や、菓子の見本帳を公開する機関も増え、和菓子について調べることがますます楽しくなってきた。実際、研究者も増えている。

　こうしたなか、一二年ぶりに事典の増補改訂版を出させていただけたことを大変うれしく思う。本書を通じて、食べておいしいだけでない和菓子の魅力やおもしろさをより多くの方に感じていただければ幸いだ。最後になったが、お世話になった岩波書店編集部の藤田紀子さん、そしてこれまでご教示、ご協力くださった多くの方々に心より御礼申し上げたい。

二〇一八年一月

中山圭子

凡　例

一、本書は、「名称編」「モチーフ編」「素材・用語編」の三部から成る。

一、見出しの表記は、一般的と思われるものを採用し、漢字の場合は直後に読みを記した。

一、別称がある場合には、解説文中で言及し、索引から検索できるようにした。

一、常用漢字・人名用漢字、現代仮名遣いを用いた。ただし、固有名詞では、旧字体・異体字を用いた場合もある。古典文学などの引用は常用漢字を基本とし、仮名遣いは原文にならったが、ルビは現代仮名遣いを用いた。

一、古典文学などの引用は、『新日本古典文学大系』（岩波書店刊）ほかに拠った（巻末の参考文献参照）。

一、解説文中で、文献直後の（　）内の年号は主に刊行年を示すが、『貞丈雑記』（一七八四頃成）のように、成立年や筆記された年間を記したものもある。また『守貞謾稿』は、従来「漫稿」と表記したが、近年の研究書や翻刻書にならい「謾稿」とした。原本は天保八～嘉永六（一八三七～五三）年頃に書かれ、中断後、慶応三（一八六七）年まで追書されているが、本書では成立の目安として（一八五三）を記した。

一、解説文中で、他に立項されている菓子の名称、モチーフなどに言及がある場合には、＊（アステリスク）を付し、参照の便をはかった。また、は注を示す。

一、解説文中で、素材や製法用語に言及がある場合には、煩雑さを避けるため、＊を付すことはしなかった。適宜「素材・用語編」を参照されたい。

一、本書で言及した人物の敬称は省略した。

【名　称　編】

一、一般的な和菓子関連書籍に見えるような伝統的な菓子、代表的な菓子、身近な菓子、年中行事に欠かせない菓子の名称を選び、収録した。

一、項目は五十音順に配列した。

一、それぞれの菓子について、おおむねどのようなものであるか解説した。なお、地域や菓子店により、製法、素材などに違いが見られる場合もある。

一、各項目に一例として菓子の写真を配した。商品名や菓子店は協力店一覧を参照されたい。

【モチーフ編】

一、和菓子の代表的なモチーフを収録した。

一、項目を、「植物」「動物」「自然」「そのほか」に分類し、それぞれのなかで五十音順に配列した。

一、各項目に一例として菓子のイラストを配した。

一、見出しが季語に該当する場合は、解説末尾に《季語　夏》などのように示した。ただし、菓子の販売時期とは必ずしも一致しない。

【素材・用語編】

一、和菓子の主要な素材および分類・製法用語を収録した。なお、地域や菓子店により、異なる語が用いられている場合もある。

一、素材は、「餡」「豆類」「砂糖類・甘味料」「粉類・穀類」「香料・調味料ほか」に分類し、それぞれのなかで、内容に沿って適宜項目を配列した。

一、分類・製法用語については、項目を五十音順に配列した。

【コラム・付録・索引】

一、コラムは、「年中行事と和菓子」「知っておくと便利な文様」「世界の菓子木型」「和菓子の歴史」など、八つのテーマを選び、各編の末尾に適宜配し、解説した。

一、付録として、「和菓子略年表」「和菓子関係資料館・図書館」「主な参考文献」を収録した。

一、本書の末尾に索引を付した。

一、本書に収録している菓子の写真、史資料、絵巻、錦絵等の画像、またイラストは許可なく複製することが禁じられている。

一、「烏羽玉」「翁飴」「金太郎飴」「蓬が嶋」ほか解説文中で紹介した菓銘のなかには登録商標もある。商業上の使用については注意されたい。

一、解説文中の虎屋は、東京都港区赤坂に本社がある株式会社虎屋を指す。室町時代後期に京都で創業し、禁裏(皇室)御用をつとめてきた店で、明治二(一八六九)年の東京遷都をきっかけに、京都の店はそのままに東京にも店を開設。代々伝わる古文書や古器物は虎屋文庫に保管されている。

改訂にあたって「菓子絵図帳」の表記を一般的な「菓子見本帳」に統一した。伝承や逸話よりも出典のある史資料を重視し、注を補足、二〇一七年時点で新たにわかったことを加筆修正し、一部の写真を新しいものにした。また、コラム「絵が語る和菓子の歴史」を追加し、絵画資料の点数を増やした。

協力店一覧

本事典に収録している菓子の写真については、次の各店ほかの協力を得た（店名の下に商品名、および〔 〕内に項目名を示した）。ここに記して謝意を表したい。なお、店名は二〇一八年初版当時のもので、閉店した店もある。

東北

九重本舗 玉澤　しおがま〔塩釜〕

関東

紅葉屋本店　五家宝〔五家宝〕

三引屋　くず桜〔葛桜〕・艶袱紗〔つやぶくさ〕

東京

曙　細光かりんとう〔かりんとう〕・味くらべ〔吹き寄せ〕

榮太樓總本舗　甘名納糖〔甘納豆〕・榮太樓飴〔飴〕・切山椒〔切山椒〕・名代金鍔〔金つば（丸形）〕・鶴の子餅〔すあま〕・大福〔大福〕

小川三智之助　新粉細工〔新粉細工〕

木村屋總本店　桜あんぱん〔あんぱん〕

金太郎飴本店　金太郎飴〔金太郎飴〕・こんぺいとう〔金平糖〕・千歳飴〔千歳飴〕

重盛永信堂　人形焼〔人形焼〕

竹翁堂　みたらし団子〔団子〕・茶通〔茶通〕

月島家　今川焼〔今川焼〕

常盤堂 雷おこし本舗　風雷〔おこし〕

浪花家総本店　鯛焼〔鯛焼〕

船橋屋　くず餅〔くず餅〕

松崎商店　糸柳・都鳥〔あられ〕・手焼・二つ折〔煎餅〕・ボーロ〔ぼうろ（小）〕

北陸

大杉屋惣兵衛　翁飴〔翁飴〕
小林製菓所　辻占い煎餅〔辻占〕
浪花屋製菓　柿の種〔柿の種〕
中田屋　きんつば〔金つば（四角）〕
諸江屋　金花糖〔金花糖〕
彩霞堂　越の富貴よせ〔砂糖漬〕
柚餅子総本家　中浦屋　丸柚餅子〔柚餅子〕
羽二重餅総本舗　松岡軒　羽二重餅〔羽二重餅〕

東海

両口屋是清　みぞれ羹〔みぞれ羹〕
大澤屋製菓舗　六宝焼〔六方焼〕

近畿

亀屋良長　烏羽玉〔うば玉〕
植村義次　すはま〔すはま〕

中国・四国

翁軒　調布〔調布〕
來間屋生姜糖本舗　生姜糖〔生姜糖〕
西川屋老舗　ケンピ〔けんぴ〕

九州

松屋利右衛門　鶏卵素麺〔鶏卵素麺〕
北島　丸芳露〔ぼうろ（大）〕
大浦金盛堂　若緑〔コラム　気になる菓子〕
カステラ本家　福砂屋　カステラ〔カステラ〕
明石屋　軽羹〔かるかん〕

そのほか

製作者・下坂玉起〔寒氷〕
製作者・福留千夏〔工芸菓子〕

なお、著者の所属先の虎屋および虎屋文庫、また、カメラマンの安室久光氏などからは次の写真の協力を得た。

商品名と項目名が異なるもの

伊賀餅〔いが餅〕・曙〔黄味時雨〕・川島〔錦玉羹〕・松襲〔きんとん〕・氷の上〔こなし・煉り切り〕・冷し白玉ぜんざい〔白玉〕・お汁粉〔汁粉・ぜんざい〕・菊焼残月〔乱菊焼印〕〔中花〕・葛切〔点心〕・ところ天〔ところてん〕・饅頭（紅白）・檜葉焼饅〔引菓子〕・味噌松風〔松風〕・虎屋饅頭〔饅頭〕・白水無月〔水無月〕・御代の春〔最中〕・重陽〔桃山〕・夜の梅〔羊羹〕・貝合せ〔落雁〕

商品名と項目名が一致するもの

あこや・安倍川餅・あんみつ・亥の子餅・鶯餅・おはぎ・嘉祥菓子・柏餅・葛焼・桜餅・粽・椿餅・土用餅・花びら餅・水羊羹

展示用に製造、再現したもの

有平糖・栗餅・外郎・雲平・鹿の子餅〔鹿の子〕・求肥・母子餅〔草餅〕・月見団子・唐菓子・どらやき・菱餅・店頭用鏡餅〔餅〕・餅花・わらび餅・ふのやき〔コラム　気になる菓子〕

そのほか

外国の金平糖や虎屋蔵の菓子関連資料など。

「烏羽玉」「翁飴」「金太郎飴」「残月」ほか解説文中および右記一覧で紹介した菓銘のなかには登録商標もある。商業上の使用については注意されたい。

目次

［コラム］

イラスト・装画　阿部真由美

第一部　名称編

あこや

京都を中心に主に関西で知られる雛菓子の一つ。阿古屋貝（真珠貝）にちなむ名前[1]で、生地にのせた餡玉を真珠に見立てている。餡をのせた形から「いただき」[2]ともいい、生地の先端をちぎったものに「ひちぎり」「ひっちぎり（引千切）」の名もある。後者は、雛菓子用にすばやく、そして大量に作る様が想像される、おもしろい名前だ。[3]店によって、台となる生地（こなし*や外郎*）を紅・白・緑にしたり、のせる餡をそぼろ状にしたり、違いが見られる。彩りも明るく、可愛らしい形が女子の健やかな成長を祝う雛祭りにふさわしい。

すでに江戸時代後期、京都・大坂では「いただき」の名で、雛祭りの祝いの配り物にされていたことが『守貞謾稿』（一八五三）の記述からうかがえる。当時も現在同様の形だが、新粉生地のくぼみに「砂糖入りの赤豆餡」をのせたものだった。今のような色分けはなかったようで、素朴な菓子だったのだろう。江戸では涅槃会（釈迦の命日。旧暦二月一五日）に供えることもあったという。現在の東京にその名残はないが、四月八日の花祭り（釈迦の降誕を祝う灌仏会）に作る店がある。

かつては釈迦の寂滅、そして現在は釈迦の誕生日に用意されるとは興味深い。

1 「あこや」は千利休（一五二二〜九一）の最晩年の茶会記録とされる『利休百会記』（成立には諸説あり）にも見える。『日葡辞書』（一六〇三）には「米の粉で作った小さな団子の一種」とあり、当時は真珠に見立てていたと考えられる。

2 平安時代の公家社会では、正月などに、小児の頭に餅を触れさせ、その前途を祝う「戴餅」の儀式を行っていた。「いただき」の名には、そうした成長祝いの意味も込められているのだろう。

3 禁裏（皇室）御用をつとめた川端道喜の「月々御常式御用控」には、明治四（一八七一）年三月に「引千切」の御用が二一〇個あったことが記されている。

安倍川餅

あべかわもち

安倍川とは、静岡市の西部から南の駿河湾に注ぐ川のこと。安倍川餅は、この川の近辺の茶店で売られた黄な粉餅に由来する。いつ頃からあったかは不明だが、江戸時代には街道名物として知られていた。随筆『耳囊』（一七八四〜一八一四）によれば、八代将軍徳川吉宗は安倍川餅を好んだとのこと。それを知った御賄頭の古郡孫大夫は駿河からもち米を取り寄せ、富士の雪解け水を使った特別の安倍川餅を作り、納めたところ、吉宗は大変喜んだという。

弥次喜多道中で有名な『東海道中膝栗毛』（一八〇二〜二二）にも「爰は名におふあべ川もちの名物にて、両側の茶屋、いづれも奇麗に花やかなり　ちやや女「めいぶつ餅をあがりヤアし」……」と書かれている。往時の人気は受け継がれ、安倍川餅は現在も静岡の土産品として健在だ。砂糖入りの黄な粉をまぶしたものと、こし餡をつけたもののセット売りが知られる。なお、福井では黒蜜と黄な粉で食べる「あべかわ餅」が名物である。

一方、家庭でもあべかわ餅(一般にひらがな表記)はおやつがわりに作られており、黄な粉餅の代名詞になっている。といっても、この名が通用するのは東日本といえ、西日本での知名度はやや低い。あべかわ餅よりも黄な粉餅の名が親しまれているようだ。

ちなみに、かつて黄な粉餅は、「こっちに来なさい」の洒落言葉としても使われていた。その一例が歌舞伎舞踊の「京鹿子娘道成寺」で主人公、花子が登場するときの坊主たちの台詞。「さあさあこちらへ」に続き、「きなこもち　きなこもち」と繰り返され、笑いを誘う。

甘納豆

あまなっとう

ねばねばした納豆は嫌いだが、甘い納豆なら好きという人は周りにいないだろうか。甘納豆は、豆類を煮、砂糖蜜に漬け、煮詰める工程を繰り返して作る。仕上げに白砂糖をまぶしたものもある。小豆やささげが代表といえるが、うずら豆、うぐいす豆など種類は多い。

甘納豆は、江戸時代末期、東京日本橋の榮太樓總本舗の初代が金時ささげを使って「甘名納糖」を考案したのが始めという。煮詰めても皮が割れないささげの性質をうまく利用したもので、今も伝統の味は受け継がれている（写真）。ちなみにこの名前は、静岡県浜松の「浜名納豆」（浜納豆とも。塩味の乾燥納豆。京都の大徳寺納豆と同類）をもじってつけられたそうだ。明治時代以降、甘納豆の名が一般化し、各地で作られるようになった。戦後生まれは、花園万頭の「ぬれ甘なっと」。大納言小豆をやわらかく煮上げ、しっとりと艶やかに仕上げたもので、東京土産の一つとして名高い。

なお、北海道など、赤飯に甘納豆を使う地域もあるという。甘い赤飯とは意外だが、ひと味違ったおやつとしても楽しめそうだ。

甘納豆を製法用語としてとらえ、芋や栗を使った「芋甘納豆」「栗甘納豆」という商品名もある。

飴
あめ

飴の歴史は古く、『日本書紀』の神武天皇紀に「吾今当に八十平瓮を以て、水無しに飴を造らむ」とあるのが最初の記述とされる。天神地祇をまつるにあたって飴を造ったとも解釈されるが、その製法は意味不明で、はたして食物の飴を指しているのかどうか疑わしい。

いずれにしても、飴はかつて単なる嗜好品ではなかった。「糖」「餳」「餹」とも書き、正倉院文書の正税帳や『延喜式』などに読経供養料としてその名があることから、奈良～平安時代には仏事の供養

などに用意されたと考えられている。また、平安京の東西の市でも売られており、『延喜式』や『和名類聚抄』（九三五以前）などの記述から、材料に米もやし（米糵）や麦もやし（麦芽）を使っていたことがわかる。後に麦もやしが主流になり、現在の麦芽糖同様、米・粟などに加え、発酵させた後、炊き上げ、濾過する製法が広まったと考えられる。室町時代には『三十二番職人歌合絵巻』（一四九四頃）の絵図などから、飴の行商人（糖を*粽にぬりつけている糖粽売りと、薬入りの飴を売る地黄煎売り）もいたことが確認できる。江戸時代には種類も増え、汁飴（やわらかな飴・水飴）、固飴（汁飴をさらに煉り、固くしたもの）、白飴（固飴を引きのばし、白っぽくしたもの）、*有平糖のような砂糖飴（砂糖を主原料に作るもの）、求肥飴（*求肥とも。熊本名物朝鮮飴のようなもの）など、様々な飴が作られた。材料によって、肉桂飴、胡麻飴、粟飴、たん切り飴（文字通り、痰を切るために薬草などを入れた飴）などがあり、形も多様で、吹飴（飴を吹いて、動物の形などにしたもの）ほか飴細工、笹飴（笹で包んだもの）、ぶっ切り飴（*金太郎飴のように長い飴を切ったもの）、*千歳飴（七五三用の長寿を願う長い飴）などがあった。

また、江戸時代には派手な着物や異国情緒あふれる扮装で、歌ったり、踊ったりしながら飴を売る行商人が数多くいた（次頁図）。たとえば、「飴を買たら凧やろふ」（飴を買ったら、小さな凧をくれる）、「土平飴」（土平屋という名の者が独特の歌を披露して売り歩く）、「おまんが飴」（女装し、芸を見せる）、「とっかえべい」（火箸やかんざしなどの不用品を飴と交換する）、「唐人飴」（朝鮮通信使風の服装と舞曲を見せ物とする）などで

『名代干菓子山殿（めいだいひがしやまどの）』（1778。虎屋蔵）に描かれた飴売り。①土平飴売り
②あまいだ飴（念物飴）売り　③お駒飴売り（着物の柄が独楽（こま））　④唐人飴売り

ある。時代劇や小説ではこうした飴売りが隠密剣士であることも少なくない。

飴売りの芸のなかには、「飴売り渦松（うずまつ）」（鎌倉節の飴売り）のように、歌舞伎の所作事（しょさごと）にも取り入れられ、広まったものもある。気になるのは、飴の茶碗売り。「飴のお茶碗にはぜが這入（はいり）て四文」といいながら売っていたというが、どんな茶碗だったのだろうか。今も干菓子で実寸の抹茶茶碗を作っている店があるだけに、飴ではどのような感じに仕上がったのか、本物を見てみたいものだ。

はぜ米。籾（もみ）つきのもち米や玄米などを煎（い）ってふくらませたもの。

▼参考　虎屋文庫機関誌『和菓子』二三号・特集あめ（二〇一六）。

あられ

醬油煎餅と見かけが似たものがあるが、醬油煎餅はうるち米、あられはもち米が原料になる。作り方や形状から、あられはあられ餅ともち米あられとに分けられるだろう。

あられ餅は、采の目切りにした餅を干して煎ったもの。[1] 鍋で煎ると、あられが散るようにふくらむため、あるいは、采の目切りを「あられに切る」ということからその名がついたとされる。

かつては役目を終えた鏡餅や残りものの餅であられを作る家は多かった。「まな板へあられで疵をつきはじめ」(『柳多留』)という江戸時代の川柳があるように、固い餅を細かに切るのは骨の折れる作業。時代の流れとともに少なくなったが、地域によってはかき餅、おかきという呼び名で今も同様のものが親しまれている。なお、おかきは欠(搔)き餅に由来する言葉。あられよりも大きいものを指すという使いわけもある。

また、京都などでは、涅槃会(釈迦の命日。旧暦二月一五日)に「お釈迦のはなくそ」「花供曽」といったあられ餅を供える所もある。「花供御」にちなむ言い回しと考えられるが、「そ」と「ご」とでは大違い。笑えるネーミングだ。

一方のもち米あられは、もち米を蒸して乾燥させ、糒にし、煎ったもの。あられ餅よりもさらに粒が細かく、よりその名にふさわしい。粒の細かさによっては「玉あられ」など、優雅な名前もつく。

江戸時代、こうしたあられは、煎った豆と合わせ、年末から正月、また三月三日の雛祭りなどに用意された。[2]なお、「雛あられ」は明治時代以降に広まった言葉で、一般に関東でははぜ米に砂糖がけしたもの、関西では醤油や青海苔などで味つけした、直径一センチほどのもち米あられを指す。現在では機械生産され、粒のより細かなあられが作られるようになった。大きさもいろいろあるようで、お茶漬けの具やテンプラの衣としても使われている。

あられは、菓子だけでなく様々なものの名に取り入れられている。たとえば、茶の湯で用いられる釜の胴の地紋に小さな突起物を浮き出させたものは「あられ釜」、玉石などを敷き詰めた庭園の道は「あられこぼし」、細かな粒のような文様は「あられ小紋」として親しまれた。今ではあまり聞かれなくなってしまったが、采の目に切って揚げた豆腐は「あられ豆腐」、かけそばの上に煮た貝柱をのせ、のりをかけたものは「あられそば」、細かく切った山芋が断面に見える羊羹(*ようかん)は「あられ羹」など、食物でも多くの用例があった。あられの風情を様々に楽しんだ昔の人の遊び心が偲(しの)ばれる。

あられといえば「雪やこんこ、あられやこんこ……」で始まる文部省唱歌「雪」(作詞家・作曲家不明)が思い浮かぶ。天から降ってくる白い贈り物にわくわくした幼い日が思い出されるが、意外にも冒頭のこの部分は、子どもが雪やあられに呼びかけるときの言葉として江戸時代から使われている。こんこは「来ん来」「来よ来よ」の意、あるいは雪やあられが降る音を表している由(よし)。寒い冬の日、あられをぽりぽり食べながら、この言葉を口ずさんだ坊やもいたかもしれない。

[1]『古今名物御前菓子秘伝抄(こきんめいぶつごぜんがしひでんしょう)』(一七一八)には「まんよう」(万葉の意か)の名で、この製法が見える。

[2] はぜ米(八頁)も同様に使われた。

有平糖

あるへいとう

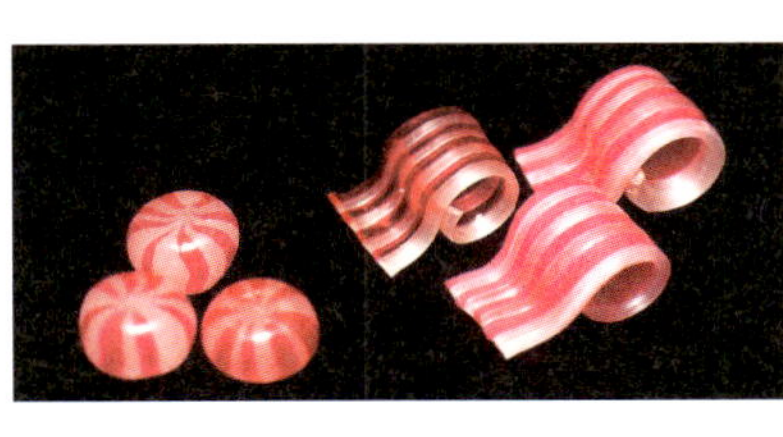

南蛮菓子*の一つ。原形は、ポルトガルのアルフェロア(Alféloa)と呼ばれる砂糖菓子とされてきたが、南蛮料理の研究家荒尾美代の調査によると、現在、この菓子は作られていないという。むしろ、アソーレス諸島の島の一つ、テルセイラ島に今も残るアルフェニン(Alfenim)の方が有平糖の原形と考えられるそうだ。

アルフェニンの主な材料は砂糖と水。両者に少量の酢を加え、煮立たせた後、バターをぬった銅鍋に入れて、冷まし、引きのばしていくと気泡が入り、白くなる。これで鳥や瓢箪*(ひょうたん)などの形を作る。おもしろいことにこの製法は、江戸時代の菓子製法書『古今名物御前菓子秘伝抄(こきんめいぶつごぜんがしひでんしょう)』(一七一八)に見える「有平糖」にほぼ同じという。アルフェニンは、現在もキリスト教の行事の際、教会に奉納されるとのこと。一六世紀、宣教師が日本に伝えても不思議ではないと思えてくる。

江戸時代後期には色も形も様々な凝った有平糖が盛んに作られた。菓子見本帳によく描かれるのは、曲物(まげもの)や膝(ひざ)と呼ばれる、曲げた形で縞文様のもの。錦絵では、高坏(たかつき)に盛られていたり、菓子箱に並べられたりする(三〇七頁)。今ではあまり作られない形だけに、すぐに有平糖とわかる人は少ないだろう。

この曲物には、縞模様の配色により風流な名前がついていた。たとえば、紅と黄なら紅葉に見立てて「立田糖」（立田は歌に詠まれた紅葉の名所。二四七頁）、白と緑なら「青柳糖」という具合だ。一方、梅、土筆（つくし）、蕨（わらび）など、愛らしい形の細工物の有平糖もあり、こちらも贈り物として喜ばれたと思われる。名高い店として、幕府御用をつとめた金沢丹後（かなざわたんご）があったが、明治維新を迎え、徳川家という大顧客を失い、廃業してしまった。残念ながら、同店ならではの高度な有平糖作りの技術は、伝承されていない。

現在、茶席の干菓子や雛菓子として、千代結び（紅白の結び形）を代表に、貝や土筆、花など、季節感ある小ぶりなものがよく作られている。珍しいのは、長崎の長さ二〇センチほどの千代結びだろう。結婚式の引出物に用いられるもので、女の子が髪に飾るリボンのような感じだ。このほか、全国菓子博覧会の*工芸菓子のコーナーでは流水の形や縞模様の大ぶりの有平糖を見ることがあるが、これらはもっぱら観賞用といえる。

有平糖の色かたちはよほど親しまれていたのか、かつては有平更紗（さらさ）や有平巻など、染織品や女性の髪の結い方の名前にも使われた。また、理髪店の目印とされる赤・白・青のらせん模様の看板は「有平棒」、理髪店は「有平床（あるへいどこ）」とも呼ばれた。

ちなみに筆者のお気に入りは、宮沢賢治の『チュウリップの幻術』に見える「日が照ってゐるために荷物の上にかざされた赤白だんだらの小さな洋傘（こうもりがさ）は有平糖でできてるやうに思はれます……」という描写。賢治の優しげなまなざしが想像される一節だ。

◆同書の有平糖では酢を使わない。現在は一般に、砂糖、水飴、水を煮詰め、少し冷まして熱いうちに形を作る。

▼参考　荒尾美代「南蛮菓子アルヘイトウの語源考」（虎屋文庫機関誌『和菓子』二三号、二〇一六所収）。

粟餅

あわもち

もち粟を蒸して搗いたもの（粟粉で作ったり、もち米を加えたりしたものもある）。昔から有名なのは、京都の北野天満宮近くの粟餅[1]（澤屋）で、餡をつけたものと黄な粉をまぶしたものがある。家庭で作る地域もあるようだが、その名を耳にすることも少なくなった。粟を使ったものといえば、粟ぜんざいの方がなじみ深いだろう。

しかし、江戸時代には茶店や菓子屋で気軽に口にできる、庶民的な菓子の一つだった。とくに江戸で名高かったのが、目黒不動尊前の粟餅屋[2]である。目黒不動尊は、現在の目黒区下目黒にある瀧泉寺のことで、三代将軍家光の再興により、参詣人の絶えない名所になったという。

さて、この名所の粟餅屋を舞台にし、恋川春町が書いた有名な作品が『金々先生栄花夢』（一七七五）である。それまでの若者向けの草双紙に比べ、洒落や風刺、滑稽味のある大人向けの読み物が誕生したわけで、黄表紙（表紙が黄色だったことにちなむ）の始まりとされる。

文学史上に残る画期的作品といえるが、その発想の源は、意外にも中国の故事「邯鄲の夢」。難しく聞こえるが、栄枯盛衰のはかないことのたとえに使われる「一炊の夢」といえばわかりやすい。春町は故事に見える黄粱(オオアワ)を粟に置き換え、主人公が店先で粟餅一炊の間に栄華の夢を見るという内容に仕立てたのである。行きつけの目黒の粟餅屋でくつろいでいるときに、このアイディアを思いついたのだろうか。同書には、粟餅屋の餅搗きの場面が春町自らの手によって描かれているが、この店はもはや存在しない。

粟餅でさらに惜しいのは、前述の店同様、江戸っ子の人気を集めた曲突の粟餅屋も姿を消したことだ。『守貞謾稿』(一八五三)によれば、歌声とともに餅を搗きあげ、できた餅をむんずと手でつかむなり、指の間から四つの団子にし、六〜七尺(約二メートル)離れた盆中に投げ入れたという。あっと驚くような離れ技に喚声をあげる見物客の姿が想像される。ちなみに、できた餅は黄な粉をかけて食べたという。曲突は評判を呼び、歌舞伎の所作事にも取り入れられ、弘化二(一八四五)年には中村座で「花競俄曲突」が、また文久元(一八六一)年市村座では、「契恋春粟餅」が初演された。餅づくしの掛け声もおもしろいこの所作事は、錦絵にも描かれている。

1『毛吹草』(一六三八序)に「北野天神門前　茶屋ノ粟餅」とあり、当時から名物だったことがわかる。

2『続江戸砂子』(一七三五)に昔は本当の粟餅だったが、近年餅を粟色に染めたという記述がある。その後の変遷は不明だが、『金々先生栄花夢』の挿絵には「本粟餅」の看板が見える。

あんぱん

廃藩置県、四民平等、文明開化など、世の中が刷新された明治時代。あんぱんは、「洋」に伝統的な「和」を組み合わせた、和洋折衷の画期的な食べ物として、明治七(一八七四)年誕生した。考案したのは銀座の木村屋總本店の初代である(写真は現在のもの)。注目したいのは、パンとはいえ、イーストではなく酒麹を使っていること。あんぱんは、酒饅頭つまり和菓子作りが土台になっているのだ。そのおいしさが日本人に受けたのも、もっともであろう。ちなみに、パンのへそに八重桜の塩漬けを入れたのは明治八年で、天皇に献上するためだったという。あんぱんは全国に広まり、胡麻や芥子の実をまぶす、中身の餡を工夫するなど、多様化している。

意外にもパンの伝来は明治時代よりはるか昔のこと。*南蛮菓子と同様にポルトガルから一六世紀に伝えられた。『古今名物御前菓子秘伝抄』(一七一八)に「はん」(パン)の製法が見え、イーストらしきものは「ふるめんと」(おそらくポルトガル語のFermento)と表記されている。この「ふるめんと」と、小麦粉、砂糖を混ぜ、発酵させ、風呂(焼き窯)で焼いてパンができるという。製法書にはあるものの、風呂の設置が難しかったのか、パンを扱った菓子店の存在については資料がなく、どの程度広まったのか不明である。結局、あんぱんの発想は明治時代を待たなければならなかった。

そして昭和四八(一九七三)年に、やなせたかし作『あんぱんまん』(現在はカタカナ表記)が月刊誌の絵本に発表された。今なお続くあんぱん人気には、この正義の味方も貢献しているといえよう。

あんみつ

甘味処の看板商品、あんみつの歴史はゆでた赤えんどうと新粉餅に蜜をかけたみつ豆に始まる。みつ豆はもともと駄菓子屋や屋台で売られるもので、明治時代後期には人気だった。一方、明治三八（一九〇五）年には芸者を得意客とする「蜜豆屋」もあった。[1] 大正時代には東京浅草の舟和[2]の喫茶店「みつ豆ホール」で出される、洒落た銀のボールに寒天、赤えんどう、果物などを盛ったものが評判になった。みつ豆に餡をのせたあんみつは、昭和に入り、銀座の「若松」や「月ヶ瀬」が広めた。

あんみつといえば、『あんみつ姫』を懐かしく思い出す人もいるだろう。倉金章介が一九四九年から五四年まで連載（五五年にも掲載はあり）していた漫画で、甘辛城のお茶目なあんみつ姫を主人公にした作品だ。登場人物も、あわのだんごの守、茶坊主のまんじゅう、カステラ夫人などすべて菓子尽くし。おはぎの局ひきいる腰元は、だんご、しるこ、かのこ、あんこ、きなこで響きもよい。八〇年代には竹本泉によって、登場人物の名前もそのままに再び漫画化され、和菓子ファンを魅了した。あんみつは、いわば和風デザートのアイドル。姫の名にふさわしい可愛らしさが魅力だろう。

1『明治東京逸聞史』(一九六九)所載の明治三七年「子守」、明治三八年「蜜豆」参照。

2 舟和によると、今のようなみつ豆を考案したのは明治三六年という。

いが餅

——もち

米粉の生地で餡を包み、表面に色づけしたもち米をつけ、蒸した菓子で、いが饅頭ともいう。滑稽本の『浮世床』(一八一三〜二三)の菓子売りの呼び声として、鶯餅*や安倍川餅*と並び、「いが餅」の名が出てくるなど、江戸時代には庶民的な菓子として知られていたようだ。

由来については「稲の花」の意の「稲花」からきたとも、栗のいがに見立てたとも、諸説伝えられる。「伊賀餅」の表記があるせいか、伊賀(三重県)の食べ物という解釈もある。いずれにしても名前のおもしろさ、もち米の彩りの良さ、食感などが好まれて、各地に伝わったのだろう。ただし、見てくれは悪いとされたようで、歌舞伎の「吉様参由縁音信(小堀政談)」(一八六九)の二幕に「焼損ひの金鍔か伊賀餅を見たやうな、あんな後家が喰へるものか」という台詞がある。何ともひどい言われようだ。

いが餅は現在も広島、滋賀、秋田、山形、愛知県など各地で作られており、米粒も黄のほか赤や青に染める例が見られる。

ちなみに、茶の宗徧（そうへん）流の祖、山田宗徧（一六二七〜一七〇八）が好んだという宗徧饅頭は、小判形の新粉皮にこし餡を包み、赤や青、黄に染めた飯粒をつけたもので、いが餅に似ているという（『新版茶道大辞典』）。素朴ながら、白地に点在する色の工夫が茶人の趣向にあったのだろう。

石衣

いしごろも

小豆餡（あずきあん）を小さく丸め、すり蜜をからめ、固めたもの。小石が白い衣を羽織ったように見えることからその名がついたのだろう。「松露（しょうろ）」の名でも親しまれており、中身の餡を黒・茶・緑・紅などにしたものを、まとめて袋売りしている店などを見かける。この場合の松露とは松に降りた露ではなく、松の根元などに生える小さなキノコを指しており、石衣同様、愛らしく上品な名前だ。小粒とはいえ、口に含むと中の餡、そして外側のすり蜜が合わさって、かなり甘く感じられるもので、抹茶によく合う。江戸時代にも似た菓子は作られていたと考えられるが、石衣の名で知られるようになるのは、明治時代以降のようだ。

ちなみに永井龍男が一九四九年に発表した短編小説『朝霧』には、心臓麻痺で亡くなったX氏（物語の主要人物）が遺した日記文として「二月十三日　快晴　石ごろも三箇甘し　牛乳一合。配給ナシ」が出てくる（年は書かれていないが、太平洋戦争中と想定できる）。この部分は、現在でいえば認知症（にんちしょう）の症状があった高齢のX氏が、不気味にも自分の死ぬ一週間先の日付まで記していたもの。二月一三日に氏はこの世に存在していなかったわけで、なぜこうした記述になったのかは小説では明らかにされない。氏は記憶の片隅に残っていた菓子を思い出したのだろうか。小説の本筋には関わりないが、菓子好きには妙にひっかかる箇所である。

『実験和洋菓子製造法』（一九〇五）などに製法がある。

亥の子餅

いのこもち

旧暦一〇月の亥の日に万病を払う意で食べる餅。「玄猪（げんちょ）」「厳重（げんじゅう）」「能勢餅（のせもち）」とも呼ばれ、多産の猪（いのしし）にあやかって、子孫繁栄の願いも込められている。亥の子餅の歴史は古く、『源氏物語』の「葵」の帖にも登場する。当時の製法は不明だが、宮中では「大豆、小豆（あずき）、大角豆（ささげ）、栗、柿、胡麻（ごま）、糖」を使ったといい（鎌倉時代成立『二中歴（にちゅうれき）』）、亥（猪）の子形に作ったとも解釈される。

亥の日の行事は江戸時代に盛んに行われ、幕府では江戸城にて、将軍から大名、旗本に、そして宮中では、天皇から臣下などに亥の子餅が下賜（かし）された。

さらに、この行事は収穫祝いとも結びつき、民間にも広まった。猪は火伏せの神として知られる愛宕神社の使いでもあるため、亥の日には炬燵や火鉢に火を入れる習慣があり、亥の子餅は炉開きにも使われるようになった。現在も、一一月の茶道の炉開きに用意することがある。餅の形や素材は、時代や地域、使う階層によっても様々で、紅白の餅、紅・白・黒の餅、里芋やさつま芋を使った餅などが作られているが、炉開き用には、おはぎのように小豆餡(胡麻入りほか)をつけ、黄な粉をまぶした餅など、素朴なものが多いようだ。

なお現在、京都の護王神社では、毎年一一月一日に亥子祭が行われ、亥の子餅が用意される。

摂津国(大阪府)能勢郡より宮中にもち米を献じたことにちなむ呼称。『摂津名所図会』巻九(一七九六)や随筆『耳嚢』(一七八四〜一八一四)に詳しい。

▼参考 管原嘉孝「十月亥子餅について」(日本風俗史学会誌『風俗史学』二一号、二〇〇二所収)。

今川焼 いまがわやき

小麦粉に卵、砂糖などを混ぜた生地を型に流し、餡を入れて焼いた菓子。縁日の屋台などで見かけるが、今川焼の名に親しみを感じるのは、関東・東北近辺出身あるいは在住の人だろう。関西では大判焼や太鼓焼、九州では回転焼の名の方が知られ、近年は関東でも今川焼以外の名を目にする機会が増えた。

今川焼は最初、日本橋通り北の神田堀にかかっていた今川橋のたもとで売られたため、その名がついたという。店名も売り出された年代も不明だが、『富貴地座位』(一七七七)から、本所(現在の東京都墨田区)にあった那須屋弥平という菓子屋が今川焼を販売していたことがわかっている。[1] 江戸時代の今川焼は、川柳の「今川焼は仲秋の月の形り」(『さし柳』)により、丸形だったと想像がつくが、材料や作り方は不明だ。当時から現在同様、卵を混ぜていたとはいいきれず、きんつば*のように小麦粉生地で餡を包んだものだったかもしれない。

今川焼は明治時代に入ってより人気を得たようで、紅梅焼[2]と並んで流行節[3]にも取り入れられた。夏目漱石も『野分』で、神楽坂に立ち並ぶ露店の一つとして、お婆さんが焼く三個一銭の今川焼の店に触れている。こちらは現在と同様のものを想像してよいだろう(写真は寿字入りだが、一般に無地が多い)。

海外に目を転じると、韓国や台湾にも今川焼に似た焼菓子の露店があるのだから驚きだ。台湾では「日式輪餅」「車輪餅」の名で知られているそうで、日本伝来といえる。スナック感覚で手軽に食べられるのが人気の秘密なのだろう。

1 再版増補『江戸惣鹿子名所大全』(一七五一)七巻の「浮麩しんこ」の説明に今川焼が見え、初出は遡る。

2 浅草名物の焼菓子。小麦粉生地を薄くのばして梅花型ほか様々な型で抜き、焼いたもの。

3『明治世相編年辞典』（一九六五）の明治五（一八七二）年の項に、「義経袴にフランケット、とんび著て詩を吟ず、チョイト〳〵にコラサノサ（中略）今川焼と紅梅焼、手製の煮花のお茶をあがれ」が見える。

外郎

ういろう

外郎とはもともと薬の名前。歌舞伎ファンなら、すぐ「外郎売」が思い浮かぶだろう。外郎により持病が治った二代目市川団十郎が、享保三（一七一八）年、江戸森田座で外郎売り（芝居上のことで、実際には行商していない）に扮し、その効用や飲み方について長広舌をふるって評判となったもので、歌舞伎十八番の一つにもなっている。「拙者親方と申すは、お立合いのなかにご存じのお方もござりましょうが……」に始まり、「がらぴいがらぴい風車おきゃがれこぼしおきゃがれこぼしゆうべもこぼしてまたこぼした……」といった早口言葉のような節回しは、今もアナウンサーの発声練習に使われるという。

この薬の外郎を製造販売し、名前を広めたのは大年宗奇という人物だった。宗奇の父、陳延祐は、中国（元朝）で礼部員外郎という官職についており、元朝滅亡後、日本に帰化して博多に居住した。宗奇は室町幕府三代将軍足利義満の招きに応じ、京に移り、中国伝来の薬を製造し、評判になったという。この薬（透頂香とも）の別名が、父親の官職名からとった外郎である。外郎は陣中の救急薬として使われ、名を馳せた。後年、陳氏の子孫は北条早雲に招かれ、永正元（一五〇四）年、小田原に移る。小田原城正面に宅地を与えられるが、その邸宅は「外郎の五丁邸宅」と呼ばれるほど広大だった。続いて豊臣秀吉ほか、江戸時代の歴代の小田原藩主も外郎家を保護したことから、外郎は小田原名物になった。

また江戸時代には、小田原は東海道五十三次の重要な宿駅とされ、参勤交代の大名と旅人が行き来するところとなる。これによって、外郎の効用が話題となり、旅行中の常備薬、あるいは土産として利用されるに至った。その製法は今も受け継がれており、遠方より買い求める人も多いという。

一方、菓子の外郎（外良、外郎餅とも）は、砂糖をとかし、上新粉などを混ぜ、蒸したもので、先の宗奇が国賓の接待用に考案したと伝えられる。図説百科事典『和漢三才図会』（一七一二序）の「外郎餅」には、黒砂糖を用いた生地の色合いが薬の外郎に似ているため、この名がついたとあるが、外郎家によれば、薬の外郎は銀箔付の丸薬で、当時、黒色だったとする史料はないという。

外郎といえば、歌舞伎についで引用されるのが『東海道中膝栗毛』（一八〇二～二二）。小田原に着いた弥次さん、喜多さんが、八ツ棟の威厳ある外郎屋を菓子の外郎を売る店と思い違いする場面が描かれている。「ヲヤ餅かとおもつたら、くすりみせだな」という喜多さんに「ういろうを餅かとうまくだまされてこは薬じやと苦いかほする」と落ちをつける弥次さんの台詞が効いている。江戸時代後期には、薬ばかりでなく菓子の外郎もよく知られていたことがわかり、興味深い。

現在では小田原以外にも名古屋、山口、三重、徳島など、菓子の外郎を名物とするところは多い。

小豆、紫蘇、黒砂糖など、味もいろいろで、口当たりの良さや食べやすさが愛されているようだ。

鶯餅
うぐいすもち

鶯餅は春の代表的な和菓子の一つ。青黄な粉（青大豆の粉）をまぶした餡入りの餅菓子が思い浮かぶが、江戸時代には抹茶をかけることもあったようだ。というのも、『菓子話船橋』（一八四一）掲載の「遠山餅」の製法に、「氷おろしに挽き茶を加へ青色になして、鶯餅のやうに粉をつけるなり」とあり、氷砂糖を細かく挽いたものに抹茶を加え、ふりかけた餅が作られているからだ。同書にはこのほか、抹茶で色づけする鶯羹の製法も見える（肝心の鶯餅の製法はない）。

実際、日本の伝統色に関する事典などで見る鶯色は羽色に似た緑茶色で、淡く白味がかった青黄な粉色というより、抹茶色に近いようだ。鶯の存在が今よりずっと身近だった江戸時代の人々にとっては、抹茶の方が実際の羽色に近いと感じられたのではないか。しかし、青黄な粉の、春にふさわしい色合いや風味の良さがしだいに一般受けするようになったのかもしれない。

江戸時代の随筆『蜘蛛の糸巻』（一八四六）は、鶯餅について「通人の称美したるものなるに、今は駄菓子や物となりて、おっかァ四文くんねへのいやしき小児の物となりぬ」と記している。昔は上品な菓子だったが、後に格が下がって子どもが買うような安物になってしまったという意だろう。抹茶から青黄な粉にかわって大衆化したことが背景にあるからだろうか？　などと推測してみるのも楽しい。今も全国各地で人気の鶯餅。両端をちょっとつまんだ形は、小鳥らしい愛らしさを思わせ、見ているだけで心が和む。

歌川広重の錦絵「浄るり町繁花の図」（一八五二）に見える屋台の鶯餅もこの形である。なお、「蒸餅干菓子雛形」（江戸時代後期以降か。国立国会図書館ほか蔵）の鶯餅は俵形で、材料名に「引茶」（抹茶）と「豆粉」が見える。

うば玉 ——たま

一般に、黒砂糖風味の餡を丸め、つや寒天で覆い、上に芥子の実などをつけた菓子の名として知られる。アヤメ科の多年草、ヒオウギという植物の黒い種（烏羽玉）にちなみ、その名がついたようだが、由来には、次のような中国の伝説も関わりがあるのだろう。

周の穆王の時代、五尺（約一メートル五〇センチ）の烏が飛んできて、世の中が真っ暗になった。烏を捕えてみると、羽から出てきたのが黒い玉。玉を箱に入れると、天下は明るくなり、取り出すと暗くなる。この伝説から黒いことを烏羽玉というようになったという（『雑和集』）。

一方、歌の世界では、

むばたまの今宵な明けそ明けゆかば朝行く君を待つ苦しきに（『拾遺和歌集』恋二・柿本人麻呂）

などがあるように、むばたま（転じてうばたま）は黒との結びつきにより、「夜」「宵」を導く枕詞として知られていた。

菓子の「うば玉」は江戸時代から見られるもので、国学者喜多村信節（一七八三～一八五六）の随筆『嬉遊笑覧』（一八三〇序）によれば、「紅粉や志津磨」（紅谷志津摩か）が寛政（一七八九～一八〇一）頃に作り始めたという。しかし、当時も黒い丸玉だったかどうかは疑問が残る。虎屋の菓子見本帳には、「烏羽玉」として、切り口に黒い丸形が見える棹物の絵図が出ているほか、『菓子話船橋』（一八四一）には、餡入りの「求肥飴」（求肥に同じ）に氷おろし（氷砂糖をおろしたもの）をつける作り方があるからだ。後者の場合、紅白の二種があり、紅色の生地には氷おろしも紅に染めてつけるとある（同書「遠山餅」の項）。これは赤橙色に紅の斑の入ったヒオウギの花を意識しているのだろうか。一方で、中の餡を烏羽玉に見立てたという解釈もある。紅白の二種は受け継がれ（三〇八頁）、現在も新潟県の菓子店（松月堂ほか）などで「うば玉」や「千歳」の名で作られている。

雲平　うんぺい

砂糖に寒梅粉などを混ぜ、薄くのばして型で抜くなど、様々な形にしたもの。雲平糖ともいうが、関西では生砂糖の名で知られる。植物をかたどる場合、葉脈や花筋などは、線刻した専用の木型に押

し当ててつけていくので、写実的な表現も可能だ。*銀杏(いちょう)や*紅葉、*菊、*松葉形などがモチーフの代表で、干菓子の詰合せに彩りとして添えられることが多い。小さなものだけでなく、大ぶりの*牡丹の花や流水の形など、舞台映えする*工芸菓子を作る際にも雲平は欠かせない。

ところで、なぜ雲平という名前なのだろう。由来は不明だが、「雲片香(うんぺんこう)」[1]との関わりを考えてもよさそうだ。「雲片香」とは、寒梅粉に砂糖を加え、固め、箱に入れて押し、ざっと蒸して、翌日薄く切ったもの（『菓子の事典』）。雲片、つまりちぎれ雲、一片の雲に見立てての名前だろう。洒落本(しゃれぼん)『讃極史(さんごくし)』（一七八九〜一八〇一頃）には、「雲片香かるめいらよりはよっぽどいいの」という台詞(せりふ)があり、江戸時代後期にはある程度知られた菓子だったようだ。[2] 中国料理について記した『卓子式(たくしき)』（しっぽくしきとも。一七八四）にもその名が見え、中国伝来の干菓子と考えられよう。「うんへん」が「うんぺい」に転じたのではないか。すでにあった有平（糖）、金平（糖）との語呂合せで、その名がついたのかもしれない。

ちなみに青森県や秋田県でよく知られる雲平は、専用の「雲平粉」（上南粉に餅種の粉を混ぜたもの）と砂糖を合わせた生地を層状にして作るもの。鳴戸巻や蒲鉾(かまぼこ)を思わせるような色かたちもある。

1 現在中国で作られている「云片糕」（云は雲の意）が同類と思われる。

2 蘭方医、柴田方庵(ほうあん)は、嘉永三（一八五〇）年、名古屋の植物学者や江戸の医者を訪ねたとき、それぞれに雲片糕を贈っている（『日録』）。長崎の手土産として持参したものだろう。

干支菓子

えとがし

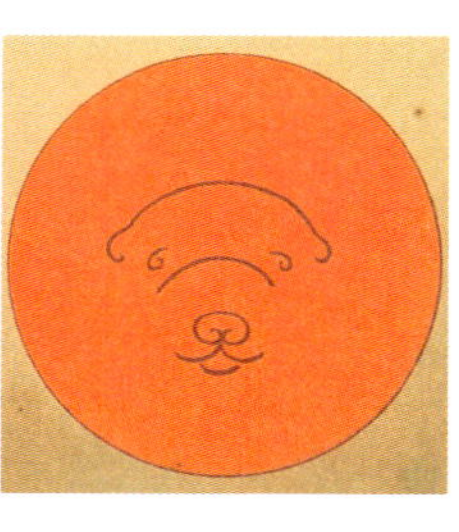

新年を祝う年賀状にはその年の干支が欠かせない。菓子も同様で、干支にちなんだ「干支菓子」が一二月後半から一月に売り出される。

「干支菓子」の名前は江戸時代の文献や菓子見本帳には見当たらないが、*新粉細工や飴細工では動物の形をかたどることが多いことから、十二支にちなむものも作られていたと考えられる。しかし新年の菓子として定着していくのは、*お題菓子同様、明治時代後半以降であろう。

十二支は子丑寅卯辰巳午未申酉戌亥で、順番に鼠(ねずみ)、牛、虎、兎(うさぎ)、竜、蛇、馬、羊、猿、鶏、犬、猪(いのしし)になる。菓子の場合、鼠や兎、猿や犬は可愛らしいものを作りやすいが、蛇や竜はちょっとやっかいだ。実物に似すぎていると食欲も失せてしまうので、それぞれに関連のあるものをデザインに取り込み、おいしく見えるよう努める。蛇ならとぐろを巻いている姿を渦(うず)で表したり、三角形の鱗文(うろこもん)(二六七頁)を使ったりする。また、竜では天に昇っていく姿を螺旋(らせん)で表したり、竜の持つ宝珠を形作ったりする。馬では轡(くつわ)の文様や絵馬で暗示するといった具合で、ほかにも俵で鼠(鼠は大黒天の使い)、蛇籠(じゃかご)で蛇など、判じ物のようなものもある。

このほか、黄と黒の縞模様で虎、黒白のホルスタイン柄で牛、鶏冠と羽を思わせる紅白で鶏など、色や柄でイメージさせることも多い。どれも各店の創意工夫が感じられるもので、年末年始の和菓子屋めぐりが楽しみである。

写真は大正一一(一九二二)年の干支菓子「戌」の例。前年刊行の『勅題干支新年菓帖』巻之二一(一九二一)より。

翁飴

おきなあめ

翁というと、昔話に出てくる善良そうな白髪の老人、あるいは年の初めやお祝いの折に最初に演じられる能の「翁」が連想されるだろう。今ではほとんど使われなくなった言葉だが、料理や菓子の世界では、その古風な響きを耳にすることがある。

たとえば料理では、白髪昆布や白味噌を使ったものに翁の名前がつけられる。翁揚(白身の魚などに卵白をつけ、白髪昆布や削り昆布をつけて揚げたもの)や翁漬(魚肉を白味噌などに漬けたもの)がその例で、ありがたみのある名前によって、料理も一段と高級感が増すようだ。

菓子では翁飴が代表だろう。水飴に、煮とかした寒天を加え、固めたのち、みじん粉などで表面をうっすらと化粧したものだ。薄い四角形にすることが多く、薄布のベールで覆われたような外観が上品で、長寿の象徴、翁のイメージに合っている。和風ゼリーともいいたくなるような食感に、ほんのりした甘みも味わい深い。江戸時代後期には作られており、新潟県上越市の大杉屋惣兵衛（写真）や高橋孫左衛門商店などの菓子店がその伝統の味を伝えている。

なお、『東京風俗志』（一八九八序）には、「翁飴・千歳飴の如き飴・瓦煎餅・塩煎餅の如き煎餅類また多かり」とあり、東京でも明治時代の後期にはよく見られる菓子であったことがわかる。

おこし

おこしの原形は遣唐使が伝えた唐菓子*の一つ粔籹（「おこしごめ」とも）といわれ、平安時代の辞書『和名類聚抄』（九三五以前）には「以蜜和米煎作也（蜜を以て米と和し、煎て作るなり）」とある。煎ることによってふくらむことから名づけられたとされ、「興米」の漢字もよく使われた。

平安時代には、粰粇の呼び名もあり、『延喜式』から、神前のお供えとして用意されたことがわかる。『古今著聞集』巻一八飲食部には、平安時代の公卿藤原忠通が正月に「おこしごめ」を口にしたところが描写されている。口もとにあてて握り砕いた際に、衣の上に散ってばらばらとふりかかったが、その打ち払う様が落ち着いていて、優雅だったとのこと。高貴な人物の美しい所作により、砕けたおこしの米粒も珠玉のように見えたのかもしれない。

江戸時代[1]には各地でおこしが作られた。もち米などの穀物を蒸した後、煎り、水飴や砂糖で固める作り方で、丸く握り固めたものや、板状にしたものなどがあった。

江戸で知られた雷おこしは、浅草雷門再建の年（一七九五）には売られていたといい、浅草寺参りの土産として有名になった。一時は仲見世に何軒もの雷おこしの店ができ、行商も出現した。粋な出で立ちで、黒雲に稲妻模様の脚半に半纏、同じ模様の傘をもち、太鼓の形の箱におこしを入れていたとか。浅草観音開帳前には「三国一の観世音、日本一の大開帳、浅草名物かミなりおこし、雷よけニおかひなさひ」と口上を述べながら売り歩いたという。[2]このほか、『江戸買物独案内』（一八二四）によれば、江戸では「末廣おこし」「幕の内おこし」「五色おこし」「御所おこし」なども売られていた。「末廣」は扇形、「幕の内」は幕の内弁当のごはんのような形にしたのだろうか。名前から様々な色や形を想像したくなる。

一方、『守貞謾稿』（一八五三）によれば、大坂では道頓堀二ツ井戸辺の、津ノ国屋清兵衛が、糒に飴や黒砂糖などを加えて作った、石のように固い「粟ノ岩於古志」（粟はその形状による名）が有名だった。長さ四寸（約一二センチ）、太さ五、六分（約一・五〜一・八センチ）で、一個四文というから、手軽に買える値段だったのだろう。京都や大坂のおこしは、この店の商品を真似したものだったという。しかし、江戸では嗜好の違いか、同様の固いおこしは流行らなかったようだ。

時代の流れとともに、落花生、海苔、紫蘇入りなど、おこしの味わいも変化に富んできた。変わったところでは『実験和洋菓子製造法』(一九〇五)に、屠蘇に使う山椒や肉桂(にっけい)の粉を入れた「屠蘇於古志(とそおこし)」の製法がある。これは双六に描かれる(三〇八頁)ほどよく知られていたおこしで、芝口(しばぐち)(現在の東京都港区)の蟹屋のものが有名だった。また、近年ではやわらかいものや小さなものも工夫されている。

1『料理物語』(一六四三)には、薏苡仁(よくいにん)(はとむぎ)を使う「おこし米」の製法がある。

2『藤岡屋日記』弘化四(一八四七)年「二月中旬の頃より」の項。開帳後、口上はかわる。

お題菓子

おだいがし

宮中の新年の歌会始(うたかいはじめ)のお題にちなむ菓子。御題菓子とも。勅題(ちょくだい)菓子とも呼ばれたが、今ではお題菓子が一般的で、一二月後半〜一月に販売される。天皇が催す歌会はかつて「歌御会(うたごかい)」と呼ばれ、年の始めの歌御会始は、遅くとも鎌倉時代の亀山天皇の頃にまで遡るという。江戸時代、歌御会始はほぼ毎年催され、明治時代へと受け継がれた。転機となったのは明治七(一八七四)年で、皇族、側近だけでなく、一般の詠進も認められるようになった。こうして国民も宮中の歌会に参加するようになり、明治一二年には、優れたものが披講されることになった。

歌御会始のお題が身近なものになってきたことも背景にあるのだろう。明治二一(一八八八)年、京都の上菓子屋の有志が集まり、お題にちなむ菓子の展示を開催した。戦時中途絶えることもあったが、お題菓子を作る店はしだいに増え、現在に至っている。

なお、明治二〇年代のお題は、「池水浪静」「雪埋松」といったもの。大正から昭和にかけても同様で「海辺松」「朝晴雪」「連峰雲」のように三文字が多かった。平成の世では「道」「青」「時」「草」「春」など、漢字一字の傾向があり、「時」で年輪、「草」で草原、「春」で花など、お題から連想されるイメージの菓子が作られる場合が多い。お題菓子は、作り手に機知と豊かな感性が要求される点、創作も難しいといえよう。

写真は大正八(一九一九)年のお題「朝晴雪」にちなんだ菓子例。前年の『勅題干支新年菓帖』巻之一八(一九一八)より。

参考　菓匠会編『明治百年御題菓子』製菓実験社、一九六八。
『京菓子』(『淡交』別冊二五)』淡交社、一九九八。

おはぎ

もち米とうるち米を混ぜて炊き、半搗(つ)きにし、丸めて周りに餡(あん)や黄な粉、胡麻(ごま)などをつけたもの。一年中販売する店もあるが、お彼岸になると行事菓子として、スーパーやコンビニの店頭にも並ぶ。

おはぎについて語るとき、話題になるのがぼた餅との違いだ。秋には萩の花に見立てておはぎ、春には牡丹(ぼたん)の花に言寄(ことよ)せてぼた餅という説もあれば、うるち米が多いとおはぎ、もち米主体に作ればぼ

た餅などの使い分けもある。地域や世代によって諸説様々だが、本来、両者は同じもの。『本朝食鑑』（一六九七）には「母多餅一名萩の花」とあり、当時は母多の字が使われ、「萩の花」ともいわれていたことがわかる。しかしぼた餅には、顔が丸く大きい不器量な女性の意味もあり、宮中の女官が使う女房詞の「萩の花」に由来するおはぎの方が上品な響きがあったようだ。

現在はおはぎが一般的な名称だが、昔はぼた餅以外にも様々な異名があった。もち米をいつ搗いて作るか隣家ではわからないため（米を半搗きにして作るため）、「夜舟」（着き知らず）、「北窓」（月入らず）、「隣知らず」とも呼ばれた。また、「半殺し」（半搗きにするため）の異名もあり、宿の主人が夜、「半殺しにしよう」と話しているのを聞いた旅人が、勘違いして逃げ出すという笑い話も伝えられる。こうした数々の異名は、おはぎがそれだけ各地で作られ親しまれた証しともいえるだろう。江戸時代には、お彼岸以外にも、四十九日の忌明けや一〇月の亥の日にもおはぎ（亥の子のぼた餅とも呼ばれる）を作っていた。市販のものでは文政（一八一八〜三〇）年間に、麴町三丁目（現在の東京都千代田区）で松坂屋おてつが売り出した小豆餡、黄な粉、胡麻餡の三色牡丹餅が江戸名物として大人気だった。

また、『き丶のまにまに』の安政元（一八五四）年の条には「家内親族奴僕等へわかちあたへ、あまさず是を食はすれば炎暑に不レ中とか、市中一般巷説す。依て家々是を調し喰ふがゆゑに、搗米屋餅白米をきらし、粉屋豆の粉を切らせり。此故にたま〳〵牡丹餅あきなふ家へも、買人頻りにこぞり来りて甚(はなはだ)混雑せり」とあり、流言の影響から牡丹餅人気が沸騰したこともあったようだ。

江戸時代後期には彼岸におはぎを配る(音物とする)風習が江戸で定着していたようで、滝沢馬琴(ばきん)の『馬琴日記』(一八二六〜四八記)には、彼岸に手製の牡丹餅を贈ったり、もらったりする記述があるほか、『守貞謾稿(もりさだまんこう)』(一八五三)に「今江戸にて彼岸等には市民各互に是を自製して、近隣音物とする也」と見える。小豆は病を除(よ)けるという民間信仰があることも、おはぎが先祖供養や子孫繁栄の願いと結びついた理由の一つと考えられよう。

岡本綺堂の随筆「二階から」におてつ牡丹餅の思い出話がある。

柿の種

かきのたね

江戸っ子のユーモアから生まれた呼び名かと思いきや、さにあらず。柿の種は意外に新しく、大正時代に、新潟県長岡市の浪花屋製菓が売り出したという(写真は現在のもの)。その誕生のエピソードがおもしろい。同店は、小判型のあられ*を製造していたのだが、ある日、不注意から金型が踏まれ、変形してしまった。代わりがないためにやむなくそのまま使ってあられを作り、形が似ていることから「柿の種」と名づけたところ、たちまち評判になった。唐辛子のピリッとした味わいも酒のつまみにぴったりで、真似

して作る店も増えたという。

いつから柿の種とピーナッツを合わせるようになったのかは諸説あるが、辛さに甘みが加わり、食感も良いことから、とくにビールのつまみとして人気が出た。

柿の種で連想されるのが、昔話の「さるかに合戦」だ。猿からいわれるままに、カニがおにぎりと交換したのが柿の種。柿を育てたカニは、のちに猿に柿をなげつけられ、死んでしまう。子どもにとっては後半の猿退治より忘れられない場面だ。思えばその頃食べた柿の種は、辛さの残る大人向けの味わいだったが、現在はチョコレートがけのものもある。

嘉祥菓子　かじょうがし

旧暦六月一六日の嘉祥（嘉定）という行事にちなんで作られる菓子。旧暦の六月といえば、暑さも本格化し、病にもかかりやすい時期だ。嘉祥はこうした災いを避ける意もあって、菓子などを食べる行事として定着した。その始まりについては諸説あるが、広まったのは室町から江戸時代と考えられる。たとえば、室町時代の武家では楊弓（ようきゅう）の試合で負けた者が宋銭の嘉定通宝（かじょうつうほう）一六枚で食物を買い、勝った者をもてなした。さらに江戸時代、幕府は大広間に菓子類を並べ、挨拶に登城した大名や旗本に配るという盛大な儀式を催した。菓子作りを担ったのは幕府御用菓子師の大久保主水（おおくぼもんと）で、羊羹*（ようかん）、饅頭*、鶉焼*（うずらやき）（大福の前身）、あこや*、きんとん*、寄水（よりみず）（ねじった形の新粉餅）、平麩（ひらふ）、熨斗（のし）（あわび）がそれぞれ種類別に

片木盆（へぎぼん）に盛られた。菓子の数は合計二万個にも及んでいる。また、宮中でもこの日、一升六合の嘉祥米が公家などに下賜され、米は、御用菓子屋の虎屋と二口屋（ふたくちや）で菓子にかえられた。その一方で、虎屋から宮中に嘉祥菓子が納められている。

明治時代以降、これらの行事は廃れてしまうが、一九七九年、全国和菓子協会の協議により、嘉祥は「和菓子の日」として蘇った。以来、六月一六日には和菓子キャンペーンや献菓祭が行われ、嘉祥饅頭や嘉祥菓子（写真は虎屋の例。右から源氏籬（ませ）、桔梗餅、伊賀餅、味噌松風、浅路飴（あさじあめ）、武蔵野、豊岡の里（中央））が販売される。古来の風習に思いを馳せつつ、菓子を賞味し、暑さを乗り切りたいものだ。

❧嘉定通宝の嘉通が「勝つ」に通じるとされた。

▼参考　鈴木晋一「嘉定と菓子」（虎屋文庫機関誌『和菓子』一号、一九九四所収）。

柏餅　かしわもち

柏の葉でくるんだ餡（あん）入りの新粉餅。「こどもの日」（端午の節句）に食べる行事菓子の一つだ。この日には粽（*ちまき）も用意されるが、一般に関東の人にとっては、粽より柏餅の方が親しみやすいもの。一方、関西、とくに京都では粽の方が人気で、東と西では両者の売り上げに違いがある。

柏餅は、江戸時代より江戸を中心に広まったとされる。柏の木は新芽が出るまで古い葉が落ちないため、子孫繁栄の意味があるといい、武家社会の江戸では、端午の節句に柏餅を食べることが定着した。

錦絵にも柏餅を作る情景を描いたものがあるように、かつては家で作り、隣近所に配ることも多かった。「ぺちゃぺちゃがやむと柏が出来上がり」（『柳多留』）の川柳からは、柏餅作りの賑(にぎ)やかな雰囲気がうかがえよう。『守貞謾稿(もりさだまんこう)』（一八五三）により、江戸では小豆(あずき)餡に加え、味噌(みそ)餡のものもあり、柏の葉の表裏で中身を区別していたことがわかる。

節句菓子として親しまれる一方、柏餅は街道の茶店でも売られ、とくに東海道の猿が馬場（現在の静岡県湖西市）のものが知られた。しかし、旅の楽しみにはほど遠く、この柏餅が相当まずかったことは、『東行話説(とうこうのわせつ)』（一七六〇）などの記述からうかがえる。

なお、九州ほか西日本の一部では柏の葉が手に入らないため、山帰来(さんきらい)の葉で餅を包み、「柏餅」の名で販売する。山帰来は柏葉より小ぶりで「亀の葉」の異名をもつもの。柏餅のイメージも所によって違うといえそうだ。

カステラ

「カステラは和菓子です」というと、同意を得られないことがままある。その形、食感から、まず洋菓子が連想されてしまうからだろう。確かに南蛮菓子*という性格上、西洋起源であることは事実。しかし長い歴史を経て、カステラはすっかり日本独自のものに変化している。今や原形とされるスペインのBizcocho（Biscocho）やポルトガルのPão-de-lóとは味わい・形も全く違うのだ。というのも明治時代以降、水飴や蜂蜜を入れ、異国にはないしっとりした食感のものが作られるようになったためだ。形についても、日本ではスペイン・ポルトガルでよく見られる丸形が普及せず、直方体が定番となった。

カステラは加須底羅、粕庭羅などとも書かれるが、どういう意味なのだろうか。先に原形とされる菓子の名をあげたが、言葉自体には共通点がないため、不審に思われた方もあっただろう。名前の由来については諸説あるが、日本ではポルトガル語のBolo de Castela（カスティリアの菓子）の名で広まり、しだいにボーロがとれたという説が有力と思われる。ここでいうカスティリアは今でいうスペインのこと。イタリアにもPan di Spagna（Spagnaは伊語でスペインの意）という、カステラの原形によく似た菓子（スポンジケーキのようなもの）があり、この説を裏づけているように感じられる。このほか、卵白を城のように泡立てるという意味のポルトガル語bater（as）claras em casteloにちなむという説も気になる。

カステラは南蛮菓子として、一六世紀には日本に入ってきており、長崎では、代官の村山等安（むらやまとうあん）が、豊臣秀吉、徳川家康に献上したという逸話が伝わっている。これを立証する史料は見つかっていないが、記録では、寛永三（一六二六）年の後水尾院行幸の折の献立や寛永一二年の虎屋の御用記録にカステラがあり、この頃には日本の菓子屋でも作っていたことがうかがえよう。

『古今名物御前菓子秘伝抄』（一七一八）には、一、卵五〇個、白砂糖六〇〇匁（二・二五キログラム）、小麦粉五〇〇匁（一・八八キログラム）を混ぜ、銅の平鍋に紙をしいて、生地を流し入れる。二、この平鍋を大きな鍋に入れ、金属の蓋をし、上下に火を置いて焦げ目のつくまで焼く。三、いろいろの形に切る、という製法が見える。上下から焼くというのはオーブン式で、下火を上火より強くするとあるが、このやりかたではむらができそうで、ふっくらと仕上がるようには思えない。おそらく現在より薄く、ぱさぱさしたものだったろう。その後、専用のカステラ鍋を使ったり、膨張剤を用いたり、前述したように水飴や蜂蜜を入れるなど、様々な創意工夫、改良がなされて、今日のカステラ誕生となった。

ちなみにカステラ好きの作家、北原白秋は次の歌（『桐の花』）を残している。

カステラの黄なるやはらみ新らしき味ひもよし春の暮れゆく

のどやかな春の夕暮れ時、白秋の真似をしてカステラをゆっくり味わいたくなる。

鹿の子　かのこ

鹿の子の原形、鹿の子餅は、宝暦（一七五一～六四）頃に、歌舞伎役者嵐音八によって日本橋人形町で

売り出され、人気となったという（『明和誌』）。二代目の音八時代には、店先にぜんまい仕掛けの四尺（約一メートル二〇センチ）ばかりの坊主人形を置き、鹿の子餅を入れた竹皮包みをもたせたと伝わるが（『寛天見聞記』）、これはお茶運びのからくり人形のようなものだったのだろうか。愛嬌があったのか、相当評判になったらしい。

　鹿の子餅の名は、餅の周りにつけた小豆が、鹿の背の模様（鹿の子斑）を思わせることにちなむ。鹿の子しぼり同様、風流な見立てだが、「鹿の子もち釈迦の頭のうしろ向き」（『柳多留』）では、釈迦の螺髪にたとえられており、川柳ならではだ。

　現在は、鹿の子餅といわず、鹿の子が一般的だろう。一般に、餡玉の周りに蜜漬けした小豆をつけたもので、小倉野とも呼ばれる。しかし、山東京伝による『捷径太平記』（一八〇四）に「小倉野まがひの鹿の子餅（中略）外は似て裡非なる的」とあり、かつては見た目が似ていても中身は別だったことがわかる。鹿の子餅は新粉生地で餡を包み、小倉野は、餡で*求肥などを包むともいう説もあり、さらにいろいろ調べたくなる。

　鹿の子の種類は多く、外側に栗、うずら豆、うぐいす豆などをつけたものも作られている。洒落ているのは「京鹿の子」。京で染めた鹿の子しぼりや、紅紫色の小花を咲かせる植物名として知られる言葉だが、菓子は紅色の生地に白隠元豆をつけたもので、はんなりした趣が感じられる。

*『近世菓子製法書集成』（二〇〇三）の『菓子話船橋』（一八四一）「小倉野」の項の解説参照。

かりんとう

小麦粉に水飴などを混ぜてこね、油で揚げて蜜がけした菓子（多くは生地にイースト や膨張剤を加える）。小麦粉を生地として油で揚げる製法からは唐菓子*が連想されるが、同じ名前のものは見つかっていない。また花林糖の表記もあり、金平糖（こんぺいとう）*と同類に見えるが、南蛮菓子*としての記録はない。「りん」は「輪掛け（りんが(か)け）」の意だろうか（一七〇頁）。かりんとうの名の由来は謎に包まれている。

かりんとうが人気を得るのは江戸時代後期で、深川六間堀（現在の東京都江東区）の山口屋の売り子が「深川名物山口や、かりん糖」と書かれた赤く大きい提灯を持って、毎夜、町中で売り、話題になったという。その姿は歌舞伎の舞台に取り上げられ、錦絵にも描かれた。しかしこの頃も、かりんとう自体を描いた絵は見当たらず、作り方もはっきりしない。

江戸時代後期の錦絵「夕涼（ゆうすずみ）市中の賑ひ」（国立歴史民俗博物館蔵）では、山口屋の「かりん糖」売りが、「かりんとう」の文字入りの提灯を持ち、「辻占（つじうら）」と書かれた箱を首から下げている。おそらく辻占*をかりんとうの景品に使っていたのだろう。時代は下って正岡子規の『卜筮（ぼくぜい）十句集を評す』（一八九八）には、どこの店のものか不明だが、二銭で買った「かりん糖」をがりがりとかじりながら、袋の中に入っていた紙きれ（辻占）を開く場面がある。占いにあったのは「待てば甘露の日和あり」、そして二個めは「きつとだよ」。読んだあとの「何とはなくほゝ笑まれたるも面白し……」と書く子規の茶目っけが楽しい。なお現在のかりんとうは、棒状、わらじ状、渦巻状ほか、そば粉や黒糖、チーズ入りがあるなど、多種多様である。

かりんとうの生地を飴で包んだ奉天という*駄菓子も関西や九州で作られている。村井弦斎の『食道楽続篇』（一九〇四）に「奉天汁」があり、また、明治三八（一九〇五）年には日露戦争での奉天（瀋陽）の勝利が祝われている。この菓子名も同じ頃に生まれたのだろうか。気になるところである。なお、九州では切り口が菅原道真の家紋に似ているとして、梅鉢の名が一般的だ。

かるかん

山芋をすりおろし、上新粉や砂糖などと混ぜ、蒸した菓子。かるかんを漢字で書けば軽羹で、雪のようにかろやかで、ふわっとした食感にふさわしい名前といえるだろう。かるかんは江戸時代から鹿児島の名菓であった。藩主島津家の献立記録「御賀の次第」（尚古集成館蔵）によれば、元禄一二（一六九九）年四月一四日、二〇代綱貴の五〇歳の賀の祝いの折、*羊羹、*饅頭、*カステラなどとともに用意した由。このほか、島津家では婚礼や年始、賀儀などの重要な日にかるかんを用いたという。

かるかんの名は九州から江戸や京都に広まったと考えられる。江戸時代の版本の菓子製法書にその

名は見られないが、江戸幕府御用菓子師大久保主水と虎屋織江の製法書「干蒸菓子扣」(一七四七写し)には「かるかん」の製法が見えることからこの頃には江戸でも作られていたことが推測される。なお、かるかんと製法が似ているものに『古今名物御前菓子図式』(一七六一)に見える「ふわ餅」がある。上新粉は使わず、すりおろした山芋に砂糖を混ぜ、蒸すという製法だ。なお、餡入りのかるかん饅頭も、弘化三(一八四六)年一一月、二八代斉彬が鹿児島で犬追物を楽しんだ折に出されたという。

虎屋文庫機関誌『和菓子』一九号(二〇一二)の吉田コレクション史料翻刻参照。

▼参考　江後迪子・岩田泰一『かるかんの歴史』明石屋菓子店、一九九九。

カルメラ・カルメ焼

——やき

ポルトガル語のCaramelo(焼き砂糖、飴類の意)に由来する南蛮菓子*の一つ。カルメロ、カルメイラともいい、細工菓子と庶民的な駄菓子*タイプとがある。まず、前者のカルメラの製法は、江戸時代の『古今名物御前菓子秘伝抄』(一七一八)に、「かるめいら」として見える。一、白砂糖に水と卵白を加えて煮詰める。二、火からおろし、すりこぎですって泡立て、絹で鍋を覆うと軽石のようになる。三、それをいろいろに切る、といった内容だ。カルメラが浮石糖あるいは泡糖とも書かれたのは、このように表面がぶつぶつと軽石状になったためだろう。

現在の製法も同様で、その形状から工芸菓子には岩や石の見立てとしてよく使われる(二三七頁)。その一方で、細かく砕いたものは生菓子の飾りに用いられ、雪や花を表すこともある。塊のままだと武骨だが、細かになれば、可憐な風物に変身で、まさに七変化だ。

庶民的なカルメ焼(写真は一例)は、駄菓子売り場で見かけるもの。カルメ焼は、一般に赤ざらめを用い、卵白はほとんど使わず、重曹(じゅうそう)を入れて火にかけ、棒でかき混ぜ、ふくらませる。明治時代以降、屋台などで売られ、広まったもので、幼い日、見る見るうちにふくらんでいくその姿にびっくりした思い出をもつ人もいることだろう。

家庭用のカルメ焼道具セット(銅製のおたまときざら〔ざらめ糖〕、重曹)もあるが、簡単そうに見えて、作るのは意外に難しい。なかなかふくらまなかったり、ふくらんでもすぐにしぼんでしまうのだ。ふくらむ理由は、重曹が熱によって二酸化炭素を発生させ、体積が増えるからという。その謎ときから『カルメ焼きはなぜふくらむ』(一九九〇)という本まで発行されており、理科の実験でカルメ焼を取り上げる学校もあると聞く。

漫画好きなら、『じゃりン子チエ』(一九七八〜九七)が印象に残っているのではないだろうか。個性際立つ登場人物のなかでも、長年の夢をかけてカルメ焼の専門店、カルメラ屋を始めるカルメラ兄(愛称)は菓子好きにとって忘れられない存在だ。結局商売が成り立たず、ラーメン屋になってしまう筋立は、カルメ焼で生計を立てることの難しさを物語っていよう。

カルメラ兄にちなんで紹介したいのが、江戸時代の滑稽本『虚南留別志(うそなるべし)』(一八三四)に見えるテイラとメイラ兄弟の笑い話だ。紅毛(オランダ)を舞台に、兄弟は「菓子家業」を始め、兄は貸すこと、弟は借りることを分担した。これにより兄はカス**テイラ**、弟はカル**メイラ**と呼ばれるようになり、菓子の名になったという。言葉遊びのおもしろさを楽しむというより、童話のような展開に心が和(なご)む。

寒氷

かんごおり

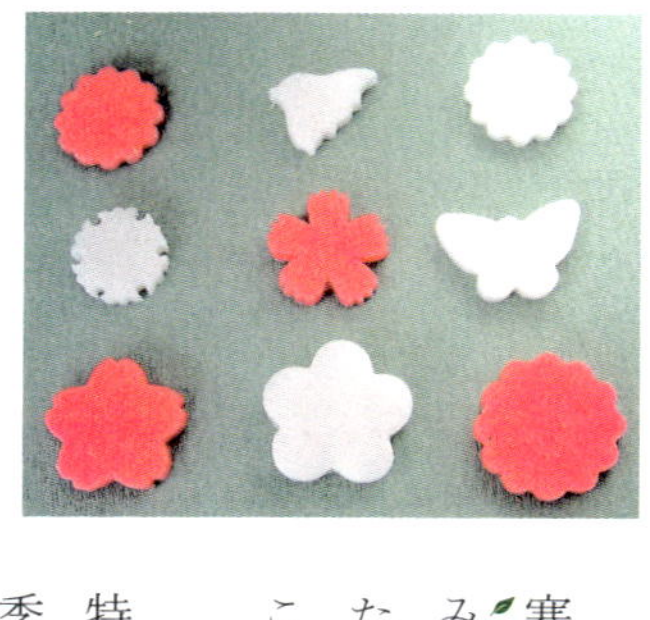

かき氷の仲間と勘違いしそうだが、実は半生菓子である。作り方は、一、寒天を煮とかし、砂糖を加え煮詰める。二、熱のある間にめん棒ですりこみ[1]、乳白色になったら生地を染め、枠に流す。三、梅、松、千鳥などをかたどった金属の型で型抜きする、というもの。簡単そうに見えるが、すりこみ作業にかなり手間ひまがかかる。

小さいながらも意外に甘いのは石衣(*いしごろも)と同様で、ややしっとりした食感が特徴といえよう。ビスケット生地のように様々な型抜きができるので、四季折々の風物の姿が楽しめる。

「寒氷」という語を『日本国語大辞典』などで調べると、寒垢離(かんごり)から転じて体の冷えること、あるいは冬に子どもなどが裸になることなどの意味がでてくる。菓子はどちらの語義にもあてはまらないだろう。イメージからいえば、透明な氷が、*あまりの寒さのために固まって不透明になってしまったような感じだろうか。もしくは寒天を材料にして固めた菓子という意を強調したかったのだろうか。製法も名前も江戸時代の文献にはないようで、明治時代になって広まったものと思われる。[2]

興味深いのは、文字通り氷に見立てた寒氷もあること。亀裂の入った氷を思わせる形で、曲げ物に入ったものなどが夏季に作られており、見た目も涼やかだ。とけない甘い氷が楽しめるのがうれしい。

1 この作業から、寒氷はすり琥珀（こはく）とも呼ばれる。

2『改良菓子五百品製造法』（一八九三）ほかに製法が見える。

黄味時雨　きみしぐれ

新粉などに小豆餡（あずきあん）を混ぜ、裏漉（うらご）ししてそぼろ状にし、枠に入れ、蒸した棹物（さおもの）を時雨[1]（村雨（むらさめ）とも）、この生地を小分けにし、餡を芯（しん）として一個ずつ型に入れて作ったものを時雨饅頭という（二三六頁）。

黄味時雨（黄身時雨とも）は、この時雨饅頭の応用といってよいだろう。一般に外側が黄身餡のそぼろで、中に白餡が入る。[2] 鮮やかな黄の色合いは、雨の上がったあとの太陽の光にも通じよう。卵の黄身の味や色によって、どこか洋風な華やぎも感じさせる。

黄味時雨と聞いて、黄身餡に上新粉などを加えた生地で小豆餡を包み、蒸したものをイメージする人もいるだろう(写真)。こちらは、雨の合間に差し込む光や、雷を思わせる亀裂が表面に入るのが特徴で、ほっくりした食感が魅力である。黄身餡生地の間に紅餡を入れ、亀裂からうっすらと太陽の光がもれるように、紅色が見えるもの[3]もあり、作り手の技に感心させられる。

明治～昭和の菓子製法書では「君時雨」の表記も見る。なにやら恋しい人を時雨に見立てているような詩情があるが、現在では名は体を表す式の「黄味」や「黄身」の表記の方がよく使われるようだ。たまに「君時雨」の文字を見ると、懐古の情にかられる。

1 鹿児島県や宮崎県では同様の菓子が高麗餅、転じて「これもつ」「これもち」と呼ばれている。日本では朝鮮の高麗王朝(九一八～一三九二)以降も朝鮮半島のことを高麗と呼び、朝鮮経由の渡来物には「高麗」を冠した。高麗餅もそれら渡来物の一つで、『かごしまの味』(一九六九)によれば慶長三(一五九八)年、豊臣秀吉の朝鮮出兵の折、島津義弘によって朝鮮から連れ出された陶工たちが作り始め、広まったという。

2『改良菓子五百品製造法』(一八九三)に「黄身時雨」として製法が見える。

3『日本菓子製造独案内』(一九〇四)に「君時雨　一名玉牡丹」として製法が見える。なお、虎屋では「曙」の名で販売している。

求肥　ぎゅうひ

「求肥って何?」と聞かれた場合、*あんみつを例に出すといい。「短冊状のお餅みたいなものがのっているでしょう」といえばまずわかってもらえる。

求肥は白玉粉などに水を加え、砂糖や水飴を加えて加熱しながら煉って作る。そのやわらかみのある特有の粘りは、もち米から作る白玉粉と水飴に負うところが多い。大福などに求肥生地が使われることがあるのは、餅そのものに比べ、時間が経っても固くならない利点があるからだ。

求肥は中国の牛脾（牛脾糖）という食べ物がもとになっているという。『三養雑記』（一八四〇）などにより、生地が牛の皮に似ている意から牛皮の字が当てられたが、獣畜の名前を使うことが嫌われ、求肥の字にかわったと思われる。なお、

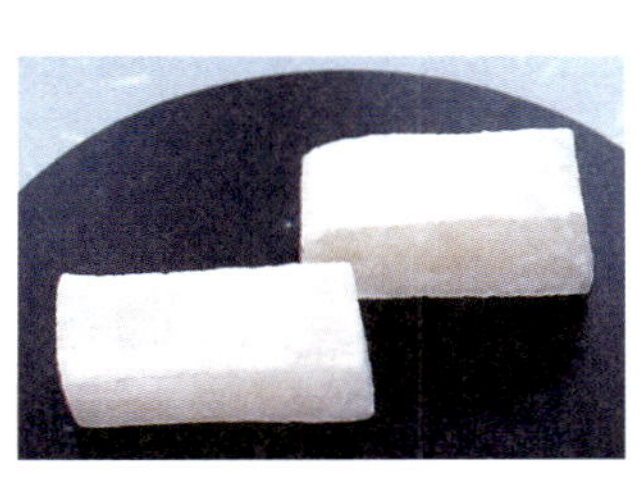

江戸時代には求肥餅、求肥飴ともいった。

求肥は京都が発祥の地と考えられる。『本朝世事談綺』（一七三四）によると、江戸で求肥が作られるようになったのは寛永（一六二四〜四四）頃という。京都で賞味した大名が気に入ったのか、江戸で探したが見つけられなかったので、京都から中島浄雲という者を招き、作らせたとされる。その後、浄雲の子孫が菓子司丸屋播磨となって神田鍛冶町（現在の東京都千代田区）で求肥を売り出したことから評判となり、真似して作る店も増えたようだ。

製法としては『合類日用料理抄』（一六八九）の記述が古いが、白玉粉ではなく、小麦粉や葛粉を使っている。また、図説百科事典『和漢三才図会』（一七一二序）には、水に漬けたもち米を挽き、その液に葛粉・蕨粉・砂糖を入れて煉り、水飴を入れてさらに煉る製法が見える。「墨の形」のように切り、

表面に小麦粉をまぶし、器に盛る（三〇三頁）旨があり、上品でやわらかく、甘いと記されている。小麦粉で真っ白になるためか、川柳には「女芝居面（つら）はぎうひの餅のやう」「羊羹（ようかん）は素顔牛皮は厚化粧」（ともに『柳多留』）とあり、頬（ほお）がゆるむ。

現在では熊本名物「朝鮮飴」のように、小麦粉より片栗粉を使うことが多いだろう。求肥の味わいもいろいろで、昆布や紫蘇（しそ）、胡麻（ごま）、柿入りなども見られる。ちなみに、おすすめの求肥の菓子に、鮎*形の焼菓子がある（二二〇頁）。中身は餡（あん）かと思いきや口当たりの良い求肥。夏にふさわしいあっさりとした味わい、品の良い甘みだ。

牛の皮のように白いためと解釈されてきたが、最初は黒砂糖を使用しており、黒牛の皮色に近かったとも考えられる。なお、宮中に仕える女官が書き継いだ『御湯殿上日記（おゆどののうえのにっき）』に見える「御うし」の「うし」も求肥と解釈されることがあったが、これは神事に使う「牛の舌餅」（わらじのような大きく平べったい餅）の可能性が高いだろう。

切山椒
きりざんしょう

上新粉に砂糖と山椒の粉（あるいは山椒のつけ汁）を加え、蒸し、搗（つ）いてのばし、五〜六センチほどの拍子木形（ひょうしぎ）にした菓子。[1] 白ほか茶（黒砂糖や肉桂（にっけい）入り）や紅・緑などの色がうっすらとついており、山椒の風味や口当たりの良さが身上だ。

一般に東京を中心に冬期に作られることが多く、とくに一一月の酉（とり）の市[2]（お酉さま）の名物とされる。

参道沿いの屋台に、切山椒の入ったお多福図柄の袋がずらっと並ぶ様は、見るからにおめでたい。山椒は体に良く、厄払いにもなるという民間信仰もあって、参詣者の人気を集めてきたのだろう。また、葉、花、実、樹皮に至るまですべて利用でき、有益であるとして、縁起かつぎに用いられたともいわれる。江戸時代には正月の市でよく売られたが、その一方で「馬鹿には成らぬ茗荷屋の切山椒」（『柳多留』）に見える茗荷屋長門のように、切山椒を名物とした菓子屋もあった。

なお、山形県鶴岡市の切山椒は酉の市のものをヒントに明治時代に考案されたといい、山椒は入っているが、黒糖味や味噌味。一二月に地元の菓子店や、正月の縁起物を売る七日町観音堂のだるま市などで売り出される。

ちなみに江戸時代の料理書『料理物語』（一六四三）の切山椒を見ると、山椒に花がつおや味噌などを加え、つくねて平らにし、細かに切り、干し、焙炉にかけて乾燥させるとある。こうした酒の肴のような切山椒もおそらくどこかに残っていることだろう。

1 山椒餅をもとに作られたのだろう。山椒餅は『合類日用料理抄』（一六八九）ほか、江戸時代の料理書に散見する。

2 一一月の酉の日に行われる祭で、東京浅草の鷲神社が名高い。縁起物の熊手などが売られ、商売繁盛が願われる。江戸時代には黄金色に通じる粟餅*が名物で、錦絵にも描かれた。切山椒がつきものになるのは明治時代以降であろう。

金花糖

きんかとう

砂糖液を木型などに流し込み、固めて彩色した菓子。[1] 金華糖、砂糖菓子とも。木型には、砂糖液を注ぎ込む流し口がついている。同じデザインのものを一度にまとめて作ることができるよう、木型を複数セットにしたものもあり、同方向に並ぶ流し口に次々と砂糖液が満たされていく様が想像される。余分な砂糖液を流し出した後は、慎重に木型をはずしていく。表面が真っ白な砂糖生地で中が空洞の菓子ができるが、乾かしてから、筆で一つ一つ着色していくので、完成までに時間と手間がかかる。

『守貞謾稿(もりさだまんこう)』(一八五三)によれば、金花糖は江戸時代の嘉永年間(一八四八〜五五)には京坂から江戸に広まっていたという。[2] 昭和の中頃までは大ぶりの鯛*をかたどったものが金沢を代表に祝儀によく使われたが、冷蔵庫が普及したこともあり、金花糖を鯛の代用品とすることもなくなったと聞く。今では雛祭り用の籠に入った小ぶりの野菜や果物、貝、鯛形などが主流だろう。金沢ほか、一部地域のみで作られている。愛らしいのは、「福徳(ふっとく/ふっとこ)」(諸江屋(もろえや)製)という正月に売られる縁起菓子*で、俵や打出の小槌形の最中*皮の中に、招き猫やダルマなどの小さな金花糖(写真)が入っているのが福々しい。

また、新潟県では天神さまの日や雛祭りに、天神や鯛形などの金花糖を作る店がある。佐賀県では婚礼に翁や媼の姿の金花糖を含む「寿賀台」(菓子盛り)を用意したが、現在その風習は絶えている。

1 佐賀県や新潟県では陶器の型も使われている。なお、中が空洞でない、平たい形の金花糖もある。
2 『料理秘事記』(一八〇八写し)に金花糖の製法が細かく記されている。虎屋文庫機関誌『和菓子』一九号(二〇一二)の吉田コレクション史料翻刻参照。なお同書には、一八〇三年の写し(味の素食の文化センター蔵)もある。

錦玉羹

きんぎょくかん

煮とかした寒天に砂糖や水飴などを加えて煮詰め、流し固めた菓子。錦玉糖、錦玉ともいうが、江戸時代には「金玉糖(羹)」と書くことが多かったようだ。透明感あるきらめきを、金や玉などの財宝に見立てたのだろう。今ではあまり使うことのない言葉だが、昔は「金玉の声」で、美しい響きのする声や音、「金玉の飾り」で、きらびやかな装飾品を指した。美しさや豪華さに通じる言葉だが、しだいに金に代わり錦の字が使われるようになった。

一方、くちなしの実で生地を琥珀色に染めることもあったため、同様の製法の菓子は琥珀羹(糖)とも呼ばれている。この名も鉱物のような硬質な見た目がうまく表現されていると思う。

錦玉羹ならではと感じるのは、水や天空など広がりのあるイメージを表現できること。煉り切りで*

作った鮎*や金魚、小石を入れれば川や金魚鉢、小豆(あずき)の粒を浮かべれば蛍川、星形を置けば夜空、墨流しのように黒の生地を流せば、風が起こっている様を連想させる。このほか、采(さい)の目切りにしたものは、露*や蛍*の光に見立てられるのだから変身自在だ。口あたりも良くひんやりした感じは、夏の菓子として最適。見かけはもちろん、食感も暑さをひととき忘れさせてくれる。

なお、錦玉羹を花の形などに型抜きし、焙炉(ほいろ)やオーブンで乾燥させたものは、艶干錦玉(つやぼしきんぎょく)(干錦玉)、干琥珀ともいい、半生菓子の詰合せなどによく使われる。

『菓子話船橋(かしわふなばし)』(一八四一)ほか菓子製法書に見える。

金太郎飴　きんたろうあめ

切っても切ってもやんちゃな金太郎の顔がでてくる金太郎飴。どうやったらこんな顔ができるのか不思議に思う人も多いことだろう。実演見学をおすすめしたいところだが、なかなか機会がない方のために、ご紹介したい。

最初は生地となる飴作り。材料の上白糖、ざらめ、水飴を大きな銅鍋に入れて煮とかし、冷却盤にあけ、手でかえしながら冷ます。次に、できあがった飴を飴引き機にかけ、引きのばしながら着色する。色別にした飴を金太郎の表情になるよう、組み上げていく。黒は髪と目と眉、桃色は頬(ほお)、紅は唇の位置に積み重ねる(この段階では、いびつな巨人顔にびっくりすること間違いなしだ)。顔の仕上げとして、別の生地で周りを包み、丸くなるよう整える。お寿司の太巻きを作る作業を思い出していただければわかりやすいだろう。

最後に、丸太棒のようになった飴(直径一〇センチ、長さ二〇センチほど)を先端から細く引きのばし、板で転がし、棒の形(直径二センチ、長さ一メートルほど)にし、包丁で次々と切っていく。大きくぐんなりしたような顔が、愛らしい少年の顔に変わるのだから、この作業は見ものだ(寸法は一例。作る量によっても違う)。

辞書には、金太郎飴の意味として「画一的なもののたとえ」とあるが、よく見ると、出てくる顔の表情は微妙に違い、個性豊か。笑っているように見えたり、怒っているようにも感じられたりで、見飽きない。

技術とアイディアで生まれた金太郎飴。実はすでに江戸時代後期には庶民の人気を集めていたことが『天言筆記(てんげんひっき)』の弘化三(一八四六)年一一月の記述からうかがえる。いわく「此節(たふく)専(もっぱら)流行にて、おたふく金太郎其の外の面形、飴の中より出る」。江戸時代の人々もさぞかしお多福、金太郎などいろいろな顔の飴を楽しんだことだろう。とくに金太郎は庶民の人気者。足柄(あしがら)山の山姥(やまうば)と住む怪力の子どもで、謡曲や浄瑠璃に登場している。その原形は平安時代の説話集『今昔物語集』などに見られる公時(きんとき)なる人物で、大江山の酒呑童子(しゅてんどうじ)を退治した源頼光(みなもとのよりみつ)の家来にも数えられる。金太郎のように強くなってほしいという親心もあって、飴も考案されたのではないか。

関西では、金太郎飴よりもお多福飴（お福飴、おたやんとも。製法は同じ）が知られており、正月一〇日に行われる、商売繁盛を願う十日戎（十日恵比寿）の縁日によく売られる。切り口に見える美人の笑顔が福を招くようだ。

今では注文者のリクエストに応じ、写真をもとにして似顔絵風の金太郎飴を作ってくれる店もあり、結婚式の引出物や海外旅行のお土産に人気があるらしい。名刺がわりに自分の顔の飴を配るのも一興だろう。

金つば　きん——

金鍔、金鍔焼とも。今や四角い形が主流だが、本来はその名のとおり刀のつばを思わせる丸形で、指で押し跡をつけ、つばの形により似せたものも作られていた。

そもそも金つばの前に、銀つばという菓子があった。これは京都の清水坂で売られていた餡入りの焼餅で、生地には米の粉が使われていた（『雍州府志』一六八四序）。江戸に伝わるが、上方の銀遣い（銀貨幣主体）に対し、江戸では金遣いだったためか、小麦粉生地に変えたものが金つばの名で売られるようになったという。

当時の金つばは丸形にした餡を小麦粉生地で薄く包み、焼いたとされる。天保年間（一八三〇〜四四）の開店という、大坂の浅田屋の金つばについて『浪華百事談』に「小豆の粒のまぎりたる餡を、木に円く穴をほり物に詰てぬき、夫(それ)に小麦粉を水にてときし物をつけて、裏表をやき鍋におきて焼しもの……」とあるのが参考になろう。

江戸では、金つばより餡を良くし、四角い形にした「みめより」も登場。「見目より心」にひっかけ、見た目より味が良いという意で売り出された。左の錦絵に見えるように両者共存で人気を得ていた時代もあったが、金つばが四角い形で作られることが多くなり、「みめより」は自然に消失。金つばは製法も変化し、今では寒天などで固めた餡生地の表面に水ときした小麦粉をつけて焼く製法が多いといえよう。芋金つば、栗入り金つばなど、種類も増えているが、昔ながらの丸い金つばの存在も忘れてほしくないと思う。

歌川広重画「太平喜餅酒多多買(たいへいきもちさけたたかい)」(1843-46。虎屋蔵)に見える①金つば　②みめより。金つばの顔は指で押しあとをつけたもの。

きんとん

きんとんと聞けば、正月のお節料理に食べる栗きんとん、豆きんとんがまず思い出されることだろう。しかし茶席の菓子のきんとんとなると、餡玉の周りに箸でそぼろ状の餡をつけて毛糸玉のようにしたものが知られる。春には桜色で「花吹雪」、夏には草色で「草原」、秋には紅と黄色で「紅葉」、冬には白色で「雪」など、色合いによって様々な風物が見立てられ、年間を通して作られている。

しかし、最初から彩り豊かなきんとんが作られていたわけではない。その歴史をたどってみると、名前としては『北野社家日記』(長享二〔一四八八〕年四月晦日)に「金團」と見えるのが古い例で、『日葡辞書』(一六〇三)には「Qinton キントン(金団) 中に砂糖の入った、ある種の円い餅(Mochis)」とある。また、一六世紀中頃に成立した宴会行酒時の作法書『酌並記』では、不用意に食べると、中の砂糖がこぼれ、顔にかかる旨、記している。加えて、江戸時代の有職故実家の伊勢貞丈も、きんとんは、粟の粉の生地を団子*の様にして、その中へ砂糖を入れたものと『貞丈雑記』(一七八四頃成)で述べている。

一方『料理物語』(一六四三)には、冷ました味噌汁で葛粉をこね、芥子や山椒をすって混ぜ、丸めたあと、味噌汁仕立てにする「きんとん」の製法が見える。これは、戦時中の食料となったすいとんに近いといえるかもしれない。

菓子製法書では、「きんとん餅」として『古今名物御前菓子秘伝抄』（一七一八）に、もち米で作る生地で白砂糖を包んで団子にし、ゆでた後、黄な粉や胡麻を煎って細かくすったものをつける製法がある。そして『古今名物御前菓子図式』（一七六一）に、白餡入りの黄色の新粉餅の上にささげの漉し粉をつける「大徳寺きんとん」が登場する。この漉し粉がそぼろにかわったようなものが現在のきんとんで、虎屋の文政七（一八二四）年の見本帳に紅白に染め分けしたもの（銘は「この花」）が描かれているほか、『菓子話船橋』（一八四一）に「紫きんとん」の名で、その製法が見える。中身は求肥で、「紫きんとん」とはいえ、そぼろは紅餡、白餡などいろいろあるという。きんとんはこうして、今の形に落ち着いたといえるだろう。昔は黄色にすることが多かったせいか、金団、金飩、橘飩などの漢字があてられたが、今ではひらがなや金団がよく使われるようだ。

きんとんは茶席の菓子の定番になっているが、店によってそぼろの太さや長さに違いが見られる。そぼろのつけ方もこんもりとしたものがあれば、平たい感じもありで、変化に富む。芯となる餡玉はこし餡でも小倉餡でも良し。なかには餡玉を＊求肥生地で包んだり、中に＊水羊羹を入れたりしたものもあるので、食べ比べが楽しめよう。

ちなみに、岐阜県中津川の栗きんとんも人気が高い。これはゆでたり、蒸したりした栗をほぐし、砂糖を加えて茶巾しぼりにして作るもので、秋の代表菓子になっている。

正月料理のきんとんは、江戸時代の文献には見られず、明治時代以降広まったと考えられる。

草餅

くさもち

ゆがいた蓬（よもぎ）などの葉を入れて搗（つ）いた餅（新粉で作るものも含む）。春の代表菓として知られるが、それだけで終わらない奥深さがある。まず、名前にある「草」は現在、蓬が主流だが、昔は母子草（ははこぐさ）（春の七草の一つ。ゴギョウ）が使われていた。歴史を振り返ると、蓬餅より母子餅（写真は母子餅を再現）の方が古い呼び名といえ、調べていくと、中国の風習に行きつく。草の香りが悪いものを祓（はら）うとして、かつて上巳（じょうし）の節句に「黍麹草（そきくそう）」（鼠麹草・母子草）を混ぜた餅を食べる習いがあったという。この習わしは日本にも伝わり、『日本文徳天皇実録（にほんもんとくてんのうじつろく）』の嘉祥三（八五〇）年に「俗名二母子草一（中略）毎レ属二三月三日一、婦女採レ之、蒸擣以為レ餻、伝為二歳事一」とあるように、平安時代前期には宮中歳事の一つになった。

平安時代中期の『和泉式部集（いずみしきぶしゅう）』にも、「石蔵（いわくら）より野老（ところ）（山芋の一種）おこせたるてばこ（手箱）に、くさもちひ（草餅）いれ（入）てたてまつる（奉）とて」とあり、

はな（花）のさと心もしらず春のの（野）にいろいろつめるははこもちひ（母子餅）ぞ

の歌が見える。当時の人々が母子草を摘み、草餅を作る様子なども想像されよう。

江戸時代になると、上巳の節句は女子の健やかな成長を願い、雛人形を飾る三月三日の雛祭りとし

て広く祝われるようになる。穢(けが)れを祓い、厄を除(よ)ける意から、草餅を食べる風習もかわらず受け継がれた。そしてしだいに、母子草よりも蓬を使うことが多くなる。母子草では餅にするとき、字面から母と子を搗き混ぜるようで縁起が悪いためともいわれるが、鳥取や岡山ほかでは、今も蓬や母子草を混ぜるといい、この迷信がどの程度広まっていたのか、わからない。ちなみに、筆者は母子草で作ったものを試食したことがあるが、香り、味ともに蓬より弱い印象だった。蓬の入手しやすさやおいしさなど、別の理由を考えてもよさそうだ。なお、草餅には餅と新粉製があるが、母子草には粘りがあるため、新粉と混ぜ合わせる方が相性が良いという。

ところで雛祭りの菱餅(ひしもち)*は、現在、紅・白・緑が一般的な色合いだが、『守貞謾稿(もりさだまんこう)』(一八五三)や雛祭りの錦絵を参考にすると、江戸時代は草餅を使い、緑と白の取合せで作ることが多かった。当時草餅はそれだけ重視されていたのだろう。残念ながら新暦を使う現在では、この時期、蓬があまり手に入らないこともあり、草餅は雛菓子から外れてしまった感がある。同時に、草餅の厄除けの意味も忘れられてしまったようだ。

乾燥・冷凍蓬を使えばいつでも作れるのだが、やはり本物の季節の香りを大事にしたいもの。江戸時代、草餅の呼び名に女房詞(にょうぼうことば)(宮中に仕える女官たちが使った言葉)で「草のつみつみ」があったように、自ら摘んだもので味わうのが理想かもしれない。

◆餻は糕に同じで、米粉(こめこ)などを蒸し固めたり、押し固めて作る食物を指す。

▼参考　中村喬『中国の年中行事』平凡社、一九八八。

葛桜

くずざくら

葛饅頭を桜の葉でくるんだもの。葉に降りた露*に通じる涼しげな様や、ひんやりとした食感から、夏に目にすることが多い。桜餅*の言い方にならうなら、桜葛饅頭になるところだが、桜の品種名のように、葛桜としたところが風流だ。

江戸時代の主要な菓子製法書にその名は見られないが、『浪華百事談(なにわひゃくじだん)』は、天保(一八三〇~四四)頃大坂の北堀江高台橋東辺りにあった土佐屋の桜餅について「冬春はかたくり粉の水にてときし物を薄くやき、中に白小豆(あずき)の餡(あん)を入て包み、其上(そのうえ)を桜の葉にて挟み、夏秋には吉野葛にて、今諸方に製すとひとしき物を売り」と書いている。今日の葛桜に似たものが、夏・秋に作られていたことがうかがえる。当時は桜餅のバリエーションとして工夫されたのだろう。いつから葛桜の名が広まったかは不明だが、今では歳時記の夏の部に含まれるほど、この菓子は身近なものになっている。

なお、全国で桜餅や葛桜に使われる桜葉(大島桜)の七割は、静岡県伊豆半島の松崎町で製産されているとのこと。五~八月頃が桜葉の収穫期で、半年から一年かけて塩漬けするという。

葛桜には塩漬けしていない青い葉を使う店もあり、色合いの違いも気にとめたいものだ。

この資料から、関西とはいえ道明寺生地ではなく、片栗粉の焼き生地で白餡を包んだ製品もあったことがわかり、興味深い(七四頁)。

くず餅——もち

くず餅と聞けば、関西の人は葛粉を使った餅をイメージするだろう。しかし、ここで話題にしたいのは、主に関東で出回っているくず餅のこと。甘味処、寺社門前などで見かけるものだ。

こうしたくず餅は、一般に小麦澱粉を発酵精製し、蒸して作る。有名なのは、東京の亀戸天神近くに店を構える船橋屋の製品だ(写真)。亀戸付近は小麦の産地で原料がたやすく手に入ったため、小麦澱粉を使って工夫したという。澱粉といってもただならぬもので、地下天然水を使用して澱粉質を一五か月間ほど乳酸発酵させ、じっくり熟成する由。独特の風味や弾力は、長年にわたる技術の賜物といえるだろう。

このほか関東では、川崎大師や池上本門寺周辺のくず餅もよく知られる。材料の配合や製法などにより、質感、味わいに店の個性が表れるが、黄な粉と黒蜜をかけて食べるのはどこでも同じようだ。

不思議に思うのは、西日本ではくず餅をまず見ないこと。生粋の京娘である友人は、東京で初めてくず餅を見て、珍しく思い、購入したというが、かまぼこを思わせる色や食感は、いまひとつだったとか。食べ慣れないせいもあるのだろう。東京生まれの筆者としては、くず餅ならではの心地良い歯応え、滋養に富む味わいをぜひ楽しんでほしい。

『料理物語』(一六四三)には、葛粉で作る葛餅の製法がある。青黄な粉、塩、砂糖をかけて食べる。

葛焼

くずやき

葛の根から採る葛粉は古来、滋養に富む食材として日本人の食生活に大切な役割を果たしてきた。葛湯、葛餅、葛練りなどがよく知られるが、葛焼も歴史ある食べ物といえよう。すでに『料理物語』(一六四三)の「菓子の部」に「葛焼もち」と見え、葛一升、水一升、砂糖一升を混ぜてみかんほどの大きさに丸め、鍋に油をぬり、焼いたことがわかっている(当時のみかんは小粒)。

また『古今名物御前菓子秘伝抄(ここんめいぶつごぜんがしひでんしょう)』(一七一八)にも、同様の材料を用いて作る製法がある。末文に「山椒味噌(さんしょうみそ)を付やき申候」とあり、田楽にもする旨、紹介しているが、おいしそうだ。

葛焼は、野趣ある素朴な菓子として茶会にもよく使われ、今に受け継がれてきた。なかでも武者小路千家の官休庵七世（四代）直斎宗守（一七二五〜八二）好みは、無造作に杓子切りしたものを鉄板で押さえ、両面に焼け目をつけた、茶味があるものという（『角川茶道大事典』）。形はなりゆきまかせで、かなりいびつだったと思われるが、それがためにかえって侘びた趣があったのだろう。なお、葛粉に水を加えてとかし、砂糖と餡を入れ、蒸したのち四角に切って小麦粉をまぶし、焼いたもの（写真）なども、夏菓子として作られている。餡が入ることでまた違う風味になるといえるだろう。味や名前にこだわるならば、葛粉は、昔から名高い奈良県の吉野産を指定したいところだ。

鶏卵素麵

けいらんそうめん

初めて鶏卵素麵を見たときのことは忘れられない。卵で作った黄色い素麵そのもので、とても菓子には思えなかった。しかし、食べてみるとまさにデザートで、その強烈な甘さが印象に残った。

鶏卵素麵は、沸騰させた砂糖蜜に、卵黄を糸状に落として作る。その原形は、ポルトガルの Fios de Ovos（卵の糸）で、一六世紀に伝わった南蛮菓子*の一つである。

最初は玉子素麵と呼ばれており、『料理物語』（一六四三）では全卵を用いる製法を紹介しているが、結局、『南蛮料理書』（江戸時代中頃か）に見られるような、卵黄だけを使う製法が主流になった。なお、後者の本には、仕上げに金平糖*をかけるとあるが（飾りのためか）、さすがに現在ではこうした組合せはなく、素麵のように並べて箱詰めしたものが、九州の福岡を代表として、大阪・京都などの一部の菓子店で作られている。食べやすいように一人分ずつ切って昆布で束ねたものなどは、会席料理の一品のようで、日本人ならではの創意だろう。茶席の菓子としても珍しがられるものだ。

日本ではあまり目にすることのない菓子だが、ポルトガルでは、あちこちの菓子屋でその仲間たちに出会える。どっぷりと蜜漬けされたものが量り売りになっていたり、固めて焼いた一口サイズのものが並んでいたりする。圧巻はデコレーションケーキの飾りに使われているものだろう。ケーキの表面をくまなく覆っているものなどを見ると、Fios de Ovos がポルトガル人にいかに愛されているかがよくわかる。家庭でもおやつとして作られるとのことで、製菓道具の店では、専用の道具も売っている。一升瓶の酒を移しかえるときに使うような金属製の簡素なものだが、これが業務用となると、取手つきの容器にクリームのしぼり口同様の、穴あきの突起がついた大型のものになる。このじょうろのような道具を砂糖蜜の上で円を描くように回し、中の卵黄をたらしていく。できあがったら網のようなものですくって乾かすのだが、形は日本のものに比べると不統一で、お母さんの手作りといった感じである。

鶏卵素麺は、マカオやタイ、カンボジアなどにも伝わっている。タイでは王宮菓子の一つという位置づけで格が高い。ポルトガル人あるいは中国人の貿易商人はいく先々でこの伝統菓子を作り、広めたのだろうか。黄金のような色合いは、国籍を問わず、人々の気持ちをとらえたことと思われる。シ

ルクロードならぬ「卵の糸」がたどった道を調べたくなる。

▼参考　荒尾美代『南蛮スペイン・ポルトガル料理のふしぎ探検』日本テレビ放送網、一九九二。

けんぴ

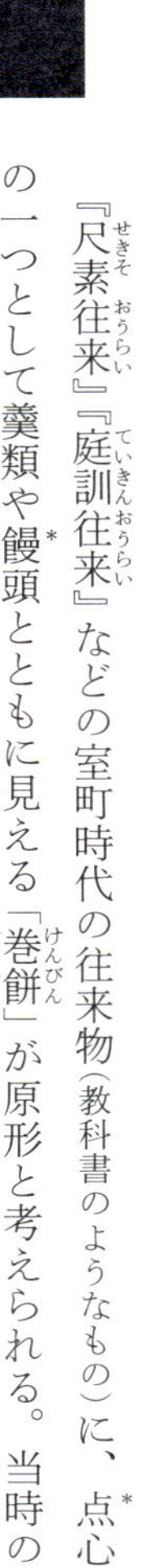

『尺素往来』『庭訓往来』などの室町時代の往来物（教科書のようなもの）に、点心*の一つとして羹類や饅頭*とともに見える「巻餅」が原形と考えられる。当時の製法は不明だが、巻いて作るものだったのだろうか。

後年の史料に見える製法は多様で、『日葡辞書』（一六〇三）には、「Qenbin ケンビン（巻餅）　小麦粉で作ったボーロ菓子、あるいは、練り粉菓子の一種で、曲がり重なるようにあぶってあり、厚い聖体パンに似ているもの」、『古今名物御前菓子秘伝抄』（一七一八）には、「けんひん」の名で、小麦粉と白砂糖を合わせ、刻んだ胡桃、煎った黒胡麻を入れ、たまり（醬油を作る前段階のもの）、水と合わせた後、銅の平鍋で裏表を焼き、冷ましてからいろいろな形に切るとの記述がある。図説百科事典『和漢三才図会』（一七一二序）では「捲頭」と同類扱いである（三〇二頁）。

また、巻餅の表記が忘れられてしまったのか、『善庵随筆』（一八五〇）には「牛の皮に似たればとて牛皮といひ、犬の皮に似たればとて犬皮といひ、羊の肝に似たればとて羊肝といふ」とある。焼き色の茶から犬皮の字もあてられたのだろう。残酷な話だが、江戸時代、犬の皮（つまり、けんぴ）をなめしたものは、安三味線の胴に使われたという。それだけ犬皮は身近なもので、けんぴの響きから犬の皮を連想しても不自然でなかったと思われる。

観光土産として名高いのが高知市のケンピだ。藩主山内侯の献上菓子として伝わるものといい、小麦粉を練って薄く伸ばし細く切り、釜で焼いたものが作られている（写真）。堅いことから堅干、乾餅から名づけられたという説も伝わっており、巻餅とのつながりは不明とされる。また、さつま芋を使った揚げ菓子の芋ケンピも高知県の名物である。先のケンピから派生したのではないか。

工芸菓子 こうげいがし

飾り菓子、糖芸菓子ともいう。菓子を作る素材で、四季折々の植物などを本物そっくりに、しかも芸術性豊かに表現するもので、食べるのが目的ではなく、あくまで観賞用だ。すでに江戸時代後期より大名への献上用などに、華やかな細工菓子が作られていたが、明治時代以降、*雲平細工（うんぺいざいく）や*有平細工（あるへいざいく）などの技術を駆使した様々な作品が京都を中心に盛んに作られるようになった。とくに京都の工芸菓子が知られるようになったのは、明治二三（一八九〇）年、東京で開催された第三回内国勧業博覧会に「籠盛り牡丹（かごもりぼたん）」の大作飾り菓子が出品されてからという。また、明治三三（一九〇〇）年のパリ万国博覧会では、大輪の牡丹の花の飾り菓子などが陳列された。異国でもさぞかし注目されたことだろう。

食べられない菓子など邪道だという見方もあろうが、工芸菓子は、菓子博覧会や展示会ほか観客が集まる場に欠かせない。牡丹や藤*の花で飾られた豪華な花車、鶴や鷹、城や富士山、枝垂(しだ)れ桜や紅葉した楓(かえで)など、日本的なものを題材とすることが多いが、大作ばかりでなく、鉢植えの蕗(ふき)のとうや福寿草*、朝顔*などの小品にも味わい深いものがある(写真は大文字草(だいもんじそう))。なお、山梨県の桔梗屋には「お菓子の美術館」があり、常時、絢爛豪華(けんらんごうか)な工芸菓子が展示されている。

▼参考　藤本如泉『日本の菓子』河原書店、一九六八。
『はな橘』第一号、大日本菓子協会、一九〇〇。
赤井達郎『菓子の文化誌』河原書店、二〇〇五。

五家宝(ごかぼう)

もち米と黄な粉を主原料とする素朴な菓子。大まかな作り方は、一、餅粉を蒸して搗(つ)いたのち、のばして乾燥させ、砕いてあられ状にし、種(おこし種)を作る。二、種に蜜をからめる。三、黄な粉に蜜を加えた生地で、二の種をくるみ、のばして切断する、というもの。簡単そうに見えて、生地をのばしたり種を包んだりするには技術を要する。

その名は一説に、江戸時代の享保年間（一七一六〜三六）、上野国五箇村（現群馬県邑楽郡）の人が初めて作ったことにちなむという。以来、五家宝、五箇棒（棒は棒状の意か）、五荷棒など、様々な字があてられ、広まった。

狂歌師として知られる大田南畝の随筆『奴凧』（一八二一）には、安永六（一七七七）年、日光参詣の折、道中で見た駄菓子「五荷棒」に比べ、今年（一八二〇）友人よりもらった秩父の「五かぼう」は、形が大きくおこし米でできている（つまり質が良い）ことが記されている。同じ名前の菓子でも、その表記や質、味わいには時代による違いや地域差があったようだ。文中では秩父とあるが、かつては日光周辺も含め、かなり広い地域で作られていたのだろう。後年には埼玉県ならではの菓子になったようで、物理学者の寺田寅彦（一八七八〜一九三五）は『写生紀行』（一九二二）で、五家宝の名を見ると、「私の頭の中へは、いつでも埼玉県の地図が拡げられる。さうしてあのねちねちした豆の香を嗅ぐやうな思ひがする」と述べている。

現在では埼玉県熊谷市や加須市の名物菓子として知られ、専門の店が何軒かある。黄な粉の香ばしさ、おこし種*のやわらかさなど、店によって味わいには違いがある。

当時の菓子の実体は不明。由来については、水戸九代藩主徳川斉昭の頃に創製された「吉原殿中」をまねたなど、諸説ある。

▼参考　埼玉県立民俗文化センター『埼玉の和菓子』一九九九。

こなし・煉り切り

——・ねりきり

どちらも生菓子の製法、およびそれにより作られた生地をいうが、この違いがわかっている人は和菓子通だろう。

こなしは、こし餡に小麦粉などを混ぜて蒸し、もみこなして作ることからその名がついたとされる。原形は蒸羊羹と考えられ、「もみ羊羹」「こなし羊羹」とも呼ばれた。ちなみに虎屋では「羊羹製」といっている。こなしの製法は京都を中心に広まったもので、茶席の菓子によく使われる。白小豆や白いんげん豆を材料にした白餡を生地に用いて着色し、四季折々の風物を表すことが多い。重みのあるしっかりした食感である。

一方の煉り切りは、こし餡に*求肥、寒梅粉などのつなぎを加え、煉り上げて作る（求肥煉り切りなど）。また、薯蕷（つくね芋）の生地と餡を合わせて煉り上げる薯蕷煉り切りもある。こなし同様、白餡を生地に用い、四季折々の風物が形作られ、茶席に用いられるが、こなしに比べると少々やわらかく、細工がしやすい。

こなしと煉り切りとの違いは見た目だけではよくわからないもの。何度も味わっているうちに、しだいに舌で感じられるようになるだろう。ちなみに関東と関西では生菓子の色や表現の違いも多少ある。一般に関西の方が原色のはっきりした色を好み、写実よりも見立てを大事にした表現をすることが多い（写真はこなし）。

金平糖

こんぺいとう

子どもの頃、この名から連想されるのはチャイコフスキーの「くるみ割り人形」にある「金平糖の精の踊り」だった。何の楽器かわからなかったが、繊細な音色や、夢の世界に誘ってくれるような不思議な旋律に、赤や白、黄や緑の可愛らしい金平糖が夜空から舞い落ちてくる情景を想像したものだ。

大人になってから、この音楽はチェレスタという鍵盤楽器によるものだと知った。そして、タイトルの金平糖が外国ではドラジェになっていることを教えられたときは、すぐに信じられなかった。「くるみ割り人形」のバレエ制作に使われた脚本は、フランスの文豪デュマ・フィス（小デュマ）が脚色したもので、「金平糖の精の踊り」は「Danse de la Fée-Dragée」とのこと。ドラジェとはアーモンドを糖衣で覆った菓子のことで、金平糖と違って角がなく、つるんとした感じだ。同じ音楽を聞いていても、西洋人と日本人とは違った菓子を想像しているわけだ。

金平糖は南蛮菓子[*]の一つで、砂糖菓子を意味するポルトガル語のConfeitoからその名がついたという（金米糖の表記もある）。現在、ポルトガルでConfeitoを探すと、多くはドラジェのように糖衣で覆われた菓子となる。日本のように角のついたものは、古都コインブラやテルセイラ島で作られている程度だ。といってもその形状は違う。回転する釜を使い、芥子の実などに砂糖蜜を何度もかけて結晶を作っていく作業は同じだが、ポルトガルでは五日間ぐらいで完成させてしまうのに対し、日本では一〇日から二週間ぐらいかける。そのため、日本の角の方がきれいである。

おそらく伝来当初の金平糖、たとえば永禄一二（一五六九）年に宣教師ルイス・フロイスがフラスコに入れて織田信長に献上したものなどは、まだ角が目立たなかったことだろう。それが日本での技術力と創意工夫によって、今日見るような愛らしい形になったのである。こうした金平糖作りの苦労話については、井原西鶴の『日本永代蔵』（一六八八）が参考になる。長崎の町人が、二年余りも金平糖の角の製造に取り組み、ついに成功して大もうけする話である。

なお、『古今名物御前菓子秘伝抄』（一七一八）には、芥子の実に煮詰めた砂糖をかける製法があり、青花（つゆくさの栽培品種）の汁、山梔子、形紅、灰墨で、砂糖を青・黄・赤・黒に染め、色違いにすることが記されている。江戸時代中頃には、五色の金平糖（色づけしないものは白）があったことがわかるが、今日では色違いだけでなく、味も苺や葡萄などの果実、日本酒やサイダーなどの飲料、肉桂、生姜など様々で、贈り物として人気があると聞く。

現在ポルトガルではアニス、フェンネルシード、日本では、グラニュー糖や、もち米を原料とするいら粉が芯によく用いられる。

▼参考　中田友一『おーい、コンペートー』あかね書房、一九九〇。

桜餅

さくらもち

塩漬けした桜葉の香りがゆかしい桜餅は、春の代表菓。江戸時代に江戸向島、隅田川堤近くの長命寺の門番が、周辺の桜の葉を利用して売り出したことに始まると伝えられる。桜の名所という立地もあって、桜餅は、文化・文政年間（一八〇四～三〇頃）には大評判となり、錦絵にもよく描かれた。桜餅入りの竹籠を持ったすまし顔の美人絵などは、今でいえば、話題のチョコレートを手にしてほほえむ女性のグラビア写真のようなものかもしれない。『兎園小説』（一八二五）によれば、この桜餅のために文政七（一八二四）年に使用した桜の葉は七七万五〇〇〇枚という。当時は葉を二枚使っており、餅数にして、三八万七五〇〇個とある。一日平均にすると一〇七六個強になり、いかに繁盛したかがよくわかる。

桜葉を使う桜餅の元祖とされる山本屋は現在、小麦粉生地を薄くのばして焼いた生地に餡をはさみ、一個につき三枚の桜葉を使っている。錦絵に描かれた竹籠も注文可能だ。小麦粉生地の製法がいつから始まったかは不明で、江戸時代後期の随筆『嬉遊笑覧』（一八三〇序）には、初めはうるち米で、のちに葛粉で作られるようになった旨が記されている。最初は柏餅*、次に葛桜*のようなものが作られたのだろうか。その一方で、同時代の『古今要覧稿(ここんようらんこう)』(一八二一～四二)には、桜餅を売る店が増えたことに触れたあと、「桜の葉は隅田川の堤のをとりたくはえ置て用ゆるなり　さて其製法は小麦の粉をねりむし　あんをつつみ形はかしわ餅のごとくにこしらへたるものなり」と書かれている。これだと蒸した小麦粉生地となり、今のものと同じではない。案外、店によって桜餅の製法は違っていたのかもしれない(六二頁)。

江戸で桜餅が流行すると、桜餅は各地で真似して作られるようになる。といっても、どこでも同じではなく、しだいに東京は小麦粉生地(写真)、京阪は道明寺(どうみょうじ)生地が主流になったようだ。すっきりした感じの東京風に対し、米の粒が見える京阪の道明寺生地は、どこかはんなりした趣が漂う。京都なら花見の季節に、名所嵐山の桜を見つつ、近辺の茶屋で味わうのがおすすめだろう。また、地域や店によっては、上下二枚の葉で餅をはさんだり、一枚でくるんだりと葉の使い方も様々だ。

ところで、桜餅で話題になるのは、葉を食べるか食べないかということ。

三つ食へば葉三片や桜餅　　高浜虚子

の句を例に、食べないのではという説がある一方、江戸っ子は粋だから葉も食べる、京都人は移り香を楽しんで葉を残すともいわれている。悩ましいところだが、結論はお好みしだい。葉脈が気になる人は残すとよいだろう。

『京の華』(一九二六)によれば、明治三〇(一八九七)年頃、奥村又兵衛という人物が「嵯峨名物桜餅」として、道明寺生地の桜餅を発売したという。

砂糖漬

さとうづけ

果物や野菜を砂糖液で煮詰め、仕上げに砂糖をまぶした菓子。砂糖を多く使う*南蛮菓子にちなんでか、かつては南蛮の漬物、南蛮漬とも呼ばれた。南蛮漬は、魚を揚げた後、酢などで漬け込むものも指し、現在ではこちらの方が家庭料理に受け継がれ、なじみ深い。

砂糖漬の秘伝書とでもいいたくなるのが、『鼎左秘録』(一八五二)だ。*羊羹、*饅頭類の製法も見えるが、砂糖漬にはかなりの紙幅をさいている。生姜、天門冬、松の翠、仏手柑、金柑、茄子、蓮根、筍、胡瓜、朝瓜、冬瓜、西瓜、牛蒡、人参、百合根、そら豆、麦門冬、独活、茗荷、豆腐、椎茸の計二一種もの製法が紹介されている。麦門冬や豆腐など変わった材料もあるなかで、注目したいのは天門冬と仏手柑だ。天門冬は草杉蔓の根の部分(漢方薬の材料にもなる)を使うもので、「雪の蚰蜒天門冬砂糖漬け」(『柳多留』)という川柳があるように、砂糖漬としてよく作られていた。一方、仏手柑はインド原産の柑橘類の一種で、その名は形が仏様の手に似ていることによる。しかし同書には、「だい〳〵(橙)の若きものを輪切にして是を仏手柑と号して漬るなり」と見える。仏手柑はなかなか手に入らなかったようだ。

ちなみに現在、天門冬の砂糖漬は見当たらないが、仏手柑の方は、和歌山県高野山にある「かさ國」ほかで作られている。また全国各地には、胡桃、蕨、蕗、干瓢、文旦、金柑など地元の素材を生かした砂糖漬がある。千葉では野菜の砂糖漬を「てんもんどう」と呼ぶそうだ。

『和漢三才図会』（一七一二序）にも「砂糖漬菓子」の材料として、仏手柑、天門冬の名が見える。

塩釜

しおがま

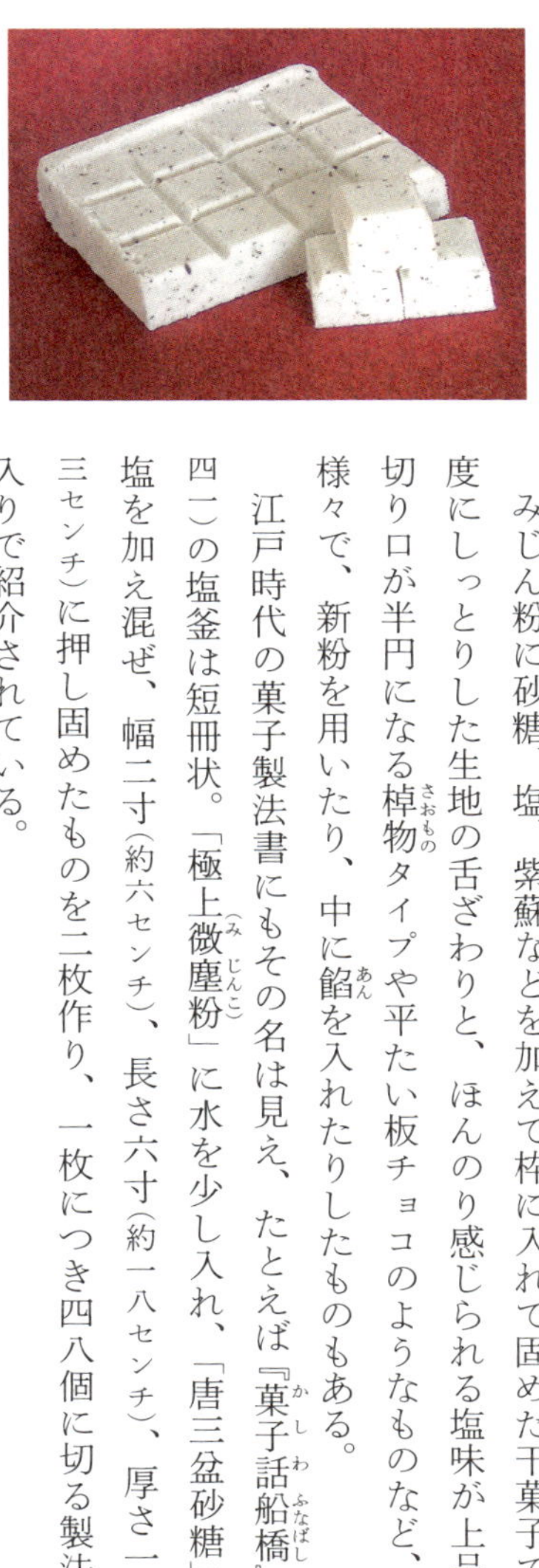

みじん粉に砂糖、塩、紫蘇などを加えて枠に入れて固めた干菓子で、適度にしっとりした生地の舌ざわりと、ほんのり感じられる塩味が上品だ。切り口が半円になる棹物タイプや平たい板チョコのようなものなど、形は様々で、新粉を用いたり、中に餡を入れたりしたものもある。

江戸時代の菓子製法書にもその名は見え、たとえば『菓子話船橋』（一八四一）の塩釜は短冊状。「極上微塵粉」に水を少し入れ、「唐三盆砂糖」と焼塩を加え混ぜ、幅二寸（約六センチ）、長さ六寸（約一八センチ）、厚さ一寸（約三センチ）に押し固めたものを二枚作り、一枚につき四八個に切る製法が図入りで紹介されている。

塩釜とは、本来海水を煮詰めて塩を作るのに用いるかまどのことだが、

ふる雪にたく藻の煙かきたえてさびしくもあるか塩釜の浦　（『新古今和歌集』冬歌・藤原兼実）

などの歌があるように、製塩地だった陸奥(むつ)の塩釜（現宮城県塩竈市）の名がよく知られていた。塩釜の浦として、風光明媚な松島湾を含めて、その光景が歌に詠まれることが多かったのである。

菓子の塩釜も、もともとこの陸奥の塩釜近辺で作られたことにちなむという。現在も塩竈神社の参道で、地元名物として売られている。

生姜糖　しょうがとう

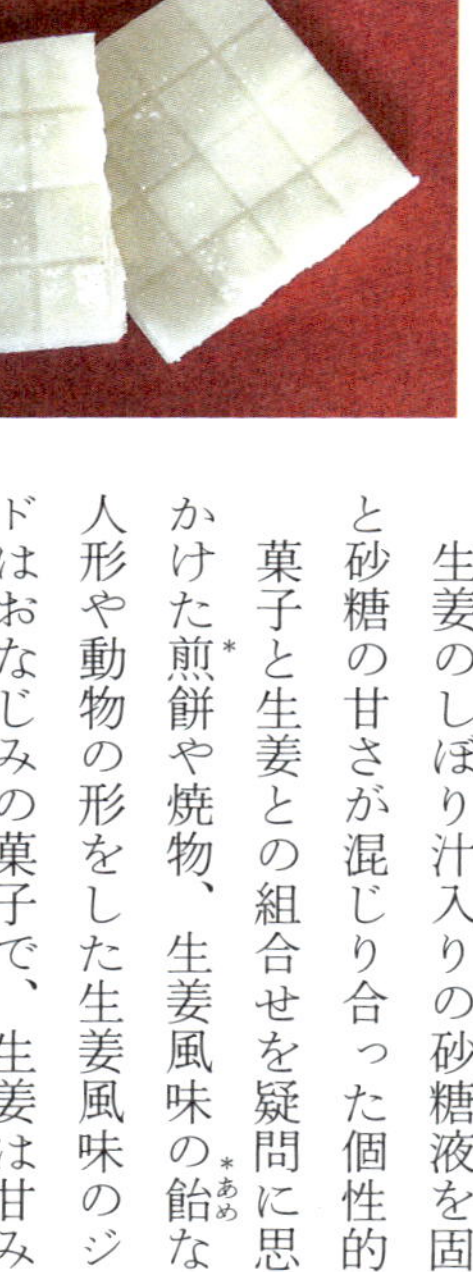

生姜のしぼり汁入りの砂糖液を固めた菓子。素材独自のつんとする風味と砂糖の甘さが混じり合った個性的な味わいといえるだろう。

菓子と生姜との組合せを疑問に思う方もあるかもしれないが、生姜蜜をかけた煎餅*や焼物、生姜風味の飴(あめ)*などは昔から作られている。外国でも、人形や動物の形をした生姜風味のジンジャークッキーやジンジャーブレッドはおなじみの菓子で、生姜は甘みとよく合う。

生姜糖の製法は『菓子話船橋(かしわふなばし)』（一八四一）にあり、江戸時代後期には作り方も広まっていたと思われるが、近年では作る店も少なくなってしまった。

現在、名物として知られるのは、島根県出雲市の來間屋(くるまや)生姜糖本舗の品（写真）だろう。島根県特産の出西生姜（しゅっさい）の汁と砂糖とを炭火で煮詰め、型に入れ、固めて作るもので、かつては藩主にも納めていたという。また、伊勢神宮参道の生姜糖も名物で、神宮のお札の剣祓（けんはらい）をかたどった大ぶりのものが売られており、日の出を表しためでたいデザインもある。一方、奄美大島などでは黒砂糖を使った一口サイズの生姜糖も作られている。

生姜は健胃剤や食欲増進剤にもなるもので、体に良いとされる。生姜糖も、そうした病除けの意味があって、喜ばれたのではないだろうか。

なお、生姜を薄く切って砂糖漬*にしたものも生姜糖と呼ばれることがある。

白玉 しらたま

白玉粉を水でこね、耳たぶぐらいの固さにして丸め、沸騰したお湯でゆでればできあがり。白玉のもちっとした感触は餡（あん）とも相性が良く、汁粉（しるこ）*やかき氷、あんみつ*などに使われる。江戸時代には、井戸水や湧（わ）き水を汲み、白玉と砂糖を入れ、一椀四文で売った「冷や水売り」（水売りとも）もいたほどで、手軽なデザートだったことがうかがえる。白玉を紅色にしたものもあったというから、彩りも良かったのではないだろうか。

白い玉状だからその名がついたわけだが、辞書で調べると、白玉には、真珠や美しい玉の意もあることがわかる。たとえば『伊勢物語』第六段の「芥川（あくたがわ）」に、

白玉かなにぞと人の問ひし時露とこたへて消えなましものを

という歌がある。恋仲になった高貴な女を連れ出す男の話で、男の背におぶられた女は道半ばで「あれは何？」と草の上に結んだ露*を指さす。きらきら光る露は、真珠のようにも見えたのだろうか。その後、女は哀れにも蔵の中で鬼に食べられてしまう。男は、前述の歌を詠み、問われたときに露と答えて消えてしまいたかったと嘆き悲しむ。「白玉」の言葉の響きも美しい歌だが、嗜好品の名になったことで、江戸時代には「白玉が何ぞと問へば寒ざらし（寒ざらしは白玉粉の別称）」（『柳多留』）と茶化した川柳が作られており、イメージの落差が笑いを誘う。

汁粉・ぜんざい

しるこ・――

汁粉はいわば餡（あん）のスープ。小豆（あずき）餡好きの日本人は饅頭*や羊羹*（ようかん）ばかりでなく、甘い小豆汁にも目がなさそう。最中*（も なか）皮（がわ）に包まれた懐中汁粉や、缶入りの汁粉ドリンクもあるほどだ。江戸時代にも汁粉の人気は高く、そばやうどん同様、屋台で売られていた。酔いざましにラーメンを一杯といった感覚で汁粉をひっかける男性もいたことだろう。店で食べるよりも安く、江戸時代後期には一椀一六文だった。串刺しの団子*が通常四文なので、団子四本分の値段である。

汁粉屋は一般に正月屋と呼ばれており、行灯（あんどん）にも正月屋と書くことが多かった。呼び声もめでたく「正月屋でございい」だったという。その理由として、もともと雑煮（ぞうに）も売っていたためとか、正月に餅入り汁粉を食べる風習があったからなど、諸説伝えられる。

汁粉で悩ましいのは呼び名の違いのこと。『守貞謾稿（もりさだまんこう）』（一八五三）により江戸時代から東西の違いがあったことがわかるが、現在の傾向としては、関東の場合、こし餡で作ると御膳汁粉、粒餡なら田舎汁粉や小倉汁粉[1]となり、汁気の少ないものはぜんざいと呼ばれる。しかし、関西ではこし餡なら汁粉、粒餡ではぜんざい、汁気が少ないと亀山（かめやま）[2]になるといい、所かわれば名前もかわるようだ。

ところで、汁粉は汁と粉の組合せでわかりやすいが、ぜんざいにはどんな意味があるかご存じだろうか。意外にも本来は二度繰り返して喜びの極致を表す仏教用語で、「よろしい、結構」という意味から善哉の字があてられている。

これに関してよく取り上げられるのは一休（いっきゅう）禅師の逸話。あるとき、餅を入れた小豆汁を一休に差し上げた人があった由（よし）。喜んだ一休が「善哉此汁」といって賞味したことから、この名がついたという内容だ。一休の頓知（とんち）話は江戸時代初期に作られたものが多いといい、この話も真偽のほどはわからないが、室町時代中期成立の『尺素往来（せきそおうらい）』に「新年之善哉者是修正之祝著也」があるので、一休が存命中には新年の祝いとしてぜんざいが食べられていたと考えられる。

その一方で、出雲では餅を煮て小豆を和えたものを神供とし、神在餅と称したため、このジンザイモチが、ゼンザイに変化したという説もある。

さて、ぜんざいで触れたくなるのが、織田作之助が一九四〇年に発表した小説『夫婦善哉』。映画にもなった評判の作品で、甲斐性なしの自堕落な夫柳吉と気丈で夫思いの妻蝶子が、紆余曲折を経て、夫婦の危機を乗り越える話だ。印象的なのは、最後に大阪の法善寺境内にある「夫婦善哉」という店で、ぜんざいを「スウスウと高い音を立てて啜る」場面。ぜんざいに善哉の意味を重ねることができるのも心憎いところだろう。名脇役のこのぜんざいは、一人に二杯出てくるもので、今も大阪名物として親しまれている。大阪観光の折に、味わってみてはいかがだろうか。

1 つぶし餡で作るものを田舎汁粉、粒がきれいに見えるよう蜜煮の小豆を後で加えるものを小倉汁粉とする使い分けもある。

2 京都の三條若狭屋二代目藤本如泉の『日本の菓子』(一九六八)によれば、京都の小倉山近くの亀山にちなむという。

新粉細工　しんこざいく

新粉生地による細工菓子。団子細工ともいう。近年では見ることも少なくなってしまったが、昭和三〇年代(一九五五〜六四)頃までは、飴細工とともに子どもたちに人気の商品だった。色のついた新粉生地で鳥、花などをかたどり、片木板にのせ、黒蜜をつけるなどして、縁日の屋台や路上で売ってい

た。小さなはさみで鳥の羽の切り込みを入れたり、竹串で表情をつけたり、様々な手技は目が放せないものだった。食べるのがもったいなくて、買ってもらった新粉細工を大事にしまっておいたという思い出をもつ人もいることだろう。

新粉細工は江戸時代後期には親しまれており、川柳にも「しん粉のみつかん片肌をぬいで居る」(『柳多留』)などがある。これは、皮が少しむけているような新粉生地のみかんのことで、巧みな造形力に目を向けた作者の感性がうかがえる。

残念なことに、現在ではそうした技術を受け継ぐ新粉細工師の数も少なくなり、幻の職業になりつつあるようだ。その一方で、行事に新粉細工を用意する地域もある。たとえば、新潟県の十日町(とおかまち)で開かれる一月の節季市(チンコロ市)には新粉で作ったチンコロ(小さくてかわいい犬)が並ぶ。また、福岡県の芦屋町では八朔(はっさく)(旧暦八月一日、現在では九月一日)にわら馬を飾り、子どもの成長を祈って動物や果物の形の団子雛(ダゴビナ)を供える。今後も新粉細工には、人々の願いや希望が託され続けることだろう。

珍しい例として、奇術研究家、阿部徳蔵の「美術曲芸しん粉細工」(一九三六)には、数本の枝をさした植木鉢に、新粉で作った花や葉をぺたぺたくっつけていく新粉細工が登場する。

▼参考　溝口政子・中山圭子『福を招く　お守り菓子――北海道から沖縄まで』講談社、二〇一一。

すあま

蒸した新粉生地に砂糖を混ぜて作る餅状の菓子。平べったい紅白の卵形のものが「鶴の子餅(鳥の子餅)」(写真。向きは店によって違う)の名で出産や子どもの入学祝いなどの慶事に使われる。また、生地を棒状にし簾(すだれ)で巻いて筋目をつけ、切ったものを見ることがある。単純な作りの菓子なので、古くからあったと考えられるが、江戸時代の主要な菓子製法書にその名は出てこず、料理書の『漬物秘伝集』に、「すあまもち」の名で、上新粉に黒砂糖、醤油(しょうゆ)を混ぜ、なまこ形にして蒸す製法があるのが注目される程度だ。

その一方で、江戸時代には、黄な粉で作るすはま*がすあまとも呼ばれているのだからややこしい。辞書などでは混同されている例も見られるので、注意が必要である。

素甘、寿甘などの当て字があることから、すあまには、生地が甘い、あるいは、おめでたいときの甘いものなどの意味があったとも考えられよう。明治時代の菓子製法書『実験和洋菓子製造法』(一九〇五)には、青く染めた生地を竹簾で巻いた「木賊(とくさ)素甘」、白と紅の生地を合わせて切り口に木目(もくめ)模様を見せる「木目素甘」の製法があるが、結局、今日見られるような紅や白の素朴なものが定着したようだ。

『日本料理秘伝集成』一四巻、同朋舎出版、一九八五参照。

すはま

黄な粉に砂糖、水飴などを合わせた生地で作った菓子。茶席の菓子では、蕨(わらび)*やそら豆の形、京都駅周辺の土産店では串刺しにした赤・黄・緑の団子状のものを見ることがあるが、本来は、すはま形に作ったことからこの名がついている。

すはま形といっても、もはやなじみがないかもしれない。これは浜辺の入り組んだところを意匠化したもので、州浜、洲浜と書く。かつてはこの形を模した島台(しまだい)が婚礼や饗宴などの飾り物としてよく使われた。台上に松*竹梅や鶴亀を飾るなど、豪華なものが作られたことが、絵画資料からもうかがえる(二九九頁)。

このめでたいイメージが喜ばれて、すはま形の菓子が作られるようになったのだろう。江戸時代にはよく知られていたようで、『雍州府志(ようしゅうふし)』(一六八四序)には「洲濱飴」とあり、図説百科事典『和漢三才図会(わかんさんさいずえ)』(一七一二序)にも、すはま形のすはまが図入りで出ている。同書には、同じ材料で作るねじり棒形の「餐(まめあめ)」の図(三〇三頁)もあり、駄菓子の一つ、黄な粉棒を連想させる。

また、随筆『嬉遊笑覧(きゆうしょうらん)』(一八三〇序)にも「すはまは洲浜にて其形によりての名なり」とあり、原形は、麦芽・大豆を粉にして練り、竹皮に包んだ「飴ちまき」で、「豆飴」ともいうことが記されている。
なお、京都丸太町通りにあった明暦三(一六五七)年創業の植村義次は、すはま形のすはま(写真)を作り続けてきたが、二〇一六年、惜しまれつつ閉店。しかし、うれしいことにその製法を受け継いだ「すはま屋」が二〇一八年開店。黄な粉の風味豊かな奥深い味が復活した。

煎餅

せんべい

関東で煎餅というと、草加煎餅に代表される米粉(うるち米)を使った醤油煎餅を思い出す人が多いだろう。しかしこれが西日本になると、小麦粉生地で作る瓦煎餅タイプを連想する人が多いのではないだろうか。[1]では、どちらが昔からあるかというと、小麦粉生地が先だ。平安時代の辞書『和名類聚抄』(九三五以前)の煎餅の項に「以油熬小麦麺之名也」とあるように、最初は小麦粉をこねたものを油で焼いていたと考えられる。同じ平安時代の『今昔物語集』巻三第二三には、けちで欲が深く、煎餅好きな女性が登場する。尊者に乞われても煎餅を施さなかったので罰が当たるといった話だが、この頃煎餅は副食として大事にされていたのだろう。

煎餅が嗜好品として広まり、各地で名物が生まれるのは江戸時代になってからである。『毛吹草』

（一六三八序）には、京都六条、加賀、近江の堅田などの名産品として煎餅の名があがっている。同書に材料や製法の記述はないが、『日葡辞書』（一六〇三）には「米を材料にして作った一種のパンケーキで、聖体パンに似たもの」とあり、図説百科事典『和漢三才図会』（一七一二序）には小麦粉を糖蜜でこね、蒸籠で蒸してから成形し、乾燥したものを焼く旨が見える。また、『古今名物御前菓子秘伝抄』（一七一八）は、砂糖を使う小麦粉生地の砂糖煎餅や二本の柄のついた型に餅をはさんで焼く煎餅の製法を紹介している。後者は現在の*最中皮や麩焼煎餅、つまり種煎餅[2]に通じるものだろう。製法の工夫がうかがえるが、冒頭の醤油煎餅のようなものは主要な菓子製法書に見られない。農家などでは、くず米を使って現在の味噌煎餅や醤油煎餅に近いものを作っていたと考えられるが、商品として大量生産されるのは後年である。草加煎餅の場合、明治時代には塩煎餅の名で作られており、名前がかわって全国に広まるのは昭和に入ってからという。

煎餅の形は、焼型の使用によって多様化したといえるだろう[3]。丸や四角に限らず、瓦、亀甲形などが知られるが、江戸時代後期には、役者の似顔絵を表したものも作られた。また、歌舞伎十八番の「助六」の煎餅尽くしの台詞には砂糖煎餅、薄雪煎餅、木の葉煎餅、朝顔煎餅など様々な名が登場する。江戸名物には、日本橋照降町翁屋製の翁煎餅（砂糖の味わいが上品で進物用に使われた）、吉原の竹村伊勢の巻煎餅と最中の月、浅草茗荷屋の軽焼煎餅などもあったが、どの店も廃業した。一方、占い紙を包んだ*辻占煎餅、玩具や縁起物入りの煎餅などは江戸時代より今に至るまで作られている。

1 小麦粉生地の煎餅としては、岩手県の南部煎餅や、温泉に湧出する天然炭酸水を加えた炭酸煎餅なども知られる。

2　一般に、最中皮や麩焼煎餅を総称して、種物、種煎餅という。

3　『浪華百事談』によれば、天保年中（一八三〇〜四四）に、女形の中村哥六が「すがたみ煎餅」を売ったという。

▼参考　草加市史編さん委員会編『草加せんべい——味と歴史』草加市、二〇〇二。

大福

だいふく

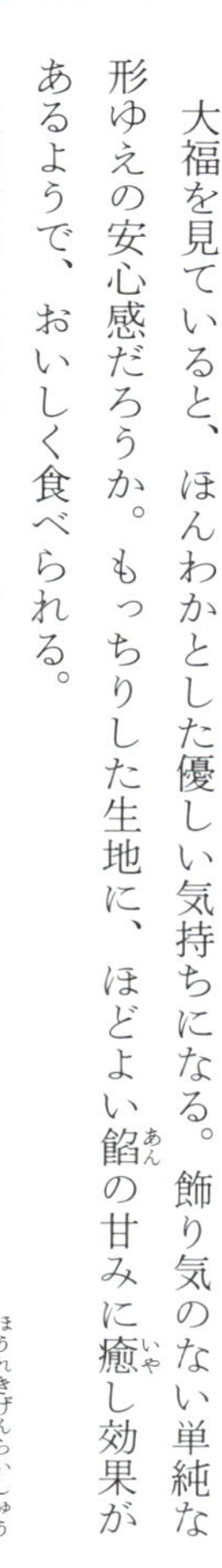

大福を見ていると、ほんわかとした優しい気持ちになる。飾り気のない単純な形ゆえの安心感だろうか。もっちりした生地に、ほどよい餡の甘みに癒し効果があるようで、おいしく食べられる。

大福の歴史を調べていくと、おた福餅の存在が気になってくる。『宝暦現来集』（一八三一）を引用すると、「おた福餅、明和八年（一七七一）の冬、小石川御箪笥町に、至て貧敷後家暮らしの、おたよと申女商人なるが、白き餅の中へ塩計のあんを入て売たるもの也、一両年過ると、その餅へ砂とうを入、外にて腹ぶと餅と唱へ替て売たり、又寛政中比より、同じ餅をあたゝめて大福餅と唱へ替、一寸専ら流行のものなり」。つまり、おた福餅（塩餡の餅）→腹ぶと餅（砂糖入り餅）→大福餅（温めた餅）という変遷があったらしい。腹太餅は、今では耳にすることもない名前だが、江戸時代の川柳や黄表紙によく出てくるところを見ると、かなり知られていた菓子だったのだろう。とくに注目したいのが黄表紙『五人斬西瓜立』

割(『色食五人切』)』(一八〇四)だ。主人の宝物を盗まれた腹太餅(擬人化され、頭に腹太餅をのせている)が責任をとって、杉楊枝で切腹する場面が描かれており、記述から、当時の中身は黒砂糖餡だったことがわかる。腹太餅の名前から、切腹する役回りにしたのか、作者の山東京伝に聞きたいところだ。

なお、『嬉遊笑覧』(一八三〇序)では先のおたよについては触れず、ふっくらした鶉焼が腹太餅あるいは大福餅とも呼ばれたが、後に形を小さくし、砂糖を加えたこし餡を中身としたものが大福餅として定着したことを記している。「大きな福」の意である「大福」の名によって、さらに庶民の人気を得たのだろう。「大福者」や「大福長者」が大金持ちを指すことを思うと、食べれば福がくると思う者もいたかもしれない。大福餅はあちこちで売られたようで、『江戸名所図会』(一八三四〜三六)巻之一の日本橋の絵図にも、汁粉餅と大福を扱う屋台の絵が見える。また、『寛政紀聞』(一七八九〜九九)によれば、籠の中に焼き鍋をかけた火鉢を入れ、大福餅を蒸し焼きにして売る行商もいたというから、そのアイディアには感心させられる。

大福餅は「大福」の名で、今もかわらぬ人気者。どこのコンビニエンスストアでも買える手頃なおやつだ。生地に赤えんどうを入れた豆大福、蓬生地にした蓬大福(草大福)など、変化をつけたものも売られており、縁日で焼大福を売る屋台を見かけることもある。

大福といえば、一九八五年頃より大ヒットしたイチゴ大福を忘れてはならないだろう。意外な組合せとはいえ、イチゴの酸味と小豆餡の甘みの相性が良いとして話題になり、今やすっかり定着している感がある。中に、バナナや青梅、キーウィなどを入れたり、餡をコーヒーやチーズ、クリーム味にしたり、多様化しているが、やはりシンプルで昔ながらの大福の方に人気が集まるようだ。

鯛焼 たいやき

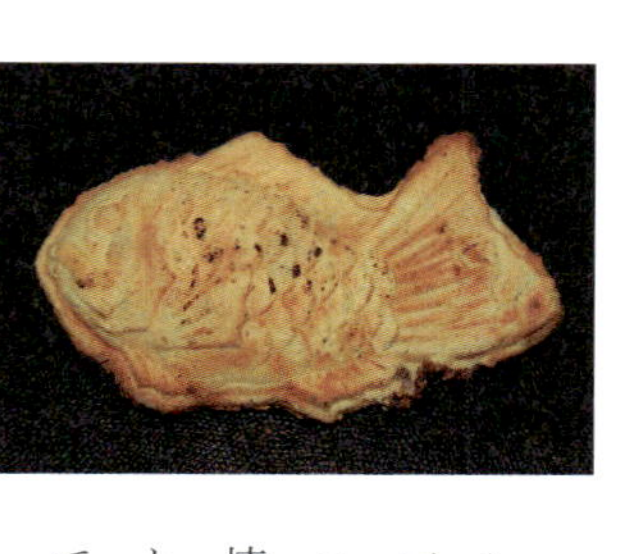

小麦粉生地で作る、鯛形の餡入り焼菓子。お祝いにふさわしい鯛形の落雁は、いつのまにか見る機会も少なくなったが、鯛焼は今も全国各地で健在。明治四二(一九〇九)年に東京麻布の浪花家総本店が考案したといい(写真は現在のもの)、ロングセラーになっている。ご主人の鯛焼誕生秘話によると、当時様々な形の焼菓子はあったものの、高級品かつ「めでたい」に通じる鯛形にしたことで、とても評判になったという。庶民には手が届かない魚だが、鯛焼となれば安くておいしいわけで、愛嬌のある形にしたのも人気を得た秘密だろう。

頭から食べるか、しっぽからにするか、しっぽに餡は入っているべきか、など鯛焼はいろいろな話題を提供してくれる。注目されるのは、一九七六年の「およげ! たいやきくん」の大ヒットだろう。子ども向けの歌だが、鉄板の上で毎日焼かれる鯛焼にサラリーマンの悲哀を感じ、共感する人も多かったのか、マスコミをにぎわせた。鯛焼の売上げも飛躍的に伸びたという。

近頃はあちこちの店の鯛焼を食べ比べ、「体重」を測り、鯛形の魚拓をとるなど、マニアもいるようで、熱が入っている。ベビーカステラのような小さな鯛焼や、中にチーズクリームなどを入れたものも出回っており、探求のしがいがあるといえそうだ。なお、韓国には、日本の鯛焼をもとにした鮒(ふな)形(がた)の焼菓子がある。

❧『たこやき』（一九九三）に三代目神戸(かんべ)守一(もりかず)のインタビュー記事がある。

駄菓子 だがし

庶民的な安価な菓子のことで、一文菓子、雑菓子(ざつがし)（「ぞうがし」とも）、駄もの菓子ともいう。世代の違いにもより、そのイメージは人それぞれだろう。現在では、チェーン店化した駄菓子屋で売っているような、ラムネ菓子や景品つきのチョコレートあるいはチューインガムなどを思い浮かべる人が多いのではないだろうか。

しかし、昔ながらの駄菓子となれば、くず米、麦粉、胡麻(ごま)、黒砂糖などの素朴な材料を使った鄙(ひな)びた味わいのものになるだろう。どこか懐かしく、民芸品のようにほっと心を落ち着かせてくれる色かたちが多く、庶民の遊び心も感じさせる。

その魅力は、明治一八（一八八五）年生まれの中勘助(なかかんすけ)の自伝的小説『銀の匙(さじ)』が伝えてくれる。主人公の少年がいきつけの駄菓子屋は、藁(わら)ぶきの古い造りで、耳が遠くなったおじいさん、おばあさんが店番をしていた。菓子箱の蓋(ふた)が開けられると、様々な駄菓子が登場する。「きんか糖、きんぎょく糖、てんもん糖、みじん棒(ぼう)。竹の羊羹(ようかん)は口にくわえると青竹の匂がしてつるりと舌のうえにすべりだす。

『駄菓子のふるさと』(未來社、1961)より。

飴のなかのおたさんは泣いたり笑ったりしていろんな向きに顔をみせる。青や赤の縞(しま)になったのをこっきり嚙み折って吸ってみると鬆(す)のなかから甘い風が出る……」少年にとっては、きらきらした宝物を見るような、ときめきを感じる時間だったことだろう。文中の菓子は順に金花糖*、錦玉羹*で、てんもん糖は天門冬(てんもんどう)(草杉蔓(くさすぎかずら))の砂糖漬*、みじん棒はみじん粉に砂糖を加えて固め、棒状にねじった菓子、竹の羊羹は竹流しの羊羹*、飴のおたさんとはお多福(たふく)飴、そして最後は縞模様の有平糖*だろうか。

駄菓子は地域により、素材、形、名前も多種多様で変化に富む。生涯をかけて駄菓子を探求した石橋幸作(仙台駄菓子屋石橋屋二代目)の駄菓子分類法はユニークだ。お彼岸やお供(そな)えに使われる餅*や団子*などの「信仰駄菓子」、肉桂(にっけい)や漢方薬など滋養のある材料を使った「薬駄菓子」、宿場町で売られた旅の名物「道中駄菓子」、動物の形など子どもが喜びそうな「食玩駄菓子」、農作業の合間に食べる「お茶請駄菓子」などに分けている。

また、形状で分類すると次のようになるだろう。

丸いもの　鉄砲玉・げんこつ玉
棒状のもの　黒棒・黄な粉棒
ねじったもの　黄な粉ねじり・胡麻ねじり
板状のもの　豆板・薄荷（はっか）糖
巻いたもの　紫蘇（しそ）巻き
人形や動物などをかたどったもの　達磨（だるま）飴・鳥飴

こうした昔ながらの手作りの駄菓子を扱う店は今や少なくなり、会津、仙台、庄内地方などにわずかに見られる程度になってしまった。

▼参考　石橋幸作『駄菓子のふるさと』未来社、一九六一。
佐藤敏悦『ふるさとの駄菓子――石橋幸作が愛した味とかたち』LIXIL出版、二〇一八。

団子　だんご

子ども向けソング「だんご3兄弟」がヒットしたのは一九九九年のこと。本物の団子も売れに売れ、

人気に便乗しようと、四個刺しだった団子を三個にかえた店もあったと聞く。

団子は串刺しのものだけではない。穀物の粉をこねて丸めたものならなんでも団子になってしまうわけで、煮ても焼いてもよく、菓子としてはもっとも素朴で原初的なものといえるだろう。すでに古墳時代の埴輪にも、団子状のものがのった高坏が見つかっている（群馬県前橋市荒子町の舞台遺跡一号古墳）。語源も古く、唐菓子*の団喜からきているともいわれている。

おそらく団子は、ごく自然に全国各地で作られるようになったのだろう。お供えやおやつ用に家庭で作られるだけでなく、寺社の門前や街道筋の茶屋、町中の屋台で売られるなど、いつも身近な存在だった。

江戸時代には、永代団子（隅田川下流の永代橋たもとで売られたもの）、お亀団子（見せ物の亀にちなんだ麻布長坂の団子）、菖蒲団子（先を四つに割いた竹に団子を刺し、菖蒲の形に見立てたもの）など、名物の団子も多かった。実物を見たいと思うのは景勝（影）団子、かんかち団子ともいわれる飛団子だ。歌にあわせて餅を搗いたり、団子を飛ばすなどの曲芸を見せたりするもので、このパフォーマンスが評判となり、歌舞伎舞踊にも取り入れられた。文政三（一八二〇）年中村座で初演された「玉兎月影勝」がそれで、臼と杵を使い、職人が餅を搗く姿は、錦絵にも描かれている。また、街道筋で珍しい団子といえば駿河（現静岡県）の宇津で売られた十団子がある。一〇粒ずつ、杓子ですくって茶店で出すものがある一方、厄除け用に数珠つなぎにしたものもあった（後者は現在も地元の慶龍寺に伝えられる）。

行事に関わりあるものでは、みたらし団子が代表的だ。京都下鴨神社の御手洗祭では、五体（人間の体）に見立てて、五個ずつ竹串に刺した団子を神前に供えた後、持ち帰り、醤油につけて食べる習わしがあったという。これが甘い醤油だれをかけた団子にかわり、広まったようである。このほか彼岸団子（お彼岸に供える団子）、涅槃団子（涅槃会に用意される団子）、花見団子（多くは花見にふさわしいような彩りの良い団子）、月見団子*などの名があがるだろう。素材の面では、粟団子、胡麻団子、白玉団子*ほか、桃太郎でおなじみの黍団子、春らしい蓬入りの草団子などがある。

ところで京都は五個、東京は四個の串団子が多いようだが、なぜなのだろう。実は、かつて江戸でも五個を一本刺しにし、一個一文（銭）として五文で売っていたのだが、明和～安永（一七六四～八一）頃、江戸で四文銭が使われ始めてから、勘定しやすくするため一串四文とし、個数を減らしたとか（『甲子夜話』）。以来、四個が一般的になったという。ちなみに、四文屋とは、四文で買える商品を扱う屋台店のことで、今の百円ショップに似たものといわれる。

団子には異称があり、『物類称呼』（一七七五）には、「おまり」「おまる」などがあげられている。

千歳飴　ちとせあめ

一一月一五日は七五三。三歳児（男女とも）、五歳の男児、七歳の女児に晴れ着を着せ、お宮参りをして、子どもたちの幸せと健康を願う。子どもの成長祝いは、中世に貴族や武家社会で行われた

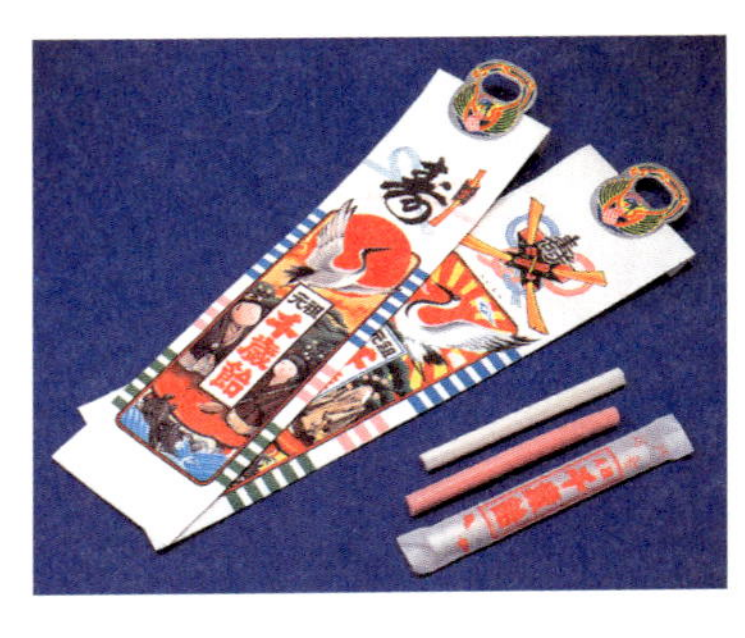

「袴着」や「髪置」「帯解」などの儀式に遡るが、年齢が定まり、一一月一五日の氏神様へのお参りが習わしとなるのは、江戸時代後期になってからだ（現在は一五日に限定されない）。

七五三に欠かせない菓子といえば、千歳飴だろう。一般に、水飴と砂糖を煮詰め、何度も引っぱってのばし、気泡を入れて作る細長い飴で、鶴亀や「高砂」の尉・姥などの縁起のよい図柄の袋に入った紅白の二本セットをよく見かける。その原形と考えられるのが、江戸の浅草寺境内で売られていた「千歳（年）飴」（『還魂紙料』）。千歳が長寿に通じることから後年、子どもの宮参りや七五三の祝いに作られるようになったといい、錦絵でも千歳飴が売られている情景を描いたものがある。医療が今ほど進んでいなかった時代、病気にならず、立派な成人になってほしいという親の願いは切実なものだっただろう。

核家族化が進んだ現在では、食べる量を考えてか、短かめの千歳飴も作られている。

粽　ちまき

新粉餅や葛生地などを笹の葉でくるみ、藺草で縛り、蒸したもの。柏餅*とともに、「こどもの日」（端午の節句）の行事菓子として知られる。中華料理の粽同様、そのルーツは中国で、戦国時代の屈原

の故事に由来する。屈原は詩人としても名高い楚国の政治家。王の乱行をいさめたが、聞き入れられず、失意のうちに汨羅の淵に身を沈めた。哀れんだ里人が、命日の五月五日に竹筒に米を入れて供養物とするが、淵の蛟竜が盗んでしまうため、楝の葉で包み、五色の糸で縛った由。これが粽の始まりといわれ、中国には旧暦の五月五日に粽を食べる風習がある。

日本でも平安時代より端午の節句に粽が用意された記録が見えるが、『和名類聚抄』(九三五以前)などの記述から、当時は米を茅や真菰の葉で巻き、煮たと考えられる。笹の葉で巻く甘い菓子としての粽が広まるのは江戸時代になってからで、中身は新粉餅や葛生地、羊羹*(葛生地に餡を加えたもの)や外郎*などになる。みずみずしい笹の葉を美しい包みとした創意は、清々しい移り香とともに時代を超えて人々の心をとらえるといえよう。形は多様で、俵形、円錐形、三角形などがある。

地方色豊かなのは、鹿児島県や宮崎県の名物、「あく巻」。灰汁につけたもち米を竹皮で包み、さらに灰汁で煮たもので、中身は飴色。これに黄な粉や黒砂糖をつけて食べるのがおいしい。

また、端午の節句に限らず、夏あるいは一年を通じて粽を作っている店もある。なかでも京都の川端道喜は、室町時代より御所に粽を納めてきた老舗として名高い。御所粽、道喜粽の名でも知られるそのきりりとひき締まった威厳ある形は、今も伝統の技を感じさせる。

なお、京都祇園祭で八坂神社や各鉾内で授与される粽は、厄除けのお守りで、門口などにかけ、一年の無事と安全を祈念するものである。

茶通

ちゃつう

その名にふさわしく、茶を材料に使った焼菓子だ。店によって多少の違いはあるが、一般に小麦粉を使った生地を緑に染め（抹茶を入れることもある）、餡（多くは胡麻を使用）を包み、表面に煎茶の葉（あるいは胡麻）をのせて焼いたものを指す。小ぶりに作ることが多いため、茶請けにも重宝する。

江戸時代の版本の製法書にはその名は見えないが、明治時代以降には「茶津宇」[1]としてよく登場する。楪子（茶菓子などを盛る、丸く浅い漆器）に関連しての名前だろうか。製法は前述の通りで、今とほとんどかわらない。注目したいのは表面に置く茶葉だ。上等なものにこだわり、玉露茶を指定している本もある。[2]見た目と香りの点で、譲れない点なのかもしれない。

ちなみに、明治〜大正時代の新聞記者、鶯亭金升は「チャツウと言う菓子は、本郷の「藤村」で製造し、茶人用として茶通と名づけたものだが、和蘭陀語だと言う人もある」と書いている（『明治のおもかげ』）。藤村は羊羹で有名な老舗だったが今はなく、真相は不明だ。

1『実験和洋菓子製造法』（一九〇五）ほかに、製法が見える。
2『和洋菓子製造大鑑』（一九二五）に玉露茶の例がある。

中花（ちゅうか）

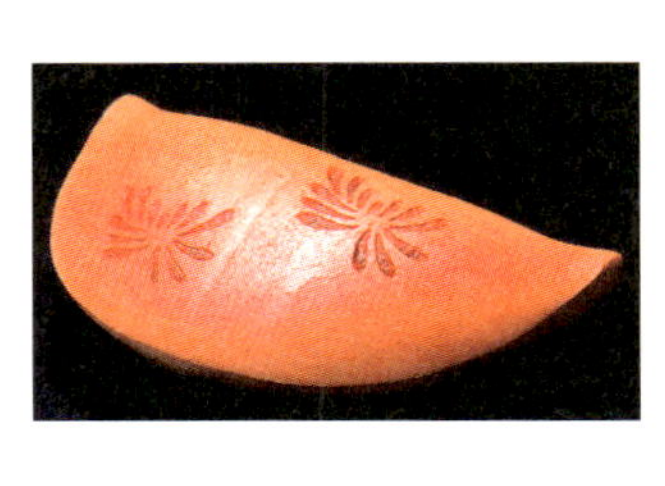

小麦粉、砂糖、卵などを混ぜ合わせた生地を中花（種）と呼ぶことがある。[1] かわった言い回しだが、菓子製法書『鼎左秘録（ていさひろく）』（一八五二）に、「中華饅頭（ちゅうか）」として、前記の材料を混ぜ、「赤がねの皿の上へ、ながし焼（やき）にして餡をつゝむ」製法が出ていることから、中花は、中華からきていることが推測できる。月餅（げっぺい）のような中国の焼菓子と材料が共通するため、その名がついたのではないか。「赤がねの皿」とは、銅製の皿の意で現在いう平鍋（一文字（いちもんじ））のようなものだろう。生地を流して焼き、餡（あん）を包んだと考えられる。

ところで落語の「饅頭こわい」*は、饅頭が好きなのに、こわいといいながら、出される饅頭をせしめてしまう内容だ。饅頭を用意する場面では「腰高（こしだか）饅頭、酒饅頭、そば饅頭、栗饅頭」など、いろいろな名前をあげるのが型になっており、演者によってその名も違ってくる。そのうちの「唐（とう）饅頭」が先の中華饅頭と同類。[2] 小麦粉、卵、砂糖を水でとき、丸や四角の金型に流し、餡を入れて焼いたものが一般的だ。しかし、同名で違う製法もあり、愛媛県では、小麦粉、黒砂糖などで作った生地に柚子餡を入れ、両面を焼いた、平たい唐饅頭が名物になっている。

1 調布、若鮎なども中花に入る。『菓子の事典』（一九五三）によれば、「千代香」も中花に同じである。

2 『意地喜多那誌』（一八五四。東京国立博物館・西尾市岩瀬文庫蔵）に輪型を使う「唐饅頭」と、生地を落として焼く「中華まんじゅう」の製法が見える。

調布　ちょうふ

地理に詳しい人なら、東京都中部、多摩川北岸の地名を思い出すかもしれない。この地は現在も調布市として知られているが、本来調布とは、調の布、つまり税として納めた布の意味だった。よって地名の調布も、古代、多摩川の水に晒した布を朝廷への調としたことにちなむとされ、

多摩川にさらす手作りさらさらに何そこの児のここだかなしき

（『万葉集』巻一四・東歌）

の「手作り」は、この布を指すとされる。

菓子の調布は、こうした古の風習をしのばせるもの。小麦粉に卵と砂糖を混ぜて焼いた薄皮で求肥を包み、巻いた布の形に見立てている。焼き生地から顔をのぞかせる求肥の質感や色が、上品だ。ふっくらした生地に弾力ある求肥は口当たりも良く、いっ

たい誰がこの組合せを思いついたのだろうと感心させられる。調布は江戸時代の主要な菓子製法書には見られないことから、近代になって工夫され、広まったと思われる。今では、四角形の包み形にしたり、調布の焼印を押したりと外観も様々で、夏には鮎形*にしたものが各地で作られている。

『実験和洋菓子製法』(一九〇五)に見える。

月見団子

つきみだんご

旧暦の八月一五日と九月一三日は、十五夜、十三夜と呼ばれる月見の日。前者は里芋、後者は栗や豆を供えることから、それぞれ芋名月、栗(豆)名月とも呼ばれている。月見に欠かせないのが団子*(月見団子)。すすき*が飾られ、丸く白い団子が三方(さんぼう)に置かれた様子は秋の情景の一つだが、正確に描くとなると、実は難しい。月見団子は関東は丸形、関西は里芋形になる。とくに京都の和菓子店では、餡(あん)を巻いた里芋形がよく見られる。

団子の数は、十五夜では一五個、十三夜では一三個、あるいは一年の月の数で一二個(閏年(うるうどし)で一三個)ともいう。月見には団子だけでなくうさぎやす*すきの形の干菓子を飾ったり、中国の中秋にならい、月餅(げっぺい)を用意したりするのもおすすめだろう。

月見は十五夜と十三夜の両方を行うのがしきたりで、片方だけ観賞するのは片見月あるいは片月見と呼ばれ、避けられたという。ぜひ二回の月見を楽しみたいものだ。

第一三回全国菓子大博覧会（一九五四）の際に、京都の菓子屋仲間が考案したもので、それから広まったとされる（『和菓子技法』第一巻ほか）。

辻占　つじうら

恋占いあるいは吉凶の文句の入った煎餅*や米粉（こめこ）生地の菓子。もともと辻占は占法の一つで、夕方に辻道に出、通行人の言葉や持ち物から吉凶を判断するものだった。その原形は奈良時代の「夕占（ゆうけ）」に遡るとされる。後には、占い言葉を記した紙が辻占と呼ばれるようになり、江戸時代には花街を中心に、辻占売りが街頭に立った。そのうちかりんとう*や豆菓子の景品として辻占を使ったり、煎餅のなかに辻占を入れたりする商売人や菓子屋も現れるようになった。

為永春水（ためながしゅんすい）の『春の若草』（三編巻之上）に「豆八は袂（たもと）の中より辻うらの這入って居る煎餅を三ツ出して……」とあり、同書の書かれた天保年間（一八三〇～四四）頃には、そうした趣向が楽しまれたと考えられる。辻占菓子類はその後も受け継がれ、戦前までは行商でもよく売られたようだが(四二頁)、現在では一部地域で見られる程度だ。

たとえば、京都府伏見稲荷や神奈川県川崎大師の参道、新潟県の一部で、煎餅に占い紙を入れたものが「おみくじ煎餅」「占い煎餅」の名で年間を通して売られている。一方、石川県金沢市や加賀地方では、米粉(こめこ)生地に占い紙を入れ、つくばね(羽根つきの羽根)形にしたものが、「辻占」の名で新年の縁起物として出る。かつては「きっとだよ」「女のよわみで」など、色恋にからむ艶(つや)っぽい内容の占い紙が主流だったが、近年は「大吉」「小吉」ほかわかりやすいものが増えている。なお、外国の中華料理店で出るフォーチュンクッキーの原形は辻占煎餅という。大正時代、日系移民がサンフランシスコで作り始めた辻占煎餅の製法が中国系移民に伝わり、誕生したとされる。

▼参考　青木元「辻占菓子が誕生するまで」(虎屋文庫展示小冊子『占い・厄除け・開運菓子』二〇〇四所収)。
中町泰子『辻占の文化史——文字化の進展から見た呪術的心性と遊戯性』ミネルヴァ書房、二〇一五)。

椿餅　つばきもち

緑艶(つや)やかな椿の葉にはさんだ餅菓子(一般に道明寺(どうみょうじ)生地。写真は煎(い)り道明寺)で、椿の花が咲く二月頃に作られることが多い。全国各地でおなじみの桜餅*ほど知名度はないが、その歴史は古く、『源氏物語』にも登場する。場面は三四帖「若菜上」の「つぎ〳〵の殿上人(てんじょうびと)は、簀(す)の子(こ)に円座(わらふだ)めして、わざとなく、椿(つばい)もちひ、梨(なし)・柑子(こうじ)やうの物ども、さま〴〵に、箱(はこ)の蓋(ふた)どもに取りまぜつゝあるを、若(わか)き人々、そぼ

れ取りくふ……」という部分。蹴鞠を終えた若者たちが談笑しながら、箱の蓋に置かれた果物や椿餅を食べている様子が想像される。「椿もちひ」について、『源氏物語』の注釈書『河海抄』（一四世紀中頃成立）は、「椿の葉を合はせて、もちひの粉に甘葛をかけて包みたる物」としている。現在と同じような形だったと思われるが、甘みは甘葛（二七六頁）で、餡は入っていなかったことだろう。

時代は下って、江戸時代の菓子製法書『古今名物御前菓子図式』（一七六一）に見える椿餅も餡なしだが、餅生地に白砂糖と肉桂が入っており、甘みと香ばしさが加わっている。同様に、現在でも肉桂入りの生地を使う店があるが、餡入りが普通だ。

椿餅といいながら、椿の葉が使われていないものも新潟県阿賀野市ほかで作られている。小麦粉、米粉、砂糖などを混ぜて蒸した拍子木形の菓子が一例で、昔ながらの素朴な味わいだ。かつては椿の葉を使っていたから、あるいは、「ツマキ」（＊粽・笹団子の類）が訛ったからなどの説がある。

『河海抄』や『蹴鞠之目録九拾九箇条』（一六三一）、伊勢貞丈の『安斎随筆』（一七八三頃）から、椿餅は蹴鞠に用意される定番の食べ物だったことがわかる。

つやぶくさ

漢字では艶袱紗、光沢袱紗とも書く。袱紗とは、茶道で使う茶碗や茶杓を清める布、あるいは祝儀や不祝儀の折に金封を包む布のことで、袷仕立ての大きな掛け布も指す。

「袱紗」は料理用語にも使われており、「袱紗仕立て」（二種類の味噌を使った汁）、「袱紗卵」（具の入ったやわらかな卵焼き）などの言い方がある。加えて、本膳料理（正式の膳立ての料理）を簡略化した料理は、袱紗料理と呼ばれる。

菓子の「つやぶくさ」（つやふくさとも）は、着色した小麦粉生地を焼き、焼き色のついた面を内側にして餡を包んだもの。気泡の見えるふわふわした面が外側になり、はんなりした感じだ。丸くふっくらと餡を包んだもの、四角く折り畳んだものなど、店によって形は違うが、やわらかな布を思わせる質感は共通している。

明治時代の『日本菓子製造独案内』（一九〇四）の「光澤ぶくさ」では、意外にも生地の着色に上うこん粉が使われている。うこん粉とは、ショウガ科の多年草うこんの根茎からとれる香辛料のこと。英語名はターメリックで、黄色の着色料として知られ、カレー粉などにも加えられる。当時は黄色で光沢感を出す意図があったのだろうか。それがいつのまにか萌葱色ほか、色違いも作られるようになり、「光澤」の漢字は使われなくなったようだ。

なお、抹茶を使ったものは「茶ぶくさ」とも呼ばれる。北海道などでは「つやぶくさ」や「茶ぶくさ」が訛ったのか、「茶ぼくさ」という名も知られる。

点心

てんじん

「てんしん」とも。食間に点ずるという意味から、食事の合間にとる小食、今日いう間食を指す。鎌倉〜室町時代に中国に留学した禅僧が喫茶の風習とともに伝えたもので、種類は数多い。たとえば、室町時代の教科書ともいえる往来物の一つ『庭訓往来』は、点心として「水繊、紅糟、糟鶏、鼈羹、羊羹、猪羹、笋羊羹、驢腸羹、砂糖羊羹、饂飩、饅頭、索麺、碁子麺、水団、巻餅、温餅」をあげている（写本により異同あり）。注目されるのは羹・饅・麺の類だ。

まず、「羹」には、和菓子の代表ともいえる羊羹*が含まれる。本来、動物名の羹類はそれらの肉が入った汁物を意味するが、永正元（一五〇四）年の奥書がある（後世の補筆説もあり）『食物服用之巻』に「一　鼈羹はあし。て。尾。くびをのこし。こうよりくふ也。一　猪羹はくびよりくふ也。一　竹葉羹はしんはをのこして。かれ葉をれ葉よりくふ也。一　鶏卵羹はふとき方よりくふ也」とあることから、日本では動物の形を模した寄せ物（小麦粉、葛粉などを練り合わせ、蒸した物）として作られるようになったと考えられる。江戸時代の『貞丈雑記』（一七八四頃成）にも、蒸し物で作る、鼈羹・羊羹などの製法が見える。禅僧は肉食を禁じられていたことから、羊羹も当初は羊の肉や肝を見立てたものと想像される。

次の「饅」とは饅頭のことで、酒種を使う酒饅頭とふくらし粉あるいは山芋を使う薬饅頭が伝わったとされる。中身は甘い小豆餡ではなく、野菜（信州のおやきの中身のように調理したものか）や砂糖を入れたものともいい、砂糖が高価な輸入品だったため、砂糖入りは「砂糖羊羹」同様、「砂糖饅頭」と区別された。羹や饅頭は、たれ味噌や汁とともに食べるなど、今でいえば胡麻豆腐のような、料理の一品に近いものだったと考えられる。

そして「麺」のうち、索麺は素麺の前身、碁子麺は碁石のような形に押し切ったものと解釈される。九州博多駅近くの承天寺では、開山の聖一国師（円爾）を鎌倉時代中期に羹・饅・麺をもたらした人物としてまつっているが、禅僧が点心の普及に果たした役割は大きいといえるだろう。

室町時代には、こうした点心もかなり知られるようになっていたのだろう。狂言の「文蔵」では、京都で珍しいものを食べてきたという太郎冠者に、主人が「それは点心の類では」と尋ね、「饂飩・素麺・熱麦・ぬる麦・砂糖羊羹・おんぜん羹・もんぜん羹」などの名をあげる場面がある。先の往来物の記述に共通する名前も見えるが、今となっては実体がよくわかっていないものもある。

点心には、ほかにも水繊（砕蟾糟）、水晶包子などがあり、それぞれ葛粉を使った葛切（写真）、葛饅頭の原形と考えられる。

なお、『尺素往来』などでは、点心とともに、「菓子」「茶の子」にも触れている。菓子は今でいう果物類、茶の子は主に串柿や胡桃、昆布などの乾物類といった分類もあったようだが、のちに茶の子や点心の一部は菓子の範疇に入り、千利休（一五二二〜九一）などの茶会記では「菓子」として記されるようになった。

茶は、すでに奈良〜平安時代に中国から日本に伝わっていたが、一時途絶えていた。かつては団茶を砕き、熱湯で煮る方法が主流であったが、鎌倉〜室町時代にいわゆる抹茶式の点茶法が伝わった。

唐菓子 とうがし

「からくだもの」とも。七〜九世紀にかけて、遣唐使(けんとうし)などによって伝来した菓子とされる。遣唐使は舒明二(六三〇)年〜寛平六(八九四)年の二六四年間に十数回派遣され、中国の制度や文物を日本にもたらす役割を果たした。[1] ほかの伝来品と同様、唐菓子も異国の珍しい物としてとらえられたことだろう。その多くは、米粉や小麦粉を生地とし、様々な形に作り、油で揚げたものだった。

平安時代の辞書『和名類聚抄(わみょうるいじゅしょう)』(九三五以前)や鎌倉時代の料理書『厨事類記(ちゅうじるいき)』により、主要なものとして「八種の唐菓子」があったことがわかる。これらの書に加え、江戸時代後期の考証学者、藤原貞幹(ていかん)の『集古図』(一七八九頃〜九七)や有職故実家、本多忠憲(ほんだただのり)の『搏桑果(はくそうか)』(一八〇八)、国学者喜多村信節(きたむらのぶよ)の『嬉遊笑覧(きゆうしょうらん)』(一八三〇序)などを参考にすると、次のような形だったと考えられる。

唐菓子(再現)

八種の唐菓子

梅枝（ばいし）　木の枝の形のもの。枝のわかれ具合で、二梅枝、三梅枝と呼ばれる。

桃枝（とうし）　梅枝同様、枝状のもの。

餲餬（かっこ）　すくも虫（地虫）をかたどったという。

桂心（けいしん）　生地に肉桂（にっけい）を加えたもの。王冠の形に似ている。

黏臍（てんせい）　臍（へそ）に似せ、くぼみをつけたもの。

饆饠（ひちら）　薄い円形で花弁に似たもの。

鎚子（ついし）　芋の子の形に似たもの。

団喜（だんき）　団子の原形ともいう。「歓喜団」として聖天（しょうてん）（歓喜天）へのお供（そな）えとして使われる。

ほかにも以下のものが唐菓子とされる。

糫餅（まがり）　蔓（つる）や輪のようなねじれた形。

餢飳（ぶと）　餃子のような形や伏したうさぎの形。

結果（かくなわ）　縄の結び目に似た形。

捻頭（むぎかた）　輪形で、麦形ともいう。

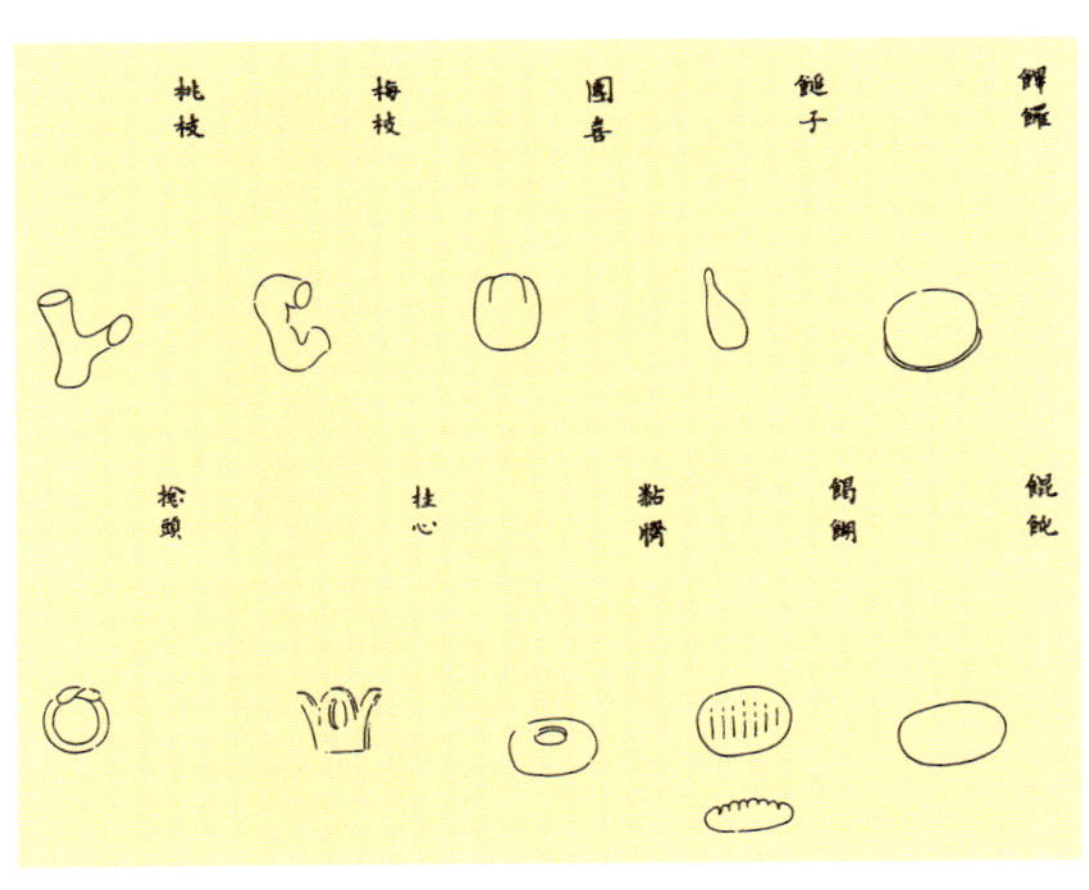

『集古図』写し

餺飥　小麦粉の生地を切り、麺状にしたもの。ホウトウ（山梨県の郷土食）やうどんの原形ともいう。

索餅　「さくべい」ともいう（一六三頁）。小麦粉と米の粉を合わせた生地を縄状にしたもの。

餅餤　餅の中に鵞鳥や鴨などの肉と野菜を入れ、包んだもの。『枕草子』一二六段に清少納言が餅餤を贈られる場面がある。

餛飩　小麦粉で作った生地で、刻んだ肉を包んだもの。

粉熟　一四世紀中頃の『原中最秘抄』によれば、稲、麦、大豆、小豆、胡麻を生地とし、ゆでて甘葛（二七六頁）を加えてこね、竹筒に入れてしばらく置き、突きだして切ったもの。青・黄・赤・白・黒の五色があり、色づけには母子草（春の七草の一つ。ゴギョウ）や山梔子を使ったほか、材料に使う小豆や米、胡麻の地色を生かした。『源氏物語』の「宿木」に登場する。彩り豊かな点、唐菓子としては珍しい。

これら唐菓子は節会や官吏登用の際の行事で用意されたり、神饌として作られたりすることが多かった。平安時代の宮中行事の献立記録が見える『類聚雑要抄』にも唐菓子の餲餬・桂心・黏臍などを器に盛った図が見える（二九五頁）。同書には松子（松の実）、干棗、柘榴などの木の実や果物が「御菓子」「木菓子」として描かれている。唐菓子がもたらされたことによって、これまで主として木の実や果物のことであった「菓子」が、加工食品の意味も含むようになったといえるだろう。

鎌倉時代の『建武年中行事』に「その名はあれども、その姿いづれとわきがたし」とあるように、唐菓子の実体はしだいにわからなくなったとされる。しかし、中世、近世を通じて宮中、そして寺社や公家社会の一部では作られてきた。現在も[2]、奈良の春日大社や京都の上賀茂神社などの神饌として、いくつかは作られており、その歴史や中国の食物との関連の解明が望まれる。

[1] その前に遣隋使が派遣されているので、菓子も一部はすでに伝わっていたと考えられる。

[2] 京都の清浄歓喜団(せいじょうかんきだん)(亀屋清永製)、奈良のぶと饅頭(萬々堂通則製)は唐菓子をもとにしている。

▼参考　虎屋文庫機関誌『和菓子』一二号・特集　唐菓子(二〇〇五)。

ところてん

ところてんの原料はテングサなどの海藻。海藻を洗浄したのち、煮熟(しゃじゅく)し、かすを除き、型に流して固め、天突き器で押し出せばできあがりだ。テングサはその固まる性質から凝藻葉(こるもは)(凝海藻・凝海菜)と呼ばれており、これが転じて「こころぶと」から「こころてい」になり、江戸時代には「ところてん」に変化したとされる。ところてんに「心太」の字をあてるのは、「こころぶと」からきているというわけだ。

歴史を振り返ると、すでに奈良時代の正倉院文書(しょうそういんもんじょ)に「心太」の名が見え、東大寺写経所の写経生に支給されていたことがわかる。この「心太」が今日のような加工品なのか、あるいは海藻だったのかは不明だが、支給された時期や値段などから、加工品と推測される。平安時代には、東西の市で「心太」を売る店もあり、身近な食べ物だったようだ。
ところてんについての注目すべき史料は、『七十一番職人歌合』(一五〇〇頃成立)だ。天突き器で突くところてん売りの姿が描かれており、室町時代には現在と変わらぬ道具を使って麺状のものが作られていたことがうかがえる。台詞に「心ぶとめせ、ちうじやく(薬味のこと)も入て候」とあり、立ち寄って味見したい気持ちになってしまう。

江戸時代には、こうした行商のところてん売りが夏によく出回り、なかには「ところてんの曲突き」を売り物にする者もいた(『江戸府内絵本風俗往来』)。皿を自分の頭の上、あるいは肘に置き、そこに空中高く勢いよく突き上げたところてんを受けて出したというから、拍手喝采間違いなしの芸当だ。今にその技が伝わっていないことが惜しまれる。

ところてんで話題になるのは、関東では酢醤油、関西では黒蜜で食べること。江戸時代後期の風俗を記した『守貞謾稿』(一八五三)によれば、この頃すでに東西の違いはあり、江戸では砂糖か醤油、京都・大坂では砂糖をかけたという。「ほそ長イ水へきなこをかけて売り」(『柳籠裏』)と川柳に詠まれていることから、黄な粉も使われたのだろう。芭蕉の「清滝の水汲よせてところてん」、一茶の「あさら井や小魚と遊ぶ心太」などの句があるが、何を薬味に使っていたのか気になるところだ。

謎めいているのは、群馬県や新潟県ほか一部地域ではところてんを一本箸で食べる風習があること。昔、割り箸がぜいたく品とされていたためという説があるが、地域によっては盆などに精進物としてところてんを出す風習が残っていることも関連がありそうだ。お供え用のごはんに一本箸をさすのと同様の感覚なのかもしれない。

▼『和漢三才図会』（一七一二序）には、砂糖や「薑酸」（生姜酢のようなものか）をかけるとある。

▼参考　鈴木晋一『たべもの噺』小学館ライブラリー、一九九六。

土用餅

どようもち

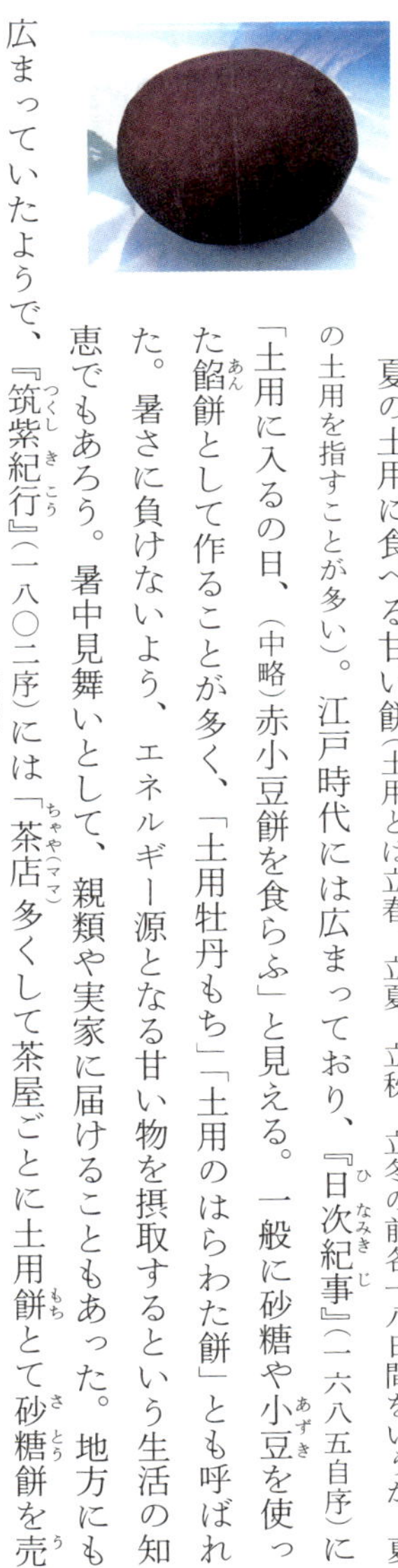

夏の土用に食べる甘い餅（土用とは立春、立夏、立秋、立冬の前各一八日間をいうが、夏の土用を指すことが多い）。江戸時代には広まっており、『日次紀事』（一六八五自序）に「土用に入るの日、（中略）赤小豆餅を食らふ」と見える。一般に砂糖や小豆を使った餡餅として作ることが多く、「土用牡丹もち」「土用のはらわた餅」とも呼ばれた。暑さに負けないよう、エネルギー源となる甘い物を摂取するという生活の知恵でもあろう。暑中見舞いとして、親類や実家に届けることもあった。地方にも広まっていたようで、『筑紫紀行』（一八〇二序）には「茶店（ママ）多くして茶屋ごとに土用餅とて砂糖餅を売る。人々と共に立入て思ひもよらず土用の節物餅を喰ふことを得て……」と見える。

現在も餡餅として作るところが多いが、地方によっては、黄な粉餅や草餅*にするところもある。餡も、体に良いとされる黒砂糖を使った黒糖餡にするなど、店によって違いも見られる。京都では土用の入りに用意するものだったが、いつ食べるかは地域によって違うようだ。地味で目立たない菓子だが、近年では土用の丑の日にあわせ、うなぎと土用餅の宣伝に力を入れるスーパーなども見かける。暑気払いの菓子として定着していくことだろう。

どらやき

現在どらやきといえば、卵や砂糖などを加えた小麦粉生地を丸く焼き、その二枚で餡をはさんだものだが、江戸時代にはどうも様相が違っていたようだ。随筆『嬉遊笑覧』(一八三〇序)を見ると「今のどら焼きは又金鍔やきともいふ、これ麩の焼きと銀鍔を取まぜて作りたるものなり」とあり、この頃は卵を加えない小麦粉生地と考えられる。どらとは、楽器の銅鑼の意で、刀のつば同様、丸形。同様の製法で同じ形だったため、この記述になったのだろう(一説に銅鑼の上で焼いたという)。なお同書は、大きいものを「どらやき」、小さくしたものを「金つば」と呼ぶとも記している。

どらやきが現在のように卵を使った生地で作られ、広まるのは明治時代以降と考えられる。今や金つばとどらやきとが同類だったとは誰も信じないだろう。明治末から昭和初め頃の菓子製法書や百科事典を見ると、生地に味噌を加えたものもあり、製法の試行錯誤がうかがえる。

なお関西では、どらやきより「三笠山」「三笠」の名の方が親しまれているようだ。この名は百人一首にもある、阿倍仲麻呂（あべのなかまろ）の「あまの原ふりさけ見れば春日なる三笠の山にいでし月かも」からとられており、奈良の三笠山に見える満月、あるいは三笠山の稜線の連想からという。また京都には、こし餡を小麦粉の生地で巻き、筒型にした「どら焼」（笹屋伊織製）もある。寺の銅鑼を鉄板代わりにして焼いたことにちなむといい、弘法大師の命日である二一日とその前後の三日間のみ売られる。

『和洋菓子製法』（一九〇七）ほかに、味噌を入れる製法が見える。

南蛮菓子　なんばんがし

室町時代末期〜江戸時代初期にかけ、日本と交流のあった南蛮人（ポルトガル人やスペイン人）によってもたらされた菓子のこと。「南」に野蛮の「蛮」とは失礼な言い回しだが、これは、前述の外国人が、ゴア・ルソン・マカオなど、南方の拠点を経て渡来したことによる。

天文一二（一五四三）年、ポルトガル人が種子島に漂着したことをきっかけに、鉄砲やキリスト教が伝来し、西洋の文物（南蛮物）が盛んに日本に入ってくるようになる。菓子も、宣教師や貿易商人によって早い時期からもたらされたと考えられるが、「南蛮菓子」という言葉は、薩摩藩の記録『薩藩旧記雑録（さっぱんきゅうきざつろく）』の慶長一三（一六〇八）年正月一二日、バテレン（司祭）が新年の挨拶として、「南蛮菓子一折」を持参した記述が現在のところ初見とされる。

このように、宣教師が権力者に南蛮菓子を含め珍しい異国の文物を贈って、布教の許可と援助を求

めるのはよくあることだった。織田信長が宣教師ルイス・フロイスからフラスコに入った金平糖＊(こんぺいとう)を贈られたこともその一例である。また、宣教師が一般民衆にも菓子や酒をふるまい、布教活動を行っていたことは『太閤記(たいこうき)』(一六二五年自序)の「上戸には、ちんた、ぶだう酒、ろうけ、がねぶ、みりんちう。下戸には、かすていら、ぼうる、かるめひる、あるへい糖、こんぺい糖、などをもてなし、我(ワガ)宗門に引入る事、尤もふかゝりし也」の記述が参考になる。日本において南蛮菓子は、布教と貿易の中心地だった九州を中心に広まり、各地へと伝わっていった。京都では、寛永一二(一六三五)年に、虎屋から宮中へカステラ＊、カルメラ＊、有平糖＊(あるへいとう)などの南蛮菓子が納められている。同時代の『毛吹草(けふきぐさ)』(一六三八序)に、京都の名産の一つとして「南蛮菓子」があがっているところを見ると、この頃には作る店も多かったのだろう。

江戸幕府は「鎖国」政策の下、寛永一六(一六三九)年にポルトガル人やスペイン人の入国を禁止したが、南蛮菓子はその後も作られ続けた。江戸の例では、天和(てんな)三(一六八三)年の桔梗屋菓子銘(大田南畝(なんぽ)『一話一言』所収)に「かるめいら」「こんぺい糖」などの南蛮菓子の名が見えるほか、後年の料理書や菓子製法書でも南蛮菓子の製法を記したものがある。また、『長崎夜話草(ながさきやわそう)』(一七二〇年成)では、南蛮菓子として「ハルテ・ケジヤアド・カステラボウル・花ボウル・コンペイト・アルヘル・カルメル・ヲベリヤス・パアスリ・ヒリヨウス・ヲブダウス・タマゴソウメン・ビスカウト・パン」とし、「此外猶有へし」としている。今では作られていない南蛮菓子もかなりあったことがうかがえよう。

南蛮菓子の特徴として、卵を使用するものが多いことがあげられる。これは植物性の材料しか使ってこなかった日本の菓子の製法にも影響を与えるものだった。また、砂糖が多く使われていたことも、当時としては画期的だったといえる。南蛮貿易以後、日本でも砂糖の供給量が増し、甘みのある菓子がしだいに作られるようになるが、おいしい菓子を作りたい、食べたいという日本人の欲求は、南蛮菓子の登場によってかなり高まったのではないだろうか。

なお、井原西鶴の『日本永代蔵』(一六八八)に、「唐人」が金平糖の製法を伝えたという話があるように、南蛮菓子の普及や伝来に関して、中国人との交流があったとも考えられる。南蛮菓子伝来のルートをさらに究められたらおもしろいだろう(写真は右からスペイン、ポルトガル、日本の金平糖)。

広義には、鎖国後、貿易を許されたオランダから伝わった菓子も南蛮菓子の範疇に入る。しかし、オランダの菓子は『紅毛雑話』(一七八七序)などに「ボーフルチス」「オペリイ」ほかが見られるものの、ポルトガルの菓子ほどには定着しなかった。

人形焼 にんぎょうやき

小麦粉、砂糖、卵、牛乳などを混ぜて焼いた餡入りの素朴な菓子[1]だが、その表情は変化に富む。サ

ザエさん、キティちゃん、ドラえもんなど、人気のキャラクターもあれば、昔ながらの七福神や動物など様々だ。

人形焼の起源は、はっきりとわかっていない。名前から考えると、東京上野の亀井堂の「文楽人形焼」のように、文楽人形の顔から始まったのだろうか。すでに江戸時代後期、歌舞伎役者の似顔絵の意匠の「すがたみ煎餅」（瓦煎餅のような小麦粉生地のもの。八八頁）が売られており、似たような発想で生まれたのかもしれない。

明治時代中期の東京の風俗を記した『東京風俗誌』（一八九八序）には、「雷焼・人形焼・金鍔・今川焼・太鼓焼・紅梅焼等路傍に屋台を構えて、売れるが多し」とあり、当時、屋台の人気商品の一つだったことがわかる。今日同様、できあがるまでを楽しく見物する客も多かったことだろう。

現在、東京では浅草や人形町の名物として知られる。人形町の水天宮近くにある重盛永信堂の人形焼（写真）は、七福神といいながらも、弁才天、大黒天、恵比須、毘沙門天、布袋、寿老人の六福神だ。聞けば、不在の福禄寿は、お客様の笑顔とのこと。六個取りの型を使っているためでもあるが、この話には思わず笑みがこぼれる。

1 餡が入っていないものは、「かすてら焼」といって区別する店もある。
2 久保田万太郎の「雷門以北」（一九二七）には五重塔や鳩形の人形焼が浅草名物になり始めた頃の話が見える。

花びら餅

はなびらもち

円く平たい白餅（あるいは*求肥や*外郎）に紅の*菱餅をのせ、味噌餡と甘煮にした牛蒡を置き、半円状に折り畳んだもので、葩餅とも書く。不思議な形だが、実は皇室の正月行事に、お節料理やお供え[1]、配り物として使われる菱葩に由来している。

菱葩とは、もともと菱形の餅と葩形（円形）の餅のこと。戦国時代の公家、山科言継の日記『言継卿記』の永禄八（一五六五）年正月三日には「菱花平」と見え、この頃には御所や公家の間で正月の行事食とされていたと考えられる。

菱葩の歴史を遡ると、「歯固」にいきつく。「歯固」とは、猪、鹿、大根、瓜、押鮎（塩漬けした鮎）など固い食物を食べる正月行事で、歯が齢に通じることから「齢を固める」（長寿を願う）意が込められたという。菱葩はこの「歯固」が儀式化する過程で生まれたと考えられ、江戸時代には今日のように葩餅に菱餅と牛蒡、味噌をはさむ形になったようだ。餅に味噌の組合せは雑煮に通じることから、包み雑煮という異名もあり、中にはさむ牛蒡は押鮎の見立てとされる。

江戸時代、川端道喜や虎屋は正月に宮中へ菱葩を大量に納めていた。菱葩は年賀の挨拶にきた公家に贈られたり、お供えに用いられたりした。そして明治時代、裏千家一一代玄々斎が宮中より許されたことで、この由緒ある菱葩は初釜の菓子として使われるようになった。ここに花びら餅が誕生するわけだが、両者の大きさや中身には違いがある。今日の菱葩は、葩餅が直径五寸(約一五センチ)で、小豆(あずき)の渋で染める菱餅は横幅が四寸八分(約一四・四センチ)、そして餅に甘みはない。一方、花びら餅はこれより小ぶりで味噌が味噌餡にかわり、生地(餅・求肥)には甘みがついている。なお近年では、店によって、中に楕円形の紅餅が入っているもの、味噌餡と牛蒡だけのものなどがある。

気になるのは、なぜ円形の餅と菱餅を合わせるのかということ。これは万物を天地、男女など二元に分ける陰陽(いんよう)思想[2]によっているのだろう。菱葩の形は円(葩)と方形(菱)で陰陽の合体、つまりは万物すべてを包み込む広大無辺の宇宙を象徴するとも解釈できそうだ。菱と葩の一体化により、子孫繁栄や太平への願いをも表しているといえるだろう。ちなみに現在、鏡餅は円形の餅を重ねるのが一般的だが、かつては円形の餅の上に菱餅を置くものが多く、江戸時代中期の『大和耕作絵抄(やまとこうさくえしょう)』や錦絵などにその形を見ることができる。

限られた人々しか口にすることのなかった菱葩だが、花びら餅として、多くの人々に知られるようになったのはうれしいこと。菱葩に込められた願いや祈りを思いつつ、花びら餅で新年を祝いたい。

[1] お供えには、菱形の餅と円形の餅を別々に重ねたものも用意される。
[2] 古代中国を中心に発達した思想。日本の行事や習俗に影響を与えた(一二五頁)。

▼参考　川端道喜『和菓子の京都』岩波新書、一九九〇。
千宗室監修『裏千家今日庵歴代　第一一巻　玄々斎精中』淡交社、二〇〇八。

羽二重餅

はぶたえもち

羽二重とは、薄手で艶がある上等の絹布をいう。江戸時代には「羽二重ずれ」が「羽二重の着物を着なれてその価値を忘れること」、あるいは「上品な風体ながら世間ずれしていること」の意味になるなど、高級品、質の良さを表す言葉としてよく使われた。「羽二重肌」は、なめらかな白い肌、「羽二重餅」なら白玉粉などで作る、やわらかくきめ細かい上品な餅を指すという具合だ。

滑稽本の『浮世床』（一八一三〜二三）の菓子売りの呼び声に「本ようかん、最中、饅頭に羽二重もち」と名前があがっているところを見ると、江戸時代後期、羽二重餅は人気の菓子の一つだったのだろう。菓子製法書『菓子話船橋』（一八四一）には、紅・白・青・黄の「薄皮羽二重餅」が見える。白玉粉の生地で餡を包むもので、生地の色づけには紅や青粉、山梔子やうこんを使うという。「餡とても小倉、白餡、形も何れにも出来る也。至て上品にて、風味よきは皆知玉ふ所なり」とあり、名前が想像させる通り、風味良き菓子として認識されていたことがうかがえる。

現在も福井県を代表に、羽二重餅を作る店は各地に見られる。餡なしで短冊形に切ったもの、抹茶や白餡を入れたものなど、味も様々だ。羽二重という、ふっくらとした優しい語感も、耳に心地良い。ちなみに東京では羽二重餅より「羽二重団子」（羽二重団子製）が有名。米の粉をよく挽(ひ)いて蒸し、団子にしたもので、醤油(しょうゆ)味の焼団子と、餡をつけた餡団子がある。団子の生地のきめ細やかさから名づけられたもので、明治時代の文人、夏目漱石や正岡子規らがひいきにしていたことで知られる。

大葉芥子（高菜の異称）や青海苔と解釈される。

引菓子

ひきがし

引出物となる菓子のことで、主に冠婚葬祭などの慶弔用に使われる。ここでは祝儀、不祝儀に分け紹介したい。

祝儀

入学、入社、結婚、出産などおめでたい折には、菓子がつきもの。とくに、紅白の餅*や饅頭*、干菓子をお祝いにもらった思い出をもつ人は少なくないだろう。なぜ紅白なのかはよく聞かれる質問だが、詳しいことはわかっていない。赤米と白米を供えて収穫を願った行事に始まるとか、源氏と平家の旗の色（源氏が白、平家が赤）にちなむともいわれるが、いずれも説得力に乏しい。

赤は太陽や炎、血液の色であり、生命力を象徴すると同時に、悪いものを祓う色である。一方、白は神事に白装束が用いられるように、清浄無垢を象徴する。この赤と白が並ぶ美しさは、ハレの日にふさわしく、人々はそこに祝いの心を見たのではないだろうか。

饅頭の場合、紅白だけでなく、寿や福の字の焼印を押したものや笑顔饅頭などもお祝い用に使われる。後者は、表面に紅の点をつけた白い薯蕷饅頭で、えみ万寿、えくぼとも呼ばれる。

このほか、伝統的な祝儀品としては、*松竹梅、鶴亀などの吉祥をイメージした大ぶりの上品な生菓子や、型紙を使った刷り込み羊羹などを縁高（縁を高くした折敷）に盛ったものがあり、個数から「三ツ盛」「五ツ盛」とも呼ばれる。今では見ることも少なくなったが、製菓学校や菓子組合での技術を競う品評会用に作られることもある。

また、「おめで糖」の名で、慶事に使う赤飯を見立てた菓子もある。一般に小豆餡あるいは薄紅に染めた餡をそぼろ状にして蒸し固め、蜜煮の小豆を散らしたものだが、『新しき用語の泉』（一九二一）の「お目出糖」の解説によれば、大正時代には、「いり米」に砂糖を加えたもの、つまり*おこし生地を着色し、赤飯に見立て、*甘納豆などを入れて作っていたようだ。『日本菓子宝鑑』（一九一六）の「御芽出糖」も、同じく乾きもののおこし種で作る製法。夏場には赤飯がすえやすく、敬遠されたことが、代用品の和菓子を生むきっかけになったのだろう。餡のそぼろで作る「おめで糖」がいつから作られるようになったかは不明だが、おこしよりも食べやすく、本物に似ていると思う。

不祝儀

悲しみをわかちあい、故人をしのぶときにも菓子は欠かせない。

かつて葬式には特製の大きな饅頭を用意することが多かった。葬式饅頭として知られるもので、檜葉(ひば)の金型をあて、焼いた檜葉焼饅頭(写真)もその一つだ。これは、シノブヒバの形を使うため、しのぶ饅頭とも呼ばれる。また、春日野(かすがの)饅頭、春日饅頭の別名もある。『伊勢物語』第一段や『新古今和歌集』(恋歌)に見られる在原業平(ありわらのなりひら)の歌「春日野のわかむらさきのすり衣しのぶの乱れかぎりしられず」の歌に関連させているのかもしれない。

祝儀の饅頭が紅白なのに対し、不祝儀の饅頭は、関東が青(抹茶の色)と白、関西では黄と白の組合せになる。青白の色合いに蓮*を、黄白の黄に黄泉(よみ)の国を連想する人もいよう。なお関西では、一般に表面の皮をむいた朧(おぼろ)饅頭を使う。

祝儀の赤飯に対し、不祝儀では白蒸(しらむし)を用意するところもある。これは黒豆を入れて蒸した白いお強(こわ)のことで、色合いからも、亡き人をしのぶのにふさわしい。加えて生菓子や落雁*(らくがん)などの意匠としては、蓮・木蓮・菊*を用いることが多く、やはり白・緑・黄色がよく使われる。

昔ほど作られなくなってしまったが、地域によっては、法事や葬式の折に料理菓子が出される。蓮根、筍(たけのこ)、だて巻きなどを煉り切り*ほかで作るもので、大皿盛りにしたり、箱詰めにしたりするという。また、大法要では、色彩鮮やかな落雁や饅頭をうずたかく積み上げたお華足(けそく)(供物菓子)を用意する寺もあり、京都の西本願寺や東本願寺が有名だ。東南アジアの供物に通じるこうした菓子についても調査研究が進むことを期待したい。

細く裂けた葉の状態が、シダのシノブに似ている。

菱餅

ひしもち

菱形の餅の意で、雛祭りに用意する菓子の定番になっている。現在では、紅・白・緑の三色が一般的で、紅が桃、白は雪、緑は草の見立てともいわれるが、とくに根拠はないようだ。

雛祭りに菱餅を供える風習は江戸時代から見られる。厄除けの意で草餅*を使い、緑と白の組合せにすることが多く、錦絵にもこの色合いの菱餅を描いたものがある。現在でも地方の雛祭りで緑・白・緑の菱餅を見ることがあるが、その名残であろう。江戸時代後期の風俗を伝える『守貞謾稿』(一八五三)によれば、女子のいる家では一尺(約三〇センチ)もある大ぶりの菱餅を贈答に使ったという。

なぜ菱餅を用意するかについて、昔は菱の実を材料に使っていたからという説がある。現在も菱の実は新潟ほかで食べられているが、雛祭りにこうした菱餅を用意する例は、今のところ見当たらず、不確かである。むしろ菱形が女性を象徴するという陰陽思想の解釈によるのではないかと思われる。江戸時代後期の学者、藤井常枝による『年中行事秘録』には、陰陽の観点から、「粽は男子の節句故、天を象り丸形にし、菱餅は女子の節句故、地に象り方形にする」旨、形の説明（天円地方）がある。菱形は先端がとがっているため、厄を除けるという意味があることも考慮した方がよいだろう。
なお、おこし*や飴*で菱餅を模したものなども作られている。

『日本歳時記』（一六八八）の雛飾りの絵図に菱餅が見える。

吹き寄せ

ふきよせ

吹き寄せとは、風などで吹き集められたものをいう言葉。そこから転じて、種々のものを寄せ集める意味になり、料理用語では、「吹き寄せ汁」「吹き寄せ鍋」「吹き寄せ飯」がある。いずれも「五目」のように、たくさんの材料が使われるものだ。

菓子の場合、一般には小さな煎餅*やおこし*の集まりを指すことが多い。抹茶や生姜の味だったり、色がついていたり、小魚の乾物、昆布が含まれていたり、彩り、味わいも多様でうれしい。

一方、秋の菓子で吹き寄せというと、紅葉した楓、黄色の銀杏*、緑の松葉*、松笠、灰色のしめじなどを、雲平*細工、打物、有平糖*などで作り、取り混ぜたものがイメージされるだろう。秋の植物が吹き寄せられた様を思わせる風流な菓子で、山里の手土産のような趣がある。まさに秋を愛でるにふさわしく、皿や箕に盛るときには気分も浮き立つ。茶会の干菓子として好まれるのもうなずけよう。

着物や器の意匠にも「吹き寄せ」文様として、様々な植物を散りばめたものがある。「富貴寄せ」と書きかえられることもある、幸せを呼ぶ文様だ。

ぼうろ

ぼうる、ボーロとも書く。南蛮*菓子の一つで、ポルトガル語のBoloからきている。本来はケーキを主とした菓子の総称で、特定の菓子名ではないが、日本では小麦粉、砂糖、卵、牛乳などを材料とした丸い焼菓子を指すことが多い。

伝来当初の製法は不明だが、江戸時代の『古今名物御前菓子秘伝抄』（一七一八）ほか主要な菓子の製法書を見ると、小麦粉と砂糖を水でこねてのし、色々な形に切って、焼くことが記されている。なぜか卵を使った例はなく、ふくらみや焼き色は悪かったようだ。ただ、生地を切るときに使う道具には感心させられる。先の『秘伝抄』には「はうる」の項に「ちいさき丸きかねに車のやうにまはし候様に仕、ゑを付て」とあり、現在タルト生地を切るときに用いるルーレットのようなものを活用した

『名代干菓子山殿』（虎屋蔵）に描かれた花ぼうろ。頭に注目。

ことが想像される。焼き方はカステラ同様、上下の火を使うもので、引釜などが使われた。ポルトガル人の作り方を見聞して、日本でも道具を工夫したのだろう。

ぼうろには様々なものがあった（漢字では「保宇留」の表記も）。『男重宝記』（一六九三）所載の菓子類を見ると、「胡麻ぼうる」「豆ぼうる」「板ぼうる」などの名が見える。材料に胡麻や大豆（黄な粉？）などを加えることもあったのだろう。また、江戸時代には王冠のような形をした「花ぼうろ」もよく作られた。

この菓子は、黄表紙『名代干菓子山殿』（一七七八）に殿様の家臣として登場するほか、山東京伝著『小紋裁』（一七八四）に、菊落雁らしきものと取り合わせて描かれるなど、かなり人気があったようだ。「花ぼろを眼鏡に当る子煩悩」（『柳多留』）という川柳からは、花ぼうろで子どもをあやすしぐさが想像されてほほえましい。それだけ親しまれた菓子だったわけだが、長方形の生地に包丁を細かに入れて、切れ目を作っていくなど、手間がかかることもあってか、しだいに廃れてしまった。

今日同様のものが残っている地は沖縄だろう。その名も「花ぼうる」（花ボール）で、卵黄と砂糖、小麦粉を混ぜた生地に包丁で切り込みを入れ、草や雲のような形にし、焼いて作る。しかし、市販されているものはかなり簡略化された形で、江戸時代の錦絵などに描かれているような王冠の形は現在作られていない。なお、形状の似たものに、餅生地で作る岡山県のお供え菓子「花もち」(日蓮上人の命日に作る)やブータンの菓子「カプセ」があるが、三者のつながりはわかっていない。

現在では、そば粉を使った京都のそばぼうろ、佐賀県でよく見られる卵が多めのやわらかな丸ぼうろ、幼児が好む小さくて可愛い玉子ぼうろなどが知られる。気取らない、どこか懐しい味わいは、昔も今も変わらないようだ。

花ぼうろの詳しい製法が見える史料に、『意地喜多那誌』(一八五四。東京国立博物館・西尾市岩瀬文庫蔵)がある。

松風

まつかぜ

一口に松風といっても、薄い煎餅*状のものがあれば、切り分けて食べるカステラ*風の焼菓子タイプもあり、様々だ。珍しいものとしては、軸物を思わせる奈良の巻き物形の松風(雲水堂製)、沖縄の短冊をねじったような大ぶりのマチカジー(松風)などがあげられる。松風の多くに共通している特徴は、表面に芥子の実または胡麻がまぶされ、裏に何もほどこされていないことだろう。『橘庵漫筆』(一八〇三)の記述などから、「松風の音ばかりで浦(裏)が寂しい」風情があることにちなむ名前とされる。

松風の原形をふのやき(一五六頁)とする考え方もある。確かにふのやきを巻かずに焼き、表面に芥子の実や胡麻をつければできあがりだが、千利休の頃の茶会記に松風は出てこない。同時代に兵糧として作られたという伝承はあるが、各地で菓子として多様に作られるようになるのは江戸時代といえ、

『古今名物御前菓子図式』(一七六一)には、白砂糖に水を加えて煮とかし、小麦粉を入れて練り、柳桶に入れて置き、冬ならば七日、夏ならば三日ほどしてから白砂糖を入れてかき混ぜ、鍋に流し、芥子の実を振って、上下に火を置いて焼く製法が見える。おそらくカステラ風の松風だろう。これに白味噌を入れれば味噌松風で、きわめて日本的な風味の焼菓子といえる。

時代は下るが、夏目漱石の『虞美人草』には「とにかく阿爺は西洋菓子が嫌だよ。柿羊羹か味噌松風、妙なものばかり珍重したがる」という台詞が出てくる。「松風」の名は、能の曲目や『源氏物語』の帖名にあるなど、古典とのつながりが深い。漱石は西洋化の動きが著しい世情を案じつつ、あえてこの菓子の名前を出したのかもしれない。

▼参考　中井まの「松風について」(虎屋文庫機関誌『和菓子』二号、一九九五所収)。

饅頭　まんじゅう

和菓子の代表として親しまれている饅頭だが、実は*羊羹同様、中国生まれだ。鎌倉～室町時代に中国に留学した禅僧などが伝えた点心*の一つとされ、その伝来に関して二説が伝わっている。

一つは、鎌倉時代中期の禅僧、聖一国師(円爾)が仁治二(一二四一)年、宋より帰朝し、博多の茶店の

主人、栗波吉右衛門に酒饅頭の製法を伝えたというもの。この饅頭は店の屋号にちなみ、虎屋饅頭として広まることになった。国師が吉右衛門に揮毫したと伝えられる「御饅頭所」の看板は、縁あって虎屋に保管されている（吉右衛門と虎屋とのつながりは不明）。ちなみに博多の承天寺では、国師を羹・饅・麺を伝えた人物としてまつっている。また、国師が開山である京都の東福寺には、水磨（碾磑。石臼）で穀物を粉にするしくみを描いた「水磨の図」（『大宋諸山図』所載）があり、国師が小麦粉の製粉技術を伝えたことをうかがわせる。

饅頭伝来のもう一つの説は、観応元（一三五〇）年に来朝した林浄因（『園太暦』）が奈良で作り始めたというもの。これはふくらし粉あるいは山芋を使った饅頭といい、林浄因は帰化し、家系の者が塩瀬姓を名乗ったことから塩瀬饅頭として知られるようになった。

しかし、日本での饅頭の始まりはこの二説よりも遡ることができそうだ。曹洞宗の開祖、道元による『正法眼蔵』の、仁治二（一二四一）年「看経」の箇所には「斎前に点心をおこなふ。（中略）あるいは饅頭六七箇。羹一分、毎僧に行ずるなり」と記述があり、饅頭が寺院で「点心」、つまり点心として使われていたことがわかるからだ。饅頭が寺院で使われた記録も調べる必要があろう。

とはいえ、伝来当時は砂糖が高価な輸入品だったこともあり、現在のような甘い小豆餡入りの饅頭ではなく、中身はないか、あるいは野菜などを煮たものが入っていたと考えられる。時代は下るが

『七十一番職人歌合』(一五〇〇頃成立)の饅頭売りの絵(二九八頁)に「さたうまんちう、さい(菜か)まんちう、いつれもよくむして候」とあり、砂糖入りを区別していたようだ。気になるのは、饅頭の表面につけられた朱の点だ。室町~江戸時代の饅頭の絵にはこのような点を見ることがある(二九八頁)。これは中国伝来の風習なのだろうか。饅頭の原形は十字と呼ばれる食べ物で、もともと表面に十文字の印(切れ目か)をつけていたものが紅の点にかわったともいう(『嬉遊笑覧』ほか)。

では、甘い小豆餡の饅頭はいつ頃から広まったのだろう。江戸時代初期の『醒睡笑』の第七「舞」には「饅頭を菓子に出してあれば「これは、小豆斗(ばかり)入て位高し。我等如き者の給はるは、難有(ありがたき)」といただく。また「砂糖饅頭は近来の出来物、なにのけいづ(系図)もなし。よ(世)のつねの者はうまさのまゝ、奔走に思ふ(ご馳走と思う)」」とあることから、この頃には高級品とはいえ、庶民も小豆餡入りの饅頭を口にすることがあったと思われる。こうして甘い饅頭はしだいに各地に浸透し、材料、味、製法も様々なものが作られるようになった。主なものをあげたい。

材料名にちなむもの

木の芽饅頭　山椒の若い葉、「木の芽」を表面に置いた饅頭で、香りが良く、緑が目に清々しい。
葛饅頭　葛粉を使ったもの。半透明な生地から餡が透けて見える。水仙饅頭(二七八頁)ともいう。
栗饅頭　餡にきざみ栗や甘露煮の栗を入れた饅頭。あるいは栗餡の入った焼饅頭。
酒饅頭　生地に酒麴を使った香りのよい饅頭。
薯蕷饅頭　すりおろした薯蕷芋(つくね芋)に米粉(上用粉、上新粉など)を混ぜて生地とした饅頭。真っ白な仕上がりが美しい。高級なものという意味を込めて上用饅頭ともいう。
そば饅頭　そば粉を使った生地の饅頭。鄙(ひな)びたそば色が味わい深い。
茶饅頭　煎茶や抹茶を生地に使った饅頭。
麩(ふ)饅頭　生麩に餡を包んだ饅頭。笹で巻いたものが多い。

形状にちなむもの

田舎饅頭　形がいびつで昔ながらの雰囲気が漂う饅頭。小麦粉生地のものが多い。

薄皮饅頭　皮の薄い饅頭。餡が部分的に透けて見えるものは吹雪(ふぶき)饅頭ともいう。

朧(おぼろ)饅頭　蒸した饅頭の皮をむいたもので、朧月の風情に通じる。関西では黄白の朧饅頭が仏事で使われる。また、流派によるが、茶会では三月の利休忌に黄ないし茶色の朧饅頭が用意される。

織部(おりべ)饅頭　織部焼*の風情漂う饅頭(二四八頁)。

腰高(こしだか)饅頭　小判形の饅頭に対し、高さのある饅頭。

そのほか

温泉饅頭　温泉街で売っている饅頭。温泉の蒸気で蒸したことに始まるという説もあるが、はっきりしない。地域によって味は様々で、温泉水を生地に入れたものなどもある。
唐(とう)饅頭　小麦粉、砂糖、卵などを材料にして焼いた饅頭(九九頁)。
水饅頭　葛粉や寒天を使って作る透明感ある饅頭。
利休饅頭　利久饅頭とも。黒糖を生地に入れた饅頭。わび茶の大成者、千利休(せんのりきゅう)が好んだ色に似ているからとも、黒糖の産地に由来する琉球饅頭が訛(なま)ったともいう。なお、黒糖を使った饅頭には、産地の奄美大島にちなみ大島饅頭という名前もある。

安楽庵策伝(あんらくあんさくでん)が幼少の頃より聞いていた笑い話を、元和九(一六二三)年七〇歳のときにまとめ始め、寛永年間(一六二四〜四四)に完成させたもの。よって、内容は江戸時代以前にも遡ることができる。『湯山聯句鈔(ゆのやまれんくしょう/とうざんれんくしょう)』(一五〇八)に、「饅頭のあんにはあづきがさたうがなるか」とあり、甘い小豆餡の存在をうかがわせるが、史料の成立時期や解釈には精査が必要であろう。

水羊羹

みずようかん

暑さが厳しくなれば、のどごしもさわやかな水羊羹に涼を求めたくなる。水羊羹は通常の羊羹*よりも水分が多く、夏の定番菓子として人気があるが、江戸時代には、随筆『橘窓自語(きっそうじご)』(一八〇一)に「やはらかなるやうかんを、水やうかんといひしが」とあるように、やわらかい羊羹の意味合いが強く、今のように冷やして食べる涼しげなイメージはなかったと思われる。江戸時代の版本の菓子製法書に水羊羹の項目はないが『平安二十歌仙』(一七六九)に「水羊羹の寒き歯あたり」とあるほか、虎屋の史料から、一八世紀には作られていたことがわかっている。

当時の羊羹は蒸羊羹で、水羊羹にも葛粉が使われていたと推測されるが、寒天を使っている事例もある。量産化や品質管理の面から、昭和以降に寒天を使った缶入りやパック入りのものが開発され、夏の贈答にも利用されることが多くなった。抹茶、黒砂糖、桃、苺、柚子など、味も様々である。

水羊羹は夏の季語だが、冬に水羊羹を食べる地域もある。福井県がその代表で、弁当箱のような四角い紙箱入りの黒砂糖風味の水羊羹が名物だ。帰省客の増える年末年始には、需要が高まるという。これにならってか、冬に水羊羹を作る店も増えたようだ。

明和年間(一七六四〜七二)頃の「調味雑集」(河田文庫蔵)に見える。寒天を使う煉羊羹が考案される以前で、注目される。

みぞれ羹——かん

雪がとけて雨混じりになって降るものをみぞれという。冬の季語だが、菓子のみぞれ羹は夏向きだ。砂糖を加えた寒天液に、ふやかした道明寺粉を合わせ、流し固めたもので、生地から透けて見える道明寺粉の粒々がみぞれを思わせ、涼を呼ぶ。『枕草子』二三二段に「降るものは　雪。霰。霙はにくけれど、しろき雪のまじりて降る、をかし」とあるが、清少納言はみぞれ羹にどんな感想を持つだろうか。

みぞれといえば、菓子より先に、奈良特産の「みぞれ酒」(あられ酒とも)が知られていたようだ。麹の粒がとけきらないで混じっている様をみぞれに見立てたもので、みぞれ羹の外見に似ている。料理

用語にも「みぞれあえ」(大根おろしあえ)などがあることを思うと、日本人はこの風情を好んだのだろう。

江戸時代の主要な菓子製法書に「みぞれ羹」の名は見当たらないが、『菓子話船橋』(一八四一)には「唐雪白砂糖、新挽煎粉、極上微塵粉」を混ぜて作る「美楚礼粔」の製法が見える。不揃いな粒子の材料を混ぜることによって、みぞれらしくなったのだろうか。今は見ることもないおこし*だが、復活を願いたいものだ。また、みぞれといえば、かき氷の異名としてもなじみ深いもの。「宇治みぞれ」「氷みぞれ」など、その名を聞くだけで暑さが遠のいていくようだ。

水無月

みなづき

水無月とは旧暦六月の異称だが、京都の人にとっては六月三〇日の夏越の祓に欠かせない菓子の名としてなじみ深いだろう。これは三角形の外郎*風生地に蜜漬けした小豆をつけた素朴なもの。一年中売っている店もあるが、六月になると多くの店先に並ぶ。もっとも売れるのは三〇日だ。

六月のなごしの祓する人は千とせの命延ぶといふなり

(『拾遺和歌集』賀・読人知らず)

この歌が示すように、夏越の祓は平安時代に遡ることのできる伝統的な行事。現在も、京都の上賀茂神社、北野天満宮ほか各神社で行われ、参詣者は厄払いのため、茅または藁で作った輪をくぐりぬけたり、紙で作った形代(かたしろ)を境内の川に流したりする。『多聞院日記(たもんいんにっき)』など、室町時代の学侶(がくりょ)らの日記の記述から、この日には麦の収穫祝いにちなんでか、小麦餅を食べる風習があったことがわかっている。また江戸時代、虎屋から宮中に蒸餅が納められている。

こうした行事食が菓子の「水無月」につながったと考えられるが、江戸時代には様々な形があり、現在のような三角形が定着するのは、昭和に入ってからのようで、京都の三條若狭屋二代目藤本如泉の『日本の菓子』(一九六八)によれば、京都の菓子屋の知恵で創られたという。『蒟蒻百珍(こんにゃくひゃくちん)』(一八四六)に見える「早水無月」(三角形の蒟蒻に、砂糖を混ぜた小豆をかけたもの)などの料理が参考になったのだろうか。

三角形であることについては、川の両岸に立てる斎串(いぐし)の幣(へい)に見立てたとも、六月一日の氷室の節句に関連させ、氷*を表すともいわれる。小豆がたっぷりと使われているのは小豆の栄養価の高さ及び皮の赤色が厄(やく)を除(よ)けるという民俗信仰も関わっていよう。

▼参考　浅田ひろみ「水無月考」(虎屋文庫機関誌『和菓子』九号、二〇〇二所収)。

餅
もち

和菓子の原形を素材の面で考えてみると、餅や団子*がイメージされるのではないだろうか。餅とい

うと、もち米を蒸して搗いたものがまずあげられる。粘りが強く真っ白な餅は、古来、神聖な食べ物として神に供えられ、豊穣や子孫繁栄の願いが込められてきた。平安時代の古典文学を見ると、餅がいかに貴族社会で重視されてきたかがよくわかる。正月の餅鏡（現在の鏡餅）に始まって、子どもの成長祝い（生後一二〇日目の食初めの時や五歳までの正月など）に用意する戴餅、生後五〇日・一〇〇日目の祝い餅、結婚祝いの三日夜の餅、上巳の節句の*草餅など、人生儀礼や年中行事の折々に用意されている。現在でも、餅をハレの日に用意する風習は全国各地に根づいている。正月の鏡餅や雑煮、三月の*菱餅はその代表だが、出産や成長祝い、棟上げや屋根ふき、収穫祝いや社寺の諸行事などにも餅がよく使われる。一般に関西では丸餅が多いが（汁粉なども丸餅）、用途や地域の違いにより、紅白の鶴（鳥）の子餅（卵形ののし餅。*すあまで作ることも。八四頁）、寿の字を書いた楕円形の餅、神事などで使うわらじのように大きくひらべったい牛の舌餅（沓形餅）、幣の形のごへい餅など、名前や形も様々である。

餅に米以外の別の材料を搗き混ぜたものは昔からあり、すでに正倉院文書『淡路国正税帳』の天平一〇（七三八）年に大豆餅、小豆餅などの名前が見える。このほか蓬はもちろん、胡麻、松・榧・栃の実、胡桃、枝豆など、地域独自のものを入れた餅が作られてきた。

もち米から作る餅に対して、うるち米ほか別の材料を原料とするものも餅と呼ばれる。新粉で作る*柏餅、小麦粉製あるいは道明寺製の*桜餅、葛粉製の葛餅、蕨粉製の*わらび餅、もち栗製の*栗餅など、多少なりとも粘度がある生地の菓子は、たいてい餅菓子扱いになる。外郎(ういろう)*もかつては外郎餅と呼ばれており、餅菓子の範囲の広さがよくわかる。

字義を調べてみると、「餅」とはもともと小麦粉製の食品をいう言葉。そのため遣唐使が伝えた唐菓子*の索餅(さくへい)や餅餤(へいだん)なども本来小麦粉製とされるが、日本ではしだいに麦以外の穀物の粉をつくねたものにも餅の字をあてるようになったと考えられる。

このほか、餅菓子は、餡(あん)がないもの（切餅・鶴の子餅・なまこ餅・のし餅）、餡が中に入っているもの（柏餅・大福*）、餡を外につけるもの（おはぎ*・餡ころ餅）などにも分類できよう。また、凍(し)み餅（凍らせた餅を脱水乾燥させたもの）や餅を薄く切って干すかき餅・へぎ餅など、保存食として役立つ餅も昔から作られている。かき餅といえば、鏡餅のカビをとって、短冊形に切り、油で揚げておやつがわりに食べた思い出のある人もいることだろう。真空パックにして保存の効く鏡餅が出回っている現在、こうした食べ方は忘れられつつあるようで、残念である。

餅花　もちばな

柳・榊(さかき)・桑などの枝に紅や白の小さな餅*などをさしたもので、家族の健康や、稲をはじめとする農作物の豊作を願って、正月や小正月、初午(はつうま)の日などに天井からたらしたり、軒につるしたりする（とくに小正月との結びつきが強い）。養蚕(ようさん)の盛んな地域では、繭玉(まゆだま)の名が一般的だろう。枝にぶらさげる餅

や最中生地を牛や鳥、小判や巾着形にしたり、色を工夫したりする所もあり、クリスマスツリーの飾りつけにも似ていて豪華だ。なお、地域によっては餅花の餅を、一月下旬あるいは雛祭りや旧暦六月一日の氷室の節句に枝からはずし、煎って食べるという。

芝居好きには、近松門左衛門作「夕霧阿波鳴渡」の吉田屋の段を改作した「郭文章」が思い出されよう。正月準備の餅搗きも終わった、大坂新町にある揚屋の吉田屋が舞台で、座敷の柱や天井には紅白の餅花が派手に飾られている。ここで絶世の美女かつ才媛として知られた夕霧と、親から勘当され、零落した身の上の伊左衛門が、紆余曲折ありながら晴れて結ばれるというめでたい内容で、餅花の華やかさが効いている。

今や東京で餅花を見ることも少なくなったが、江戸時代には目黒の不動尊の土産物がよく知られていた。『江戸名所図会』(一八三四〜三六)には、「正五九の月二十八日、前日より終夜群参して甚賑へり。(中略)粟餅・飴および餅花の類を鬻ぐ家多し」と記されている。この餅花は、黄表紙の『金々先生栄花夢』(一七七五)の記述を参考にすると、割り竹を輪にして、赤・白・黄の餅を花のようにつけたもの(写真は再現)。錦絵にもその姿が描かれるなど、目黒不動尊ならではの名物だったが、いつのまにか作られなくなってしまった。

かつてこの日に氷室の氷を宮中や幕府に献上した。

最中
もなか

餅[*]を薄くのばし、切って型で焼いて皮を作り、餡をはさんだもの。「もなか」ではなく「さいちゅう」と読む若い人もいるというが、なぜ最中の名がついたのか、漢字からはわかりにくいことを思うと無理もない気がする。

「最中」とは中心、真中の意だが、平安時代の歌人、源順の歌に「水の面に照る月浪をかぞふれば今宵ぞ秋の最中なりける」(『拾遺和歌集』秋)があるように、「秋の最中」で八月十五夜を指すなど、中秋の名月にゆかりのある言葉だった。菓子も最初は名月に見立てて、丸い形だったとされる。その始まりは江戸時代、新吉原中の町に店を構えた菓子司竹村伊勢の「最中の月」(旧暦十五夜の月。満月の意)という。川柳にも「吉原は竹の中から月がでる」(『柳多留』)があるように、「最中の月」は有名だった。

実際どのようなものだったかは、洒落本『讃極史』(一七八九〜一八〇一頃)の次のような会話が参考になるだろう。「「妙な菓子をくわせやした。(中略)白ィ丸ィ物さ。なにか口へ入ると妙にとけやす」「ソリャ最中の月といふ菓子さ」」がそのやりとりで、ここから、白くて丸くやわらかめのものだったことがわかる。時代は下るが、『菓子話船橋』(一八四一)の「水の月」という項目にも、「最中の月のやうなる餅の焼種」という表現があり、現在の最中の皮に近い麩焼煎餅のようなものが想像されよう。

その一方で、「最中饅頭」なる菓子が日本橋で作られていたことが『江戸買物独案内』(一八二四)などからうかがえる。おそらく「最中の月」のような生地に餡をはさんだものであろう。そのうち饅頭の名がとれ、たんに最中と呼ばれるようになったと思われる。

現在では丸形に限らず、植物、動物、器物など、あらゆる形の最中を見ることができる。型を使えば、どんな形でも製造可能で、その土地ならではの名物が最中になってしまう。知って納得するのは、最中の皮はどれも小さな短冊形が元になっているということ。もち米を粉にして蒸し、搗き餅にし、薄くのばし、短冊状に切ったものを型に置き、火にかければ型通りに生地がふくらむというわけだ。できあがった最中の表面をよく見ると、短冊のあと(餅あと)が残っているのがわかる。麩焼煎餅も同様の餅あとがある点、両者は親戚といってよいだろう。

ちなみに、最中の皮は製造に手間がかかるため、専門の業者に作ってもらうもので、業者は「種屋」を屋号にすることが多い。できあがった最中生地にはさむ餡は、白餡、鶯餡、黒糖餡など店によって違いがあるが、ここで大事なのは、皮と餡が合わさって生まれる絶妙な舌ざわり。水分のバランスを考え、「飴餡」(ねき餡)といわれる、水飴の入った餡がよく使われる。なお、餡と皮を別売りにしている店もあり、皮のさくっとした食感や餡の量がお好みしだいになる点が喜ばれている。

幕末の『江戸商売絵字引』の「最中の月」の説明に「中に餡を入れたる也　角なるを窓の月といふ」とあり、後年餡を入れたものも作られていたと考えられる。

桃山

ももやま

白餡(しろあん)に卵黄、寒梅粉、水飴などを入れて練った生地で餡を包み、形作りして焼いたもの。卵ならではの暖かみある黄色い生地が特徴で、菊、栗などの形を代表として、大きさも様々なものが作られている。中身の餡に蜜漬けした梅や金柑(きんかん)、栗を丸ごと加えるなど、食感に変化をつけた商品も楽しめる。

桃山は由来がはっきりわからず、謎めいている。『菓子の事典』(一九五三)に「この菓子は、元来は「瓦糕(がこう)」といったものを、桃山御殿の瓦(かわら)の形を印したので、「桃山」と呼ぶようになったと云われている」とあるのが貴重な記述だが、肝心の「瓦糕」についての資料がなく、確かめようがない。ちなみに文中の「桃山御殿」とは、文禄年間(一五九二〜九六)に豊臣秀吉が京都伏見に築いた伏見城のこと。伏見城は元和(げんな)五(一六一九)年に廃城となったが、その跡に多くの桃の木が植えられたことから、桃山の名がついたという。

歴史を感じさせる名称なのだが、江戸時代の主要な菓子製法書に「桃山」の名は見当たらない。『東京風俗誌』(一八九八序)に一般的な菓子の名としてあがっていることから、明治時代には東京で作られていたことがわかるが、地名からすると、京都の風流な茶人が名づけ親だろうか。なお、『和洋菓子製法』(一九〇七)には、「桃山」と「新桃山」の製法が見える。後者は白餡ではなくさつま芋の漉粉を主体にしたものだが、定着することなく姿を消した。

焼芋

やきいも

焼芋を和菓子に含めてよいか悩むところだが、おやつとして親しまれているのでは？　寒さ厳しい冬の夜道、「い〜し〜焼芋〜焼きたて」という呼び声を聞くと、熱々のおいしさが思い出されて、身も心も暖かくなってくる。焼芋屋の登場は、江戸時代の寛政年間（一七八九〜一八〇一）の頃。当時は、焙烙（ほうろく）で蒸し焼きにする製法で、屋台ばかりでなく、店を構える焼芋屋もあった。「栗（九里）に近い（味）」や「栗より（九里四里）うまい」の意味をかけ、「八里半」や「十三里」の行灯を軒先につけたという。といっても、焼芋は冬の嗜好品なので、夏には西瓜屋（すいかや）や扇子屋など、別の商売をしていたことが川柳などからうかがえる。

焼芋屋出現の頃に出版された『甘藷百珍（かんしょひゃくちん）』（一七八九）には、藁（わら）を焼いた熱い灰に芋をそのまままうずめて焼く「焼き芋」ほか、「饅頭いも」（芋餡を包んだ饅頭）、「煎餅いも」（干した芋を焼いたり、油で揚げたもの）など、さつま芋を使った様々な菓子の製法が見える。

「かかあたち第二のすきがさつま芋」（『川柳評万句合（せんりゅうひょうまんくあわせ）』）の句があるように、昔からさつま芋は女性の好物とされてきた。現在も和洋を問わず、さつま芋を使った菓子は女性に人気だが、宝飾品用かと見間違えるような洒落たパッケージに入った産地特定の焼芋が話題を呼ぶなど、そのイメージも変わってきた。割ると中身が紫色でびっくりという紫芋の焼芋も、今後さらに広まっていくことだろう。

柚餅子

ゆべし

文字通り、柚子を使った菓子だが、その形や製法は全国各地で千差万別だ。しかし、製法書によく登場するのは、いわゆる丸柚餅子で、『合類日用料理抄』(一六八九)には、柚子の中身をくり抜き、道明寺糒、白味噌、白砂糖を入れて蒸し、陰干しにする旨が見える。『本朝食鑑』(一六九七)にも同様の製法が見え、「柚辺志　或は柚圧に作る」の記述から、「べし」は「圧し」、「圧する」の意とも考えられる。

また、『古今名物御前菓子図式』(一七六一)にも丸柚餅子の製法があるが、「柚餅」「千代見餅」の名を使っているのが注目される。千代見は長命に通じる言葉で、柚子が体に良いことを謳っているのだろう。現在、こうした丸柚餅子作りの土地としては、石川県輪島市が有名。薄切りにして少しずつ賞味するもので、野趣ある味わいは酒の肴にもおすすめだ。

一方、柚子の皮と米粉、餅粉、砂糖、胡桃などを混ぜて蒸し、竹の皮に包んで棒状にしたものや、同様の生地をつくばね（羽根つきの羽根）形や四角形にしたものも各地で作られている。仙台の胡桃ゆべしなどは、伊達政宗（だてまさむね）の兵糧（ひょうろう）だったともいわれ、意外にも柚子が使われていない。柚子はしだいに省略されてしまったのだろうか。

文献上では、宮中に仕えた女官が書き継いだ『御湯殿上日記（おゆどののうえのにっき）』の文明一六（一四八四）年三月一八日の「ゆへしなどまいる」の記述が早い例で、贈答品として宮中にも届けられたことがわかるが、はたしてこの「ゆへし」はどのようなものだったのだろう。

▼参考　吉田まの「柚べしの展開過程――甘い柚べしにかわるまで」（虎屋文庫機関誌『和菓子』五号、一九九八所収）。

羊羹
ようかん

お菓子なのに、なぜ羊の字が使われているの？　羊羹を話題にすると、よく聞かれる質問だ。本来、羊羹は文字通り羊の肉の汁物のことだった。中国の紀元前の文献『史記』には、宋の将軍だった華元（かげん）が、将士に羊羹をふるまったところ、御者に行き渡らなかったため、恨みを買い、敵陣に連れ込まれて捕虜になってしまう逸話が見える。羊羹は贅沢（ぜいたく）なおいしい料理だったのだろう。

羊羹が日本に伝えられるのは、鎌倉～室町時代のこと。中国に留学した禅僧がもたらした点心*の一つとされ、羊羹以外にも、鼈羹（べっかん）[1]、猪羹（ちょかん）、驢腸羹（ろちょうかん）など、い

ろいろな羹があった。当時の製法は不明だが、永正元（一五〇四）年の奥書がある（後世の補筆説もあり）『食物服用之巻』に「一　鼈羹はあし。て。尾。くびをのこし。こう（甲）よりくふ也」など、食べ方の記述があることから、動物肉に見立てた食べ物であったことが推測される。禅僧は肉食を禁じられていたため、植物性の材料を使った見立て料理が作られたのだろう。羊羹も、小豆や小麦粉、葛粉を混ぜて蒸し固め、羊の汁物の色や形に似せたと考えられる。点心として伝えられた羊羹は、その後足利将軍や織田信長、豊臣秀吉、徳川家康などに関わる饗応の献立の一品として使われたり、法事や仏事の料理、あるいは茶会の菓子に用いられたりした。当時の羊羹は現在の蒸羊羹に近いものと考えられ、江戸時代以降、しだいに甘みを増したものが作られ、菓子として人気を博すようになった（七一頁）。

菓子見本帳などから、元禄時代には生地に榧の実や山芋を入れ、切り口のデザインに変化をつけたものも作られていたことがわかる。また、図説百科事典『和漢三才図会』（一七一二序）には、今日見るような竹皮包みの羊羹が描かれており、目を引く（三〇三頁）。しかし、羊羹にとってもっとも画期的な出来事は、寒天の発見後、寒天を使って煉り込む煉羊羹[2]が江戸で考案されたことだろう。その始まりについて『嬉遊笑覧』（一八三〇序）には、寛政（一七八九～一八〇一）の頃「紅粉や志津磨」（紅谷志津摩）が初めて製した旨があり、『北越雪譜』（一八三六～四二）と『蜘蛛の糸巻』（一八四六）は寛政の初めに作られた喜太郎羊羹を最初としている。この「紅粉や志津磨」の主人が喜太郎とも考えられている。

従来の蒸羊羹にはないきめ細かな味わいの煉羊羹は各地に広まっていき、苺、西瓜、葡萄、味噌、醤油など、様々な風味のものが作られるようになる。日持ちが良いことから贈答にも好まれ、今やすっかり羊羹の主流は煉羊羹といえよう。その魅力について、夏目漱石は『草枕』で「一個の美術品」にたとえ、谷崎潤一郎は『陰翳礼讃』で「瞑想的」と記し、それぞれの思いを美文で綴っている。

1 江戸時代の有職故実家、伊勢貞丈の『貞丈雑記』(一七八四頃成)には、すりたての山芋、砂糖、小豆の粉、小麦の粉を合わせ、蒸して亀甲形にするとある。同書には数種の羹の製法が見える。

2 安永二(一七七三)年一〇月一二日、加賀藩主前田治脩の江戸在府中の日記『太梁公日記』に「ねりやうかん」、酒井宗雅の茶会記『逾好日記』の天明七(一七八七)年一二月二六日に「ねりやうかん」があり、初出年は遡る。

落雁 らくがん

もち米や麦などの穀物の粉に砂糖類を加えて型に入れ、打ち出した干菓子。毎年お彼岸の頃になると、菊や蓮形の落雁がスーパーや和菓子屋に並ぶが、なぜこの名がついたのだろうか。

名前の由来には諸説あり、中国の菓子「軟落甘(なんらくかん)」にちなむ(『舜水朱子談綺』ほか)ともいわれるが、この菓子の実体は不明だ。『類聚名物考』(一七八〇)には、「もと近江八景の平砂の落雁より出し名なり白き砕米に黒胡麻を村々とかき入たりそのさま雁に似たればなり」とある。絵画や詩歌の題材として知られた瀟湘八景(中国の瀟水と湘水の付近にある八つの佳景)の「平沙落雁」や近江八景(先の瀟湘八景にならった近江の佳景)の「堅田落雁」の連想で、黒胡麻を雁が列をなして降りていく様に見立てたという解釈だろう。これに関連してか、献上された落雁を見て、後陽成天皇(在位一五八六〜一六一一)が、「白山の

雪より高き菓子の名は　四方の千里に落つる雁かな」と詠んだという逸話もある(『語理語源』)。史料としては、天正九(一五八一)年六月一六日、織田信長が徳川家康を饗応した折の献立に見えるのが古い(「御献立集」慶応義塾大学図書館蔵)。また寛永一二(一六三五)年、虎屋が御所に、羊羹*や饅頭*などと一緒に落雁を納めている。茶会記では、『松屋会記』の正保五(一六四八)年三月二五日に、金森宗和が松屋久重らを招いた茶会に見える。

初期の落雁は丸や四角など単純な形だったと考えられるが、しだいに凝ったものが作られるようになった。『合類日用料理抄』(一六八九)の菓子類「落雁」の項に「菊扇草花生類いろ〳〵をほり(彫)こみたる木のかた(型)へ右のさたう道明寺合たるをへらにて摺こみ木のかた(型)をうつふけてたゝけはらくがん(落雁)になり申候」とあるように、植物、調度、動物など、デザインの多様化がうかがえる。

江戸時代後期には製造技術が向上し、贈答での使用が多くなったこともあり、豪華で立派な落雁がもてはやされた。和歌山県の総本家駿河屋には、紀州藩の一〇代藩主徳川治宝が大形の見事な落雁を作らせた史料などが伝えられる(現在、和歌山市立博物館蔵)。紀州の景勝や筆・硯をかたどった木型など、その技術の粋には圧倒させられる。また、江戸幕府の御用をつとめた金沢丹後などの菓子絵図にも、手の込んだ意匠の落雁を見ることができる。さらに落雁は、茶会やお供え、間食用にも作られ、庶民にも親しまれた。とくに疱瘡(天然痘)見舞いには、赤い色が病を除けるとして鯛*や海老*などの真っ赤な落雁が好まれた。また、滝沢馬琴(ばきん)の『馬琴日記』(一八二六〜四八記)を読むと、親戚や知人を訪ねる折の手土産にも落雁が使われていたことがわかる。

明治〜昭和にかけても、式典やお祝い、不祝儀などの折に様々な意匠の大ぶりの落雁が用いられた。砂糖が貴重だった時代、落雁はありがたみのある食べ物だったが、現在ではお彼岸用のお供えあるいは茶席の小さな干菓子として作られるものが主流になっている。

◆押物(おしもの)、打物(うちもの)に分類される。同様のものが、打菓子、はくせんこう、粉菓子、口砂(こうさ)(沙)香(こう)(長崎県)などとも呼ばれる。

▼参考　徳力彦之助『落雁〔増補改訂版〕』三彩社、一九七五。

六方焼

ろっぽうやき

さいころのような六面体を焼いた餡(あん)入りの菓子のことで、生地に小麦粉、卵、砂糖を使ったものを指すことが多い。字面の良さから六宝焼とも書く。金つば*のように一個売りする店もあれば、一口サイズの小さいものを八〜一〇個ぐらいにまとめて袋詰めで売っている店もある。

江戸時代後期の大坂の様子がわかる『浪華百事談(なにわひゃくじだん)』には「今、諸方の餅まんぢう屋、及び露店にも製し売る⬡如レ此菓子を、今六方やきといひ、前は是を江戸金つばといふ」とあることから、現在の四角い金つばのような菓子を大坂ではかつて「江戸金つば」といっていたが、後に「六方やき」と呼ぶようになったことが推測される(江戸の六方焼については不詳)。当初は金つばのようなものだったが、卵を入れた生地で作るものが広まったのだろう。
そもそも「六方」とは、東西南北の四方と上下を指す言葉だが、江戸時代には別の意味もあった。たとえば「六方者」なら伊達(だて)者、「六方姿」は、六方者の挙動や粋な姿、「六方詞(ことば)」は荒々しい言葉使いを指すという具合。歌舞伎の「勧進帳(かんじんちょう)」で、弁慶が花道を通って揚げ幕に入るときの所作も六方だ。手を大きく振り、高く踊るように勇ましく退場する。それを思うと、「六方焼」もいなせなものと受け取られていたかもしれない。現在ではそうした荒っぽさはなく、下町風情が漂う菓子の一つになっている。

わらび餅 ——もち

ぷるんぷるんとした舌ざわりに黄な粉の風味が良いわらび餅。関西では甘味処(かんみどころ)の定番の品だろう。名前のとおり、蕨粉(わらびこ)を使っていると思われがちだが、実はさつま芋から作る甘藷澱粉(かんしょでんぷん)を使っていることが多い。蕨粉は今や入手しにくい貴重な品で、非常に高価なためだ。餡入りの上生菓子として本物の蕨粉製の餅を作っている菓子屋もあるが、数は限られる。

蕨粉を作るのには非常に手間がかかる。手順としては、まず蕨の根をたたいて砕き、水を加えて澱粉を洗い出し、白くなるまで何回も水洗いと沈殿を繰り返す。固まったら細かく砕き、乾燥させて完

成だ。生産量が少ないのも当然に思われるが、意外にも江戸時代ですら大量に作られていたわけではなく、わらび餅も蕨粉一〇〇パーセントではなかったらしい。儒者、林羅山の『丙辰紀行』(一六一六)によれば、東海道の日坂(現在の静岡県掛川市)の宿の名物わらび餅は葛粉を混ぜたもので、黄な粉に塩を加え、まぶしたという。

ちなみに狂言「岡太夫」(岡大夫とも)は、わらび餅をふるまわれた男が、家で妻に作ってほしいと願うが、菓子の名前を忘れ、妻との朗詠を交えたやりとりのなかでようやく思い出す滑稽な内容だ。わらび餅をおいしそうに食べる場面も楽しい。この岡太夫とはわらび餅の別名で、同狂言によれば醍醐天皇(在位八九七~九三〇)が好んだため、わらび餅に太夫の名を与えたことにちなむという。また古代中国で、殷が周に滅ぼされたとき、忠臣伯夷と叔斉が首陽山に逃れ、蕨ばかりを食べ、岡太夫と呼ばれたという逸話とも関わりがあると考えられている。なお虎屋には、安永三(一七七四)年一一月四日、公家の近衛内前がわらび餅に「岡大夫」と命銘した記録がある。内前はわらび餅を味わいながら、こうした狂言や逸話を思い出していたのではないか。

『料理物語』(一六四三)の「蕨餅」は、わらび粉一升に水一升六、七合を入れ、よくといて練る製法である(記述はないが、火にかけたと思われる)。また、十返舎一九の『餅菓子即席手製集』(一八〇五)は、わらびの粉一升に水二升入れ、火にかけて煉り、砂糖をかけて食べるものとしている。

コラム
気になる菓子

全国各地には、色かたち、味わいほか、いわれも珍しい菓子が数多く存在する。筆者が気になっているものをいくつか紹介したい。

麻地飴
四角い求肥*生地の周りに白胡麻をつけた菓子。表記は浅茅、朝地、浅路、麻路など複数ある。『本朝食鑑』(一六九七)によれば、江戸では「官家」(幕府や大名家など)で用いられていたという。『徳川実紀』にも、延享三(一七四六)年六月二二日、将軍引退後の徳川吉宗が水戸藩主に下賜したことが記されている。『古今名物御前菓子図式』(一七六一)にも製法が見られ、かなり知られた菓子だったと思われるが、いつのまにか目にすることもなくなった。ちなみに現在、虎屋では嘉祥菓子*の一つとして作っている。

沖縄の菓子
沖縄には、中国、朝鮮、南蛮の影響を受けた独自の菓子文化が伝えられる。観光土産としてはクッキー風の金楚糕(小麦粉、砂糖、ラードをこねた生地を焼いたもの)やドーナッツのようなサーターアンダ(ー)ギーが知られるが、ほかにも月桃の葉で包む月桃餅、表面に白胡麻をつけた大きな結び煎餅*マチカジー(松風)、形も多様な焼菓子「花ぼうる」(花ボール)、ふのやき(一五六頁)に似た小麦粉生地のポーポー(中身は豚肉入りの味噌餡)、チンピ(ビ)ン(生地が黒砂糖入り)などがある。

また、三月三日には三月菓子と呼ばれる揚げ菓子、五月五日には、金時豆、押麦、黒砂糖などで作る沖縄風ぜんざい「あまがし」、先祖供養の法事には特別な揚げ菓子を用意するなど、年中行事、人生儀礼に関わる独自の菓子もある。史料の面では、一九世紀、中国の皇帝の使者である冊封使の一行を迎えたときの宮廷のもてなし菓子の記録が残っており、興味深い。記録には今日見るような揚げ菓子がある一方、「水山吹」「梅花餅」などの名前も見え、上(生)菓子の影響もうかがわせる。

▼参考　『琉球冊封使一件　勅使以下江献立幷卓之図』内閣文庫、一八〇八。
安次富順子『琉球菓子』沖縄タイムス社、二〇一七。

かせいた

南蛮菓子*の一つ。名前は、ポルトガル語の Caixa da Marmelada(マルメラーダの箱)に由来するという。マルメラーダとはマルメロを砂糖煮にして固めた菓子で、今もポルトガルやスペイン、ブラジル、トルコなどで作られている。直方体のものもあり、洋風の羊羹といった趣だ。

日本では、肥後藩主で利休七哲の一人、細川三斎が好んだといい、同藩で栽培したマルメロで「かせいた」が作られた。細川家には、曲にはいった明治一七(一八八四)年の「かせいた」が保管されている。

マルメロが正式とはいえ、一般には入手が難しかったため、『合類日用料理抄』(一六八九)ほか江戸時代の製法書には、梨を使って作る製法も見える。現在では熊本名菓として、カリンを使った「加勢以多」(お菓子の香梅製)が、水前寺成趣園内の茶室「古今伝授の間」にある茶店で賞味できる。

『地域名菓の誕生』(二〇一七)に、「加勢以多」の製造工程やマルメラーダの写真が掲載されている。

軽焼

もち米から作る、食感の軽い煎餅*。現在の麩焼煎餅の原形のようなものだろう。江戸時代、京都丸山(円山)で作られたものが有名で、後年江戸でも浅草、誓願寺近くの茗荷屋が売り出したものが評判になった。「病が軽くなる」の意味で、とくに疱瘡(天然痘)や麻疹の見舞い品に好まれた。ちなみに明治～大正時代の作家、淡島寒月の実家は軽焼で有名な淡島屋だった。なお、現在京都の縁日などで売っているカルヤキはカルメ焼を半月状にしたようなもの。軽焼とは別に考案されたのだろう。

甘露梅

この名から甘く煮詰めた梅を想像する人もいれば、小豆餡を紅色の求肥で包み、梅酢に漬けた赤紫蘇の葉で巻いた菓子を思い出す人もいるだろう。後者は神奈川県小田原の名菓として知られるもので、ほかの梅の産地でも、別名で同様のものが作られている。

江戸時代には江戸吉原の名物として甘露梅という菓子が知られており、毎年五月中から吉原の引手茶屋が家々で一年半かけて製し、正月に顧客へ年玉として贈ったという。遊郭ならではの艶っぽい土産品とされたが、その一方で、山口屋という店の商品を利用する所もあったようだ。いずれにしても「やきながら女房のたべるかんろ梅」(『柳多留』)からは、やきもちを焼きながら、亭主が持ち帰った吉原産の甘露梅をやけになって食べる女房の姿が想像できよう。

この甘露梅は冒頭の二種とは違っていたようで、『守貞謾稿』(一八五三)から、梅の実を紫蘇の葉でくるんでいたことがわかる。料理書『料理早指南』(一八〇一~〇四)にはさらに詳しい作り方があり、「青小梅を塩につけ、種を取り、朝倉山椒や粒胡椒などを入れ、馴たる梅を併せて紫蘇の葉で包み、砂糖水に酒を加えてつける」旨、記されている。しょっぱく香辛料のきいた小梅と、梅に紫蘇の葉、酒を加えた砂糖水がどのようにまとまるのか、気になるところだ。現在、吉原土産のものに通じる甘露梅が新潟で作られている(小川屋製)。山椒や胡椒は使わず、梅の酸味とほのかな甘味が合わさった茶請けに仕上がっている。

遊里内にあって、遊客を遊女屋に案内する茶屋。

ぎょうせん

麦芽を使った水飴の名称に「ぎょうせん」「ぎょうせん飴」がある。『物類称呼』(一七七五)には、「滑飴(中略)西国にて、ぎゃうせんと云 関東にて、水あめ又、ぎゃうせんと云 水あめはぎゃうせんよりもゆるし 又 ぎゃうせんは濃煎なるべしや 又地黄煎とも書」とあり、「濃煎」あるいは地黄煎飴が、「ぎょうせん」へと変化したと考えられる。地黄煎飴は、本来、漢方の地黄(ジオウ科の多年草)を煎じて作る飴だったが、地黄を使わない場合もこの名が使われるようになった。

庭砂糕

庭砂香とも。木型を使って作る、落雁*同様の干菓子で、幕府御用菓子屋をつとめた金沢丹後の菓子見本帳ほかに散見する(『金沢丹後江戸菓子文様』ほか)。「庭砂」とは庭に使う砂をいい、細かな粉を使ったことが想像されるが、落雁との使い分けがあったかどうかは不明である。なお、新潟県三条市には、黄白に色分けした棹状の「庭砂糕」を作っている店があるが、これは能の『鶴亀』の中で謡われる「庭の砂ハ金銀の〜珠を連ねて敷妙の」に由来し、黄は金を表すという。口どけのよい上品な味わいで、茶菓として親しまれている。

ふのやき

わび茶の大成者、千利休の茶会記とされる『利休百会記』(成立には諸説あり)にたびたび見えることから、利休好みの菓子と伝わる。その作り方については、『古今名物御前菓子秘伝抄』(一七一八)ほか、江戸時代の菓子製法書から、小麦粉を水ときし、鍋に薄くのばし、山椒味噌、芥子の実などを入れ、クレープのように巻くと考えられてきた。しかし、『日葡辞書』(一六〇三)には「小麦のふすまで作った一種の小餅で、鍋や浅鍋で炒り焼きにしたもの」とあり、小麦粉でなく、ふすま(麦かす)を使った小さな

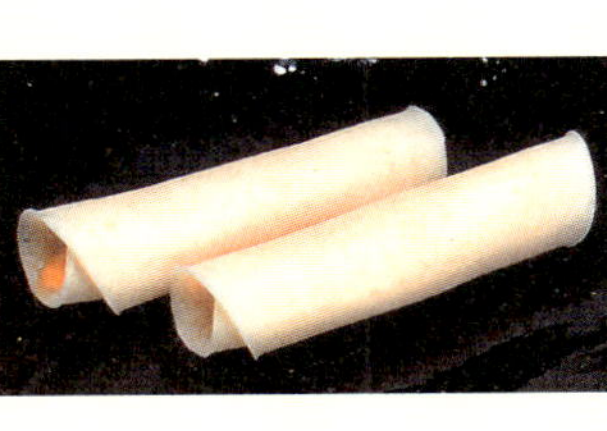

焼餅だったことも考えられる。

江戸時代、ふのやきはあちこちで作られ、巻いた形が経巻に似ていることから仏事などにも用いられた（『雍州府志』）。人気を得たのは餡入りのもので、名前は助惣焼き（助惣ふのやき）。麹町（現在の東京都千代田区）に店を構えた橘屋で販売され、話題となった。ちなみに花柳界では、ふのやきを「あさがお」と呼んだという（『嬉遊笑覧』ほか）。焼いているうちにしぼむからとか、ぶつぶつしているところが化粧気のない起きぬけの顔に似ているからなど、理由には諸説ある。ふのやきに「あばたづら」の意味もあったことを思うと、案外後者の説が当たっているかもしれない。こうした昔風のふのやきを再現するならば、やはり自家製がおすすめだろう。

『言継卿記』の永禄八（一五六五）年七月二〇日に「ふのやき一盆」とあり、初出は遡る。

▼参考　福崎春子『茶書と料理』ドメス出版、一九九四。
青木直己「ふの焼関係史料について」（虎屋文庫機関誌『和菓子』六号、一九九九所収）。

みずから

『松屋会記』など、一六世紀の茶会記に見える昆布菓子。当時の製法は不明だが、『古今名物御前菓子秘伝抄』（一七一八）などから、昆布を水につけ、四角に切って山椒を包み、細い昆布で結び、干したものとわかる。名前の由来は、見ないでも聞いただけで辛いことが思い出される意の「不見辛」説や、昆布で昆布を結ぶ「自縄自縛」の「自」説が伝わる。『東海道中膝栗毛』（七編上）に、京都四条の芝居小屋で「みずから」を売る物売りの声が描写されるように、かつてはよく知られた菓子だった。

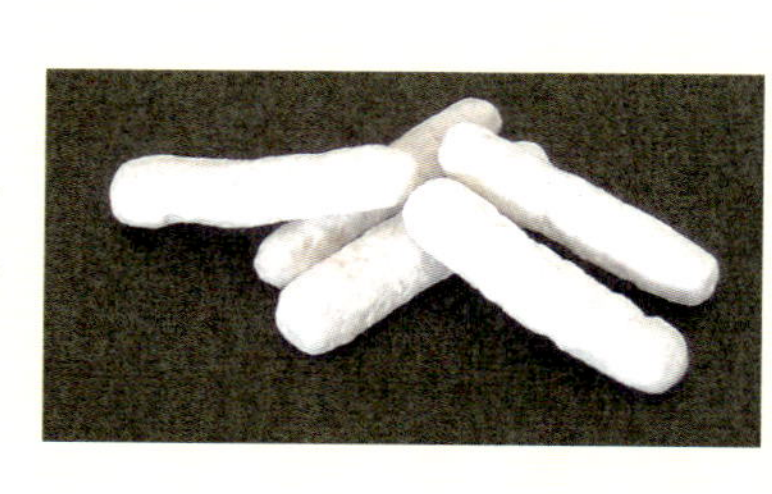

みどり

小麦粉と砂糖を混ぜ合わせた生地を棒状に切り、並べて焼いた後、味や艶を出すため、砂糖蜜をかけて乾かす。状態を見ながらこの砂糖蜜をかけて乾かす作業を何度も繰り返して作る。最初から仕上げまで完全な手作業で手間がかかるが、江戸時代の菓子製法書や見本帳には「若みどり」「大みどり」「小みどり」の名でよく見られる。みどりは色の緑ではなく、「身を縁どる」の意味があるとも解釈される。佐賀県唐津市の大浦金盛堂製の「若緑」(写真)がその名と形を伝える菓子だったが、残念なことに同店は二〇一三年に閉店。作り手の愛情を感じさせるその味わいは今も忘れられない。

▼参考　今村規子「「りん」と「みどり」」(虎屋文庫機関誌『和菓子』八号、二〇〇一所収)。

八ツ橋

京都観光土産の代表として全国に知られる菓子。米の粉を生地とした肉桂風味の煎餅*で、由来については、江戸時代前期の琴の名手、八橋検校の名にちなみ、琴の形にしたという説、『伊勢物語』第九段の「八橋」(一七六頁)から橋板の形を模した説などがある。知名度をあげるのは、明治時代、七条駅(現在の京都駅)で売られるようになってからというが、昭和に入って考案されたやわらかい生八ツ橋の方が、現在人気がある。商品開発も盛んで、京都八ッ橋商工業組合に加入する店のなかには、抹茶味や苺味の生地、チョコレート入りなどを作っている所もある。生八ツ橋の生地で作る可愛らしい生菓子もあり、八ツ橋の変身はとどまるところを知らないようだ。

▼参考　鈴木勇一郎『おみやげと鉄道——名物で語る日本近代史』講談社、二〇一三。

コラム

年中行事と和菓子

古来、日本人は農耕の生産暦に基づき、作物の豊穣を願い、収穫を感謝するため、共同体で様々な行事を行ってきた。同時に、季節の節目には厄払いをし、健康を願うなど、招福除災の行事も大事にしてきた。年中行事はこうして長い歴史のなかで育まれ、受け継がれたもので、中国を中心とする外国の行事の影響、公家、武家、民間などの階層、地域ごとの違いなどにより、多様化したといえよう。

年中行事の行われる日は節目になるため、節日（せつじつ）、節会（せちえ）とも呼ばれ、神や仏に供（そな）え物をし、それらを分けて食べる習慣があり、直会（なおらい）とも呼ばれた。節句も、本来は節供と書くもので、供え物のなかでもとくに*餅は霊魂や稲作の象徴として神聖視され、小豆（あずき）は赤い色が厄を払うとして尊ばれた。*おはぎのような餡（あん）ころ餅が彼岸、土用、盆など、折々の行事に用意されるのもこの理由による。行事食はもともとこうした素朴なものだったが、中国の影響を受け、上巳（じょうし）の節句は*草餅、端午（たんご）の節句は*粽（ちまき）など、特定の菓子を用意する風習が根づいた。加えて菓子の場合は、その色かたちで豊穣や招福除災の思いを表しやすいこともあって、各地で珍しいものが作られるようになったといえるだろう。ここでは年中行事の折節に用意される主な菓子を月ごとに紹介したい(行事によっては、旧暦で行う地域もある)。

一月

一年の始まりを祝う正月には、歳神を迎えるため門松や鏡餅が飾られ、五穀豊穣や家族の健康が願われる。めでた尽くしのお節料理、雑煮など、特別な食物を用意するが、菓子も同様で、新年ならではの祝福を表すものが中心となる。包み雑煮とも呼ばれた菱葩に由来する花びら*(葩)餅、新年の干支や宮中の歌会始のお題にちなむ干支菓子*・お題菓子*ほか、松竹梅*、鶴亀などの吉祥をかたどったものが作られる。どれも年始の贈答に喜ばれる華やかさに満ちている。そして、一一日は鏡開き。正月に供えた鏡餅を下げ、雑煮や汁粉*にしたり、あられ*を作ったりする。

地域によっては、一五日頃の小正月に、餅花*を天井からぶら下げたり、室内に飾ったりする。主に作物の豊作を願うもので、養蚕地域では「繭玉」と呼ぶことが多い。

二　月

立春の前日(二月三日頃)の節分には、豆を撒いて邪気を払う。この時期、豆、枡、鬼、お多福形の生菓子や、豆を使った菓子が楽しめる。

一四日はバレンタインデー。愛の守護聖人とされるバレンタインを祝う行事で、欧米では主に男性が女性にプレゼントするが、日本ではチョコレート業者の販売促進策により、女性が意中の男性ほか、日頃お世話になっている男性にチョコレートを贈る習慣がある。近年では、菓子にとどまらず、酒・文房具・衣料など様々な業界でバレンタイン商戦が盛んだ。和菓子業界でも、チョコレートを使った干菓子やハート形の生菓子など、関連商品を販売する店が増えている。

三　月

三月三日は雛祭り。雛人形を飾る女子の節句として定着しているが、もともと上巳といい、中国の風習にならい、厄払いをする日であった。その歴史は古く、平安時代の宮中では禊をし、曲水の宴(曲水の側に参会者が座り、上流から流される杯が通りすぎる前に詩歌を詠じる遊び）を催した。人形を飾って女子の成長を祝う雛祭りが行われるようになるのは江戸時代で、穢れを祓うための形代や流し雛がその起源と考えられる。草の強い香りが悪いものを除くと考えられたため、同日には厄除けの意で、草餅を食べる風習があった。菱餅も江戸時代には草餅を使い、緑・白・緑などの色合いだった。

現在では愛らしい雛菓子が各地で作られている。こなし生地で雛人形を表したり、有平細工や金花糖で果物や貝を作ったりするなど、様々だ。この時期には桜餅も販売されるが、生菓子では、桃の節句にちなみ、桃の花がよく意匠化される。桃の花の焼印や木型を使ったもののほか、中国伝説の仙女、西王母の所有する不老長寿の桃にちなみ、桃形の菓子が作られる。また、京都を中心に関西の雛菓子では、餡玉をのせた生菓子「あこや」（ひっちぎり、いただき）が知られる。

そして一五日頃（旧暦二月一五日）に行われる涅槃会（釈迦入滅の法会）では、涅槃団子をお供えしたり、仏舎利の代わりとして撒いたりする。京都では「花供曽」というあられが知られるが、このほか、長野県の「やしょうま」、岐阜県の「花くさ餅」のように、新粉生地で作る菓子を用意する地域もある。

お彼岸には、先祖を供養し、おはぎ（ぼた餅）を食べる。かつては各家庭で作り、配り物にしていたが、今ではスーパーやコンビニでも手に入り、黄な粉、青海苔、白餡など、種類もいろいろだ。また、蓮や菊形の落雁、彼岸団子（白い団子、あるいは団子を盛った形の干菓子）を仏壇に供える地域もある。

四月

花見では、花見団子や桜餅がおすすめ。「花より団子」ではなく、「花も団子も」楽しみたいものだ。また、釈迦の降誕を祝う四月八日の灌仏会（花祭り・降誕会）に草団子やぼた餅を作る地域もある。

五月

五月の代表的な行事は、端午の節句だろう。鯉幟をかかげ、武者人形を飾り、男子の健やかな成長を祝うが、もともとこの日は厄を払う日で、香りの強い菖蒲の葉を屋根にふいたり、菖蒲酒を飲んだりした。菖蒲が尚武に通じるため、男子の成長を祝う意味が強くなり、江戸時代には今日のような祝い方が定着したという。この日に食べる菓子が粽と*柏餅だ。粽は平安時代、柏餅は江戸時代より端午の節句に用意されている。また、武者人形や鯉幟などを模した菓子も作られる。

第二日曜日の母の日には、カーネーションをイメージした和菓子を出す店もある。

六月

六月一日は氷室の節句といい、冬の間に氷室に貯えた氷を取り出し、幕府や宮中に献上する行事があった。これにちなみ、六～七月には氷室や氷に関わる菓子が目につく。金沢では無病息災を願って七月一日に氷室饅頭を食べる習わしがある。

一六日は「和菓子の日」。旧暦のこの日に菓子を食べて厄を払う嘉祥（嘉定）という行事があったことにちなむ。嘉祥は室町～江戸時代に盛大に行われた後、明治時代に廃れたが、一九七九年、全国和菓子協会によって「和菓子の日」として蘇った。この日、*嘉祥菓子や、協会のマークを焼印で押した嘉祥饅頭などを売る店もある。三〇日の夏越の祓には、京都を中心に*水無月を食べる風習がある。

近年では、第三日曜日の父の日に向けて、オリジナルパッケージやメッセージつきの和菓子ギフトを提案する店も増えている。

「千代田之御表　六月十六日嘉祥ノ図」（国立国会図書館蔵）
江戸城では大名や旗本が菓子を賜った。

七月・八月

七月七日は七夕祭り。織姫（織女）と彦星（牽牛）が天の川を渡り一年に一度逢うという伝説で知られる。七夕と書いて「たなばた」と読ませるのは、神を迎えるために水上に棚作りをして、聖なる乙女が機を織る棚機の行事があったことに由来する。また、この日、祓いの行事や収穫祭なども行われていた。こうした日本固有の行事に、中国伝来の織女・牽牛星の伝説や乞巧奠（女子が織女星に裁縫や歌舞、音楽、詩歌の上達を願う行事）が結びつき、現在の七夕が生まれたと考えられる。短冊に願い事を書くのも、乞巧奠の名残だろう。

七夕に用意した菓子といえば、唐菓子[*]の一つ、索餅があげられる。索餅は小麦粉と米粉を練って縄状にした食物。江戸時代、虎屋でも宮中に納めていた記録[1]があるが、現在は作られていない。ちなみにこの索餅が素麺になったとして、現在七月七日は素麺の日とされている。最近の和菓子屋では、七夕の浪漫的な星伝説に想を得て、糸巻や天の川、星に見立てた菓子を作ることが多い。

夏の土用には、夏ばてを防ぐために土用餅*が作られる。また、先祖の霊を迎え慰め、あの世に送り出す盆行事（地域によっては八月に行う）では、お供え用に蓮*や果物をかたどった落雁（らくがん）や「お迎え団子」、「送り団子」などを用意する。

九月

新暦になった現在、八朔（はっさく）（旧暦八月一日）の行事を九月一日に行うところが多い。稲の収穫を前に初穂を神に供え、豊作祈願をしたり、新穀を贈り合ったりする。馬節句として、男子の生まれた家へ新粉で作った馬を贈る（香川県丸亀市）など、新粉細工*を贈り物や供え物にする風習もある。[2]

九月九日は陽数（奇数）の極（きわみ）、九が重なることから重陽（ちょうよう）と呼ばれ、五節句の一つに数えられる。平安時代の宮中では菊*を観賞し、歌を詠み、菊の花を浮かせた酒を飲んだ。この日の慣習として「菊の着綿（きせわた）」があった。これは重陽の前夜、菊に真綿を置き、香りと露を移し、翌朝その真綿で身をぬぐい、長寿を願ったもの。菓子も九月には菊をイメージしたものを作る店が多く、「重陽」「着綿」の銘がよく使われる。また、重陽は栗節句とも呼ばれ、栗*を食べる習慣があったことから、栗をかたどった生菓子も作られる。

お彼岸にはおはぎが定番。名前の響きからも、おはぎは秋の方がしっくりくるようだ。

そして秋は月見の季節。中秋の名月は旧暦八月一五日で、新暦の場合、九月中旬から下旬になることが多い。月見団子*のほか、月にゆかりあるうさぎ*やすすき*、芋名月にちなみ、里芋の意匠の生菓子や干菓子などが作られる。

第三月曜日の敬老の日には、鶴亀や菊など、長寿を願った意匠の菓子を作る店もある。

一〇月

旧暦九月一三日の十三夜は、新暦では一〇月中旬〜下旬にあたる。中秋の名月同様、団子ほか月にちなんだ菓子が作られる。近年ではハロウィン(万聖節の前夜の一〇月三一日に行われる祭り)にちなみ、かぼちゃやゴースト、魔女などをイメージした菓子を見かけることが増えてきた。

一一月

旧暦一〇月の亥の日には、万病を防ぎ、子孫繁栄を願って亥の子餅(いのこもち)*を食べる習わしがあった。新暦の現在では亥の子餅を一一月に作ることが多く、茶道の炉開きの菓子として使われることもある。また、子どもの成長を祝う七五三では、長寿を願って千歳飴(ちとせあめ)*や、鈴、鳥居ほか、お参りに関わる意匠の生菓子、小さな饅頭などが用意される。

一二月

一年でもっとも日が短くなる冬至には、体の血行を良くする柚子湯(ゆずゆ)に入る習慣がある。菓子でもこの時期、柚子*を使ったものが多く、柚子入りの饅頭や羊羹(ようかん)*などの季節限定商品が作られる。また、クリスマスにちなみ、ツリーやサンタを模した生菓子も見かける。

1「後陽成院様御代より御用諸色書抜留」(虎屋黒川家文書)の安永(一七七二〜八一)頃の記事より。

2 一月七日(人日(じんじつ))、三月三日(上巳)、五月五日(端午)、七月七日(七夕)、九月九日(重陽)の五つの節句。江戸幕府が公式行事に定めたが、明治六(一八七三)年、太陽暦の採用の折、公的には廃止されている。

▼参考『聞き書 ふるさとの家庭料理』全二〇巻・別巻一、農山漁村文化協会、二〇〇二〜〇三。

コラム　幻の菓子

かつては誰もが知っていた菓子が、時代の流れとともに、姿を消してしまうこともある。名前は残っても製法が変化したもの、製法が似ていても名前が異なるものなどもある。いくつか紹介したい。

青差し（あおざし）

『枕草子』二二二段に五月五日の出来事として、「いとをかしき薬玉（くすだま）どもほかよりまいらせたるに、青（あお）ざしといふ物を持て来（もてき）たるを」と見えるのが、初出だろう。当時の製法は不明だが、間食としてその後も作られたようで、芭蕉の俳句にも「青ざしや草餅の穂に出つらん」がある。江戸時代後期の国語辞書『倭訓栞（わくんのしおり）』（一七七七〜一八八七）には「青麦を煎（いり）て臼（うす）にて碾（す）れば、縒（よ）りたる糸の如し」と見える。昭和に入っても、東京・奥多摩では作られていたそうだが、今ではその名を聞くこともなくなってしまった。青麦の穂を焙烙（ほうろく）で煎り、臼（うす）で搗（つ）き、塩、いんげん豆などを混ぜて練り合わせたものだったという。

▼参考　奥多摩町誌編纂委員会編『奥多摩町誌　民俗編』奥多摩町、一九八五。

幾世（いくよ）（代）餅

落語の「幾世餅」は、搗き米屋の奉公人、清蔵が吉原の姿海老屋（すがたえびや）の幾世太夫に恋いこがれ、ひたすら働いて金をため、彼女を女房にし、その名をつけた餅を売るというもの。この噺には実話があるのをご存じだろうか。車力頭だった喜兵衛が、吉原の女郎幾世を身請けし、元禄一七（一七〇四）年幾世餅を売り出し、繁盛したことがもとになっている。餅自体は焼き餅に餡をつけた素朴なものだったが、幾世自ら焼いたことが話題になったとか。江戸っ子の心をとらえたのか、その後、同名の菓子を売る店が増え、人気となった。

▼参考　伊東蘭洲『墨水消夏録』一八〇五序（『燕石十種』第二巻、中央公論社、一九七九所収）。

今坂餅

江戸時代、江戸名物として名を馳せたもの（明治時代にも多少作られており、今も同名の菓子はある）。名前は、美作地方（現在の岡山県北部）の餅菓子が江戸に伝わり、「今を盛りの評判の餅」の意味で「いまさか」と訛ったともいわれる。『物類称呼』（一七七五）に、「筑紫にてけいらんと云あり、江戸にて云米まんぢうの丸き物にて、今江戸にてはいまさか餅といふに似たり」と見える。米饅頭が米粒の形に似ていると伝えられることから、丸みを帯びた卵形だったとも考えられる。餡入りの餅で、白・赤・緑などの色があったという。

有卦菓子

陰陽道によれば、人間は五行（木火土金水）のいずれかに属しており、それにより幸運、凶運の年回りが違うという。幸運の年回りに入ることは「有卦入り」と呼ばれ、吉事が七年続くとしてお祝いをする習わしがあった。江戸時代、有卦祝いは民間に広まり、福にちなんでか、筆、風呂敷、袱紗など、ふの字のつくものを贈るのが常となった。このため菓子でも富士山、藤*、ふくら雀などをかたどった落雁*などが用意され、「ふの字尽し」の菓子を盛った船まで作られた(前頁図は『実験和洋菓子製造法』を参考にしている)。大正時代までこうした「有卦船」は作られていたが、残念ながら関東大震災以後、姿を消したという。

けさちいな

南蛮菓子*の一つ。チーズタルトのようなポルトガルの菓子 Queijada が語源と考えられる。『古今名物御前菓子秘伝抄』(一七一八)には「けさいなもち」の名で見え、砂糖を加えた小麦粉生地でかぼちゃ(原文はぼうぶら)の餡を包み、カステラ鍋で上下に火を置いて焼く旨が見える。日本ではかぼちゃ餡で代用したのだろう。

胡麻胴乱

銅乱とは銭や印鑑、薬や煙草を入れる小物入れで、腰や肩、手にさげて使う。胡麻胴乱は胡麻を使った焼菓子で、中が空洞になっている。随筆『松屋筆記』(一八一八～四五頃)によって、見かけはうまそうだが中身がなく、まずいため、見かけ倒しの意味があったことがわかる。この「胡麻菓子」から、「ごまかす」という言葉が生まれたとも伝えられる。現在同名の菓子を見ることはないが、長崎の一口香が近いだろう。こちらは黒砂糖の風味も香ばしい名菓である。

達磨隠

柑橘類の九年母を砂糖漬けにしたもの。江戸時代の図説百科事典『和漢三才図会』(一七一二序)に絵入りで紹介されている(三〇三頁)。禅宗の始祖、達磨が少林寺で壁に向かい、九年間座禅を続けたという「九年面壁」の逸話にちなんだ名で、江戸っ子のユーモアを感じさせる。

月見饅

月見用ではなく、成人儀礼ともいえる月見の儀に用意する饅頭である。かつて宮中や公家では旧暦六月一六日に男女の成人(通常一六歳)祝いを行う習わしがあった。成人となる男女は、饅頭に萩の箸で穴をあけ、月をのぞき見た。公家の東園基量の日記『基量卿記』の元禄四(一六九一)年、六月一六日の条によれば、饅頭は「七寸許」(直径約二一センチメートル)で、かなり大きい。なお、虎屋の安政七(一八六〇年三月に改元)年の「大内帳」には、孝明天皇の妹、和宮の月見御用の記録が残る。大正時代の見本帳には、中央に紅の点がついた平たい饅頭として描かれている。

白雪糕

越後(新潟県)に生まれ、諸国を放浪し、多くの書、和歌を残した良寛は、「白雪羔(糕)少々御恵たまはりたく候」という手紙を「菓子屋三十郎」(菓子を作ってくれた幼馴染の呼称という)あてに書いている。年号の記載はないが、亡くなる前年の文政一三(一八三〇)年と推定される。

白雪糕は、江戸時代によく作られた菓子で、『物類称呼』(一七七五)によれば、仙台では算木菓子(占いに使う算木の形にちなむ)とも呼ばれていた。うるち米を粉にして砂糖を混ぜ、蒸したものといい、芡実(スイレン科オニバスの実)、蓮肉(蓮の実の白い胚乳)、山薬(ヤマノイモの粉末)を入れることもあった(薬白雪糕)。病に伏していた良寛もこうした滋養に富むものを求めたのだろうか。乳児や病人用に重宝で、川柳にも「七人目白雪こうで育て上げ」がある。しかし、しだいにいら粉などの熱処理した米の粉を使う落雁と同様の製法になり、両者の区別はなくなった。今でも地域によって落雁のような干菓子を「はくせんこう」と呼ぶのは、白雪糕の名残だろう。

ひろうす

関西では「ひろうす」(飛龍頭)、関東では「がんもどき」として親しまれている豆腐料理の一つだが、「ひろうす」の名は南蛮菓子の一つ、ポルトガルのFilhós(小麦粉に卵を混ぜ、油で揚げ、砂糖をかけたもの)がもとになっている。『南蛮料理書』(江戸時代中頃か)には「ひろうす」として、もち米の粉を蒸して練り、すり鉢にあけ、とき卵を加え、すってかたい糊のようにし、油で揚げ、砂糖蜜に浸し、上に金平糖をかける製法が記されている。

りん

砂糖の衣をかけたあられ*のようなもの。「りん」とは、関西で使われる料理用語「輪掛け」(主体になるものに別の材料をかけること)からきているのだろう。「りん」「小りん」「菊りん」などが作られていたが、今や聞かない名になってしまった。

▼参考　今村規子「「りん」と「みどり」」(虎屋文庫機関誌『和菓子』八号、二〇〇一所収)。

このほか、過去に一世を風靡し、親しまれたものの、幻の菓子になった菓子は数多い。町おこしやイベントなど、何かの機会に各地で復活してもらえれば幸いである。

第二部　モチーフ編

青梅

あおうめ

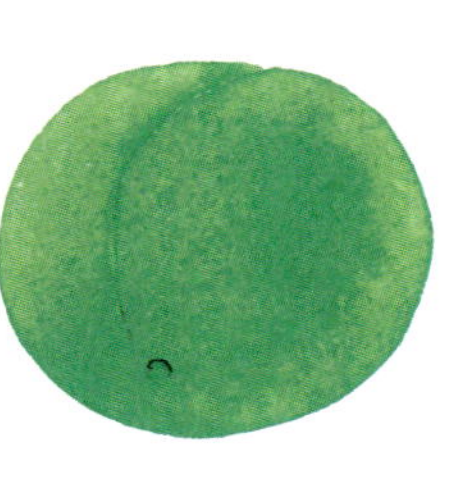

六月にもなると、梅の実は急に育ち、丸々としてくる。梅林として名高い所を訪ねてみれば、青々とした実が鈴なりになっている様が楽しめるだろう。深呼吸して梅の甘酸っぱい香りを吸い込んでみるのも気持ち良い。

梅は熟すと黄色くなってしまうので、青いうちに収穫し、梅干しや梅酒を作る。砂糖を入れてじっくりと甘くたきあげた甘露煮の梅は、桃山＊や錦玉羹＊(きんぎょくかん)の中に入れるなど、製菓材料として使いやすい。葛切(くずきり)やみつ豆に添えてもよく、清々しい香りとさわやかな後味が口中に広がる。

六月には青梅をかたどった生菓子もよく目にする。求肥＊(ぎゅうひ)や外郎＊(ういろう)などの生地を薄緑に染め、白餡(しろあん)を包み、形作ったもので、梅らしく筋を入れたり、くぼみを加えたり、細かな工夫が職人技を感じさせ、見事だ。また、中に甘露煮の梅を入れて、味に変化をつけたものもある。

京都の京菓子司末富(すえとみ)の三代目山口富藏『京・末富 菓子ごよみ』(二〇〇二)には、青梅形の生菓子について「写実的に作るものの中では、最も優れたものかと思っています」と書かれている。作りながら「梶井基次郎(かじいもとじろう)の作品『檸檬(レモン)』にも負けない〝存在感〟のあるものにしたい」と心を込めるとのこと。それだけこの形には、作り手を魅了する造形美があるのだろう。

手作りゆえ、一つとして同じものはない。時には梅の表情にも目を向けて、じっくりと味わいたいものだ。

《季語　夏》

朝顔
あさがお

『源氏物語』の登場人物の一人、朝顔の君は、源氏の愛を唯一受け入れなかった女性とされる。源氏より年上の気高く思慮深い女性として描かれているが、どうも朝顔のイメージとは合わないような気がしてならない。毎年朝顔市が夏の風物詩として話題になるように、朝顔はどこか庶民的なイメージ。清らかさや親しみやすさが魅力になっていると思う。

和菓子の世界でも朝顔は人気のあるモチーフで、夏には欠かせない。江戸時代に朝顔の栽培が流行って以降、花びらに切れ目があったり、色がぼかしになっていたりと、「変り朝顔」が数多く工夫されてきたが、菓子では、典型的な花の姿が好まれるようだ。丸く花形をかたどった生地の中央をへこませ、露*に見立てた*錦玉羹(きんぎょくかん)をのせたり、葉の形に抜き取った煉羊羹(ねりようかん)を脇に添えたり、表情豊か。夏の朝にふさわしい趣を漂わせている。

朝顔で思い出されるのが、元禄（一六八八～一七〇四）の頃、一世を風靡(ふうび)した朝顔煎餅。江戸京橋北八丁堀(現在の東京都中央区)の藤屋清左衛門が考案したといわれるもので、『俚言集覧』(一七九七〜一八二九成)によれば、上が開き、下がつぼまった形が朝顔に似ていたという。おそらく小麦粉生地を焼き、巻いてラッパ状にしたものだろう。歌舞伎十八番の「助六」では、この朝顔煎餅をもじった朝顔仙平が、煎餅尽くしの啖呵をきる場面が知られる。煎餅全体の売り上げに一役買ったと思われるが、肝心の朝顔煎餅はいつのまにか姿を消してしまったようで残念だ。

《季語 夏》

紫陽花

あじさい

薄紫や紺青の小花(ガク)が集まって、手毬のように見える紫陽花。梅雨時のうっとうしさをひととき忘れさせてくれるような優しい色合いが魅力だ。その名はアジ(集)アイ(藍)、つまり藍色の集まった花の意からきているという。

紫陽花は奈良時代には日本にあったようで、『万葉集』に

あぢさゐの八重咲くごとく八つ代にをいませ我が背子見つつ偲はむ

(巻二〇・橘 諸兄)

と、八重咲きにかけて、愛しい人の長命を願う歌が見える。

異名も多く、四枚ずつついたガクの姿から「よひら」、手毬のような形

から「手毬花」、色がわりするため「七変化（しちへんげ）」とも呼ばれる。菓子では愛らしい「手毬花」のイメージが強いといえるだろう。女性の浮気心を表すという「七変化」の妖しさはあまり感じられない。よく見かけるのは、白い餡玉（あんだま）の周りに、采（さい）の目切りにした青や紫の錦玉羹（＊きんぎょくかん）をつけたもの。錦玉羹をどんな色合いにするかに、作り手の個性が表れる。淡雪羹を表面にかけたものなどは、雨にぬれそぼった花の姿を思わせて奥ゆかしい。

おもしろいアイディアだと思うのは、紫・白・紺など、様々な色の小さな金平糖（＊こんぺいとう）を寄せ集め、紫陽花に見立てたものだ。小さなガクが皆甘いものでできているとは、なにやら愛しい。《季語 夏》

あやめ・かきつばた

花びらのもとに、紫の網目文様があるのがあやめ、その部分に黄色い筋があるのがかきつばた……。あやめとかきつばたの見分け方はよく話題になるもの。同じアヤメ科とはいえ、実物を見ると、なるほど確かに違うと実感できるが、菓子ではある程度抽象化されてしまい、こうはいかない。菓銘だけが頼りになるが、それもない場合は、好きな方を思い浮かべればいいかもしれない。

古典文学とのつながりでいえば、菓子ではかきつばたがモチーフになることが多い。「八橋（やつはし）」「三河の沢」「唐衣（からこ（ご）ろも）」などの菓銘であれば、『伊勢物語』第九段の歌にちなみ、かきつばたに間違いなしだ。

これは、在原業平（ありわらのなりひら）が三河の国八橋（愛知県知立（ちりゅう）市内）で、かきつばたの五文字を頭に置き、妻を思って

詠んだ歌、
　唐衣きつつなれにしつましあればはるばるきぬる旅をしぞ思
によったもの。尾形光琳の「燕子花図屏風」(根津美術館蔵)や「八橋蒔絵螺鈿硯箱」(東京国立博物館蔵)が、『伊勢物語』を下敷きにしているのはよく知られている。

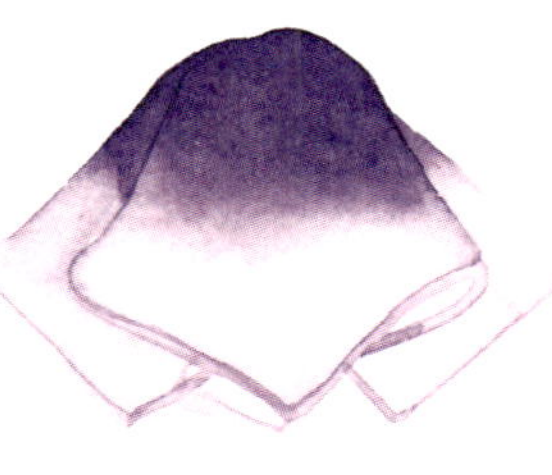

　菓子では、薄紫の生地をかきつばたに似せて折り畳んだものが、折り紙を思わせ、洒落ている。ちなみに虎屋の「唐衣」は、文政一三(一八三〇)年、光格上皇の命銘によるもの。紫と緑に染め分けた饅頭で、かきつばたの花と葉の色を表している。かさねの色目の美意識に通じるところが雅びだ。
《季語　ともに夏》

平安時代の貴族の衣装などに見られる色の組合せ。衣の表裏、重ね着の袖、襟、裾口などに見える配色を季節ごとに考慮し、植物名をつけたもの。かきつばたでは、表二藍・裏萌黄。

銀杏　いちょう

　街路樹として日頃見かけることの多い銀杏が、実は中国原産で、「生きている化石」といわれるほど太古からある植物だと知ったときは意外に思ったものだ。

　日本にも早くから渡来したといい(仏教伝来時ほか諸説あり)、材は彫刻や建築、身近なところでは将

棋盤（ぎばん）などに使われ、実は食用として役立ってきたかのような植物といえるが、興味深いのは、扇形に近いその形が、髪の結い方、野菜の切り方などに取り入れられたことだ。「銀杏髷（いちょうまげ）」といえば、髷を銀杏の葉の形にした女性の髪の結い方、「銀杏頭（いちょうがしら）」は男子の髷の一種で、はけ先を銀杏の葉の形に末広く広げたものという具合で、「銀杏切り」は、今もなお料理用語として使われている。

銀杏は葉柄（ようへい）が長くて細いため、舞鶴にもたとえられる。そういわれてみると、優雅にひらひらと落ちてゆく様には、通じ合うものがありそうだ。家紋にも舞鶴を思わせる「銀杏菱」や「違い銀杏紋」などがある。

菓子では黄色い*外郎（ういろう）生地を折り畳んだり、*雲平（うんぺい）を型抜きしたりして銀杏の葉を形作る。*吹き寄せの場合は、赤色系の楓（かえで）や緑の松葉のなかにあって、銀杏の鮮やかな黄が目を引く。実の形の白い打物を添えることもあり、より秋らしさが増す。銀杏には申し訳ないが、菓子ではあの強烈な臭いが漂わないので安心だ。

《季語　秋》

卯の花　うのはな

卯の花はアジサイ科の落葉低木、卯木（うつぎ）の花が省略された呼び名という。初夏に咲く真っ白な小花は、

可憐で愛らしい。雪にたとえられることもあり、

　時分かず降れる雪かと見るまでに垣根もたわに咲ける卯の花

　（『拾遺和歌集』夏・読人知らず）

といった歌も残されている。

また、旧暦四月を「卯の花月」、この頃降り続く雨を「卯の花腐し」、この時期の曇天を「卯の花曇り」ということからも、親しまれた花だったことがうかがえる。そういえば、豆腐のしぼり滓、オカラはその色や形状から卯の花とも呼ばれる。「オカラ」が、滓すなわち「から」に接頭語の「お」をつけた言葉なのに対し、風流な言い回しである。「卯の花漬け」「卯の花あえ」「卯の花汁」などの料理名が伝えられるが、名前により、料理もおいしく上品に感じられるのだから、昔の人の見立てには頭が下がる。

卯の花の品の良さは、平安時代の貴族も認めていたのだろう。装束のかさねの色目（一七七頁）の一つにもなっており、表白・裏青という、花と葉を思わせるわかりやすい配色だ。菓子でも同様に、白と緑の配色の*きんとんや*羊羹が江戸時代から作られており、「卯の花重ね」「卯の花垣」などの名前がついている。花の姿をかたどったものを見ることもあるが、円錐状の五弁の花の特徴を菓子で表すのは難しそうだ。一輪ではなく、集合体として表現する方が、その美しさが際立つような気がする。

《季語　夏》

梅

うめ

梅は中国文化崇拝が強かった奈良時代に日本にもたらされ、文人趣味に合う植物として貴ばれた。きりっとした枝ぶり、馥郁たる香りが気高い君子を思わせたのだろう。学問の神様、菅原道真が愛した花としても知られ、

東風ふかばにほひをこせよ梅花主なしとて春を忘るな

（『拾遺和歌集』雑春）

の歌が名高い。梅の人気は天神信仰にも関わっているのかもしれない。

菓子で梅といえば、新しい年を迎えて最初に作られる花になる。まだ雪が残っているものの、ほころび始めた梅の姿を見つけて、古来、人々は春を迎える喜びを感じてきた。こうした「花の魁」の意から、菓銘では「霜紅梅」「雪紅梅」「寒紅梅」などがよく使われる。

なかでも「霜紅梅」は昔から親しまれたのか、江戸時代の菓子製法書『古今名物御前菓子図式』（一七六二）に絵図つきで紹介されている。紅梅をかたどった生地に、氷おろし（氷砂糖をおろしたもの）をふりかけたもので、氷おろしが荒粉にかわったとはいえ、現在でも同じ意匠の菓子が作られている。

梅はまた、凜とした気品を感じさせる花。絵画にも数多く描かれており、「紅白梅図屏風」（MOA美

術館蔵）に代表される尾形光琳（おがたこうりん）の作品がよく知られる。光琳による梅の意匠は後に「光琳梅（こうりんうめ）」として広まり、着物や工芸品ばかりか、菓子にも取り入れられるようになった。シンプルながら飽きのこないデザインにはいつも感心させられる。

《季語　春》

柿
かき

柿は中国原産で、奈良時代には今日見るような大きな柿が日本に伝来したという。『万葉集』の歌人、柿本人麻呂（かきのもとのひとまろ）の名も、庭に柿の木があったことにちなむといわれており、昔から身近な果物だったようだ。

柿の魅力といえば、味わいは別として、まず光沢ある独特な朱紅色が思い浮かぶのではないだろうか。その艶（つや）やかな色を焼き物に写しとろうと、佐賀有田の陶工柿右衛門が情熱をかけた逸話はよく知られるところ。柿右衛門でなくても、秋も深まった頃、旅先の車窓から見た真っ赤な柿の色の美しさにはっとすることはあるだろう。

菓子でも鮮やかな色合いの熟柿（じゅくし）がよくかたどられる。俳味も漂っており、「柿くへば鐘がなるなり法隆寺」（子規）などの名句が思い浮かぶ。菓銘には「熟柿」ほか、「木守（きまもり）」や「照日（てるひ）」などがある。「木守」は、柿を一個だけ残し、熟させ、来年もよく実るようにと木を守らせる風習にちなむ。なお、江戸時代の菓子見本帳では、「人丸（ひとまる）」と名のついた干柿（ほしがき）形の絵図を見ることがあるが、これは柿本人麻呂を暗示しており、判じ絵風だ。ちなみに干柿の中に餡（あん）を詰めた和菓子も各地で作られている。

近年は柿の国際化が進んでおり、フランスやニュージーランド、オーストラリアでも栽培されているという。その名も日本と同じ「カキ」。柿形の菓子も国外で好まれるかもしれない。《季語 秋》

桔梗

ききょう

桔梗といえば、青紫の花色と整った花弁の形が印象的だ。一茶の「きりきりしやんとしてさく桔梗哉（かな）」は、その風情をうまく表していると思う。
端正な姿が好まれてか、菓子でも花の形を手技で丁寧に作ったり、金型や木型でかたどったりしたものがよく見られる。なかでも桔梗にすすき*や女郎花（おみなえし）などの秋草を配した落雁（*らくがん）の意匠は、扇絵（おうぎえ）や襖絵（ふすまえ）を見るような優雅な雰囲気がある。
現在、桔梗は初秋の花というイメージが強いが、旧暦を使っていた時代には、七夕にゆかりのある花とされていた。開花時期にあたることを思えば不思議ではないが、意外に思う人も多いだろう。
七夕には、近衛（このえ）家が宮中に花扇（はなおうぎ）を献上する行事があった。花扇は、桔梗の花を含む七種の草花を扇状に束ねたもので、花使いによって届けられたあと、池に浮かべられ、織女星と牽牛星の手向けにされた。星伝説にふさわしい、なんともゆかしい行事で、虎屋にはこれにちなんだ「花扇」という菓子が江戸時代から伝えられる。桔梗の花形を浮かべた扇形の琥珀羹で、花が星の形にも見える、夢のあるデザインだ。

「花扇」にからめて紹介したくなるのが宮沢賢治の『銀河鉄道の夜』の描写だ。「美しい美しい桔梗いろのがらんとした空の下……」という記述を読むと、花扇が浮かべられた池の真上に、深みのある桔梗色の天空が広がっている情景を想像してしまう。

《季語 秋》

菊

きく

天皇家や皇族の紋章になっていることもあり、菊は桜とともに日本を代表する花とみなされている。しかし、もともとは薬として奈良時代の頃に中国から伝来した植物。平安時代には、不老長寿を象徴する花として宮中で愛された。九月九日の重陽の節句は菊の節句とも呼ばれ、菊を観賞し、歌を詠み、花びらを浮かべた酒を飲むなど、宴が催された。奥ゆかしいのは着綿の風習だ。重陽の前夜、菊花に真綿を置き、翌朝、露を含ませた真綿で身をぬぐい、長寿を願うものである。

菊には霊力があるとされ、菊の露を含んだ地下水を飲むと長生きをするという中国の「菊の下水（したみず）」の伝説が有名だ。南北朝時代の武将、楠木正成（くすのきまさしげ）などの菊水文様の家紋や能の「菊慈童（きくじどう）」もこうした伝説をふまえたものだろう。

菓子でも菊形の煉り*切りに白いそぼろや円形の生地を置いて着綿を表したり（前頁図）、菊水紋の木型や焼印などを使ったりする。季節でいえば秋の花になり、「乱れ菊」「八重菊」「嵯峨菊」など、実物同様、意匠は多様だ。桃山*や最中*（もなか）などの通年販売の菓子の意匠にも好まれ、敬老の日や長寿のお祝い、通常の贈答品など、様々に使われている。実演見学をおすすめしたいのが「はさみ菊」。生地にはさみで切り込みを入れ、一枚一枚、花びらを作りながら、大輪の菊に仕上げていく。華やかで人目を引くことから、菓子博覧会などの展示品として作られることが多い。

なお、皇室使用の菊形の菓子の形は紋章の一六弁に決まっており、一般の菓子には用いられない。

《季語　秋》

栗　くり

栗は日本人の食生活に欠かせない木の実で、古くは縄文時代の遺跡から発見されている。時代は下り、『万葉集』にある山上憶良（やまのうえのおくら）の歌「瓜食（は）めば子ども思ほゆ栗食めばまして偲（しぬ）はゆ……」（巻五）からも、栗が身近な食べ物だったことがうかがえる。栗の甘みは、誰からも愛されるものと思うが、極端な例では、『徒然草』に、栗ばかり食べて米の類を食べなかったため、婚期を逃した娘の話がある。また、狂言の「栗焼」は、太郎冠者が主人に言いつけられて四〇個の栗を焼くが、あまりにもおいしそうなので次から次へと食べてしまう滑稽な内容だ。

栗羊羹、栗饅頭、栗鹿の子、栗きんとんなど、栗を使った菓子は数多い。歴史があるのは『日葡辞書』（一六〇三）にも見える栗粉の餅。栗の粉をまぶした餅だが、現在では栗餡のそぼろをつけた*きんとんの名にもなっている。

栗をかたどった生菓子なら、季節の先どりで晩夏から店頭に並ぶ。*こなし生地で餡を包み、栗形にしたもの、きんとんそぼろのいがにくるまれたものなどがあり、山道にぽつんと落ちている様を想像させる。

栗の菓子には「重陽」「栗名月」などの名がついたものもある。これは、旧暦九月九日の重陽の節句に栗飯を用意したり、旧暦九月一三日の十三夜に、栗を供えたりする風習に関連している。行事に合わせて、栗菓子を賞味するのも乙なものだろう。

《季語　秋》

小芋　こいも

小芋とは里芋の別称である。江戸時代には芋といえば里芋のことで、「村月見こふべをたれて芋を喰い」(『柳多留』)と川柳にあるように、月見に供えて食べる習わしがあった。里芋の連想からなのか、関西では月見団子も丸形でなく、芋形にする。

菓子でも、秋の風物として里芋形が見られる。こなしなどの白い生地を芋形にこしらえ、肉桂(にっけい)や焼きごてを使って芋皮の風情を出し、本物そっくりにちょこんと子芋をつける。「小芋」「里芋」「衣(きぬ)かつぎ」(皮のついたまま蒸した芋)などの菓銘がついており、俳味があるとして、俳人にも好まれると聞く。店によっては、蒸した里芋を裏漉(うらご)しし、砂糖を加えた生地で作るなど、見かけと味わいを一致させている。薩摩芋や山芋を素材とした菓子はいろいろあるが、里芋を使ったものは珍しいといえるだろう。

ちなみに小芋形のように肉桂で質感を出すものに、筍(たけのこ)形もある。手順としては、こなし生地を専用の木型にあて、一枚一枚皮を作り、本体となる生地に糖蜜(とうみつ)ではりあわせ、本物らしく立体的にしていく。皮の筋はすでに木型でついているので、あとは筆を使い、肉桂を加えた蜜で色をつけてできあがり。おいしそうな茶色になる上、香りも良い。仏事用として、胡瓜(きゅうり)や西瓜(すいか)などを形作った菓子とともに、皿に盛る例がある。

《季語 秋》

桜

さくら

桜ほど日本人に愛されている花はないだろう。毎年のことといいながら、各地から桜の便りが聞こえ始めるとわくわくする。桜との出会いを求め、あちこち散策してみたくなるから不思議だ。

桜が気になり出したら、ちょっと趣向をかえて、和菓子で花見もおすすめ。「初桜」「薄桜」に始まり、満開時には「花錦」「桜山」、そして散り時は「ひとひら」「花ふぶき」など、優雅な菓銘はもちろん、菓子の色や形からも桜の移ろう姿が楽しめる。

その手法も多種多様で、桜の花の姿を本物そっくりに形作るものもあれば、桜色の*羊羹(ようかん)やそぼろで、小花の集合体を表し、野山が染まる様に見立てたものもある。散りゆく花びらの姿も絵になり、筏(いかだ)や流水、*扇や*霞、御所車など、ほかのモチーフともうまく調和するため、和菓子で桜を題材にしたものは数多い。賞味しながら、花の魅力や各地の名所のことなど、桜談義もはずむことだろう。

和菓子屋で桜の花の菓子を見ていると、『古今和歌集』(春歌上)にある素性(そせい)法師の

見てのみや人に語らむさくら花手ごとにおりて家(いえ)づとにせん

が思い浮かぶ。桜のあまりの美しさに、手折(たお)って土産に持ち帰りたいという素直な気持ちを詠んだ歌だが、同様な思いで、気に入った桜の菓子を求め、家でゆっくり味わいたくなる。

《季語 春》

笹・竹

ささ・たけ

『竹取物語』の主人公、かぐや姫は竹から生まれたお姫さま。なぜ竹なのか、子ども心に不思議だったが、後年、竹が神様の依代(よりしろ)であることを教えられ、昔話の謎がとけた気がした。七夕に笹を用意し、願い事を書いた短冊をつるすのもその神聖さによるといえよう。また、竹は幹がまっすぐな上、節があり、清らかな緑色を保ち続けていることから、君子(くんし)の趣があるとして尊ばれた。文様にも好まれ、*松竹梅の吉祥はもちろん、*雀や虎、*雪との組合せがよく知られる。

菓子にも、家紋にあるような三枚笹、五枚笹、切竹をかたどった*落雁(らくがん)や*有平糖(あるへいとう)が見られる。生菓子では笹葉や竹の輪を緑の生地で形作ったものなどがあり、みずみずしいイメージだ。*松や*梅同様、冬、とくに正月頃に作られることが多く、雪に見立てたまぶし粉の氷餅(こおりもち)をかけたものなどは、雪持ち笹の風情で、緑がいっそう映えるようだ。

笹団子、*粽(ちまき)、竹筒入り*水羊羹(みずようかん)などがあるように、笹や竹は、包装材としても大切な役割を果たす。青々とした色、植物の生気を感じさせる香りはもちろんのこと、しなやかな性質を利用して作られるパッケージには、日本人の生活の知恵や美意識が宿っているようだ。粽などはその典型で、地方により方錐（ほうすい）、俵、三角など、形も変化に富む。そして羊羹*を包むのには竹皮がよく使われる。渋い風合いが中身の重厚感にぴったりだ。

水仙 すいせん

水仙の花というと、話題になるのはギリシャ神話ではないだろうか。美少年ナルキソスが池に映る自分の姿に恋をして溺死（できし）し、水仙の花に姿をかえたというもので、ここからナルシシスト（自己愛者）なる言葉が生まれたとされる。この神話が印象に残っているせいか、水仙は西洋の香りが漂う花と思えてならない。

実際、水仙の原産地は南欧ともいわれる。シルクロードを経て中国に伝わり、中国経由で日本にも渡来し、自生したとされるが、広まるのが遅かったのか『万葉集』『古今和歌集』などには、水仙らしい花が登場しない。しかし江戸時代には、いわゆる日本水仙が絵画や工芸品の意匠として、様々に取り上げられた。なかでも、しなやかな葉が曲線を描くなかに清楚な花の姿を配した家紋や釘隠し（釘の頭を隠すための装飾的な金具）などは、洗練されていると思う。

正月花とされるため、水仙の意匠の菓子は、一二月下旬から二月にかけて店頭に並ぶ。白い花びらに黄の花冠を配した清々しい姿が、手技や型で巧みに作られることが多く、釘隠しの意匠に通じる木型も存在する。「水辺に咲く、仙境を思わせる花」の意から名前がついたことや、琴の名手、琴高仙人が愛した花という中国の伝承を思い出しながら、優雅に味わいたくなる。

なお、「水仙粽」「水仙饅頭」のように、葛を使った菓子に「水仙」の名が使われる（二七八頁）ことも気にとめてほしいところ。その意味で水仙は季節を問わず、和菓子に縁のある花といえよう。

《季語　冬》

すすき

すすきほど秋にふさわしい草はないだろう。野原いっぱいに群生する姿は、古来数多くの歌や絵画の題材となり、日本人が心を寄せる秋の原風景であり続けてきた。

秋の野の草のたもとか花すゝきほにいでてまねく袖と見ゆ覧

（『古今和歌集』秋歌上・在原棟梁）

すすきの穂が風になびいている様は、人を招いているかのよう。菓子では焼印を使い、線描画風にそうした趣を表現することが多い。といっても、焼印で群を表すには無理があり、一本あるいは数本の意匠になる。シンプルな線だが、太さや微妙な角度ですすきの雰囲気がかわり、焼印にも店のこだわりが出そうだ。焼印は、饅頭*や麩焼(ふやき)煎餅によく使われるが、味わい深いのは黄色の煎餅種を地にしたものだろう。煎餅生地を満月に見立てれば、月見の趣向になるところが心憎い。ちなみに、月見の折、すすきを飾るのは、稲の穂に見立てて豊作を祈るためという。

すすきの意匠の菓子に、「嵯峨野(さがの)」(京都市右京区西部一帯)の銘を聞くことがある。この地は、貴族の別荘が多く、秋草の美しさで知られたところ。『源氏物語』では、六条御息所(ろくじょうのみやすどころ)が、自身の嫉妬から源氏の正妻、葵(あおい)の上を死に至らしめたことを悔い、嵯峨野の野々宮で潔斎する。秋風になびくすすきを、御息所はどんな思いで眺めたのだろうか。

《季語 秋》

橘 たちばな

橘と菓子の関わりは深い。垂仁(すいにん)天皇が田道間守(たじまもり)を常世(とこよ)の国に遣わせて求めさせた「非時香菓(ときじくのかくのこのみ)」(『日本書紀』『古事記』など)は橘であると伝えられることから、橘は菓子の始まりとされ、田道間守は菓祖として兵庫県の中嶋神社を代表に、複数の地域でまつられている。

そのせいか、江戸時代の菓子絵図には黄橙(きだいだい)の橘の実をかたどったものを見ることが多い。たとえば、虎屋の元禄八(一六九五)年の菓子見本帳には「花たちはな(橘)」(三〇一頁)、『古今名物御前菓子図式(ここんめいぶつごぜんがしずしき)』(一七六二)には「橘餅」などがあり、今でも雛祭りの折に似たものを見ることがある。雛壇に置く桜*と橘の飾りものに合わせて作られるのだろう。これは、平安京の内裏の紫宸殿南階下に植えられた左近の桜、右近の橘にちなんでいる。雛人形・菱餅*・桜・橘の実を可愛らしい生菓子にして、セットにしたものなどもあり、女子の節句にふさわしいめでたさが感じられる。

橘は実だけでなく、花の香りも良いことで知られ、古来様々な歌に詠まれてきた。とくに有名なのは、

さつきまつ花たちばなの香をかげば昔の人の袖の香ぞする

（『古今和歌集』夏歌・読人知らず）

だろう。『伊勢物語』第六〇段にも見え、橘の花は懐旧の情をかきたてる象徴として印象づけられることになった。江戸時代の菓子見本帳にも「袖の香」があり、黄の生地に家紋の「向こう橘」に似た形を配した棹物の例が、虎屋のもののほか、見られる。当時の人々はその意匠から古の歌を思い出したことだろう。

《季語　花=夏　実=秋》

蔦　つた

思はずによしある賤の住家哉つたの紅葉を軒に這はせて

（『山家集』秋・西行）

日ごとに紅葉していく蔦の葉を見るのは秋の楽しみの一つだ。蔓がのび、方々に這い広がっていく

姿、そして三つあるいは五つに分かれた葉の形は個性的で、楓とはまた違った趣がある。

菓子では、緑や橙色の生地を合わせるなど、しだいに色づいていく葉の姿がよく形作られる。菓銘については、龍田と楓のように、特定の地名や名所と結びつくことはなく、「蔦紅葉」「秋の錦」「軒葉」などシンプルなものが多いようだ。

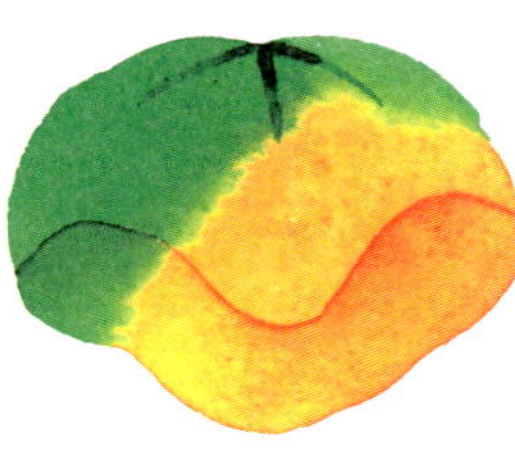

生菓子では葉一枚のデザインが多い。蔦の葉一枚といえば、英語の教科書にもよく掲載されるオー・ヘンリーの『最後の一葉』を思い出す人もいるかもしれない。窓から見える蔦の最後の一葉が落ちたら自分は死ぬだろうと思い込む病の少女。最後の一葉は雨風の中にあっても落ちることはなく、少女を勇気づけ、ついに少女は病を克服する。しかし、実はその一葉は、老画家が少女のために夜中に描いたものだった。蔦には何かに這いついて生きなければならないような頼りなさがあるが、この名高い短編によって、人々に生きる希望を与えてくれる不屈のイメージが付加されたのではないかと思う。

ところで、平安時代には、蔦の樹液を煮詰めて作る甘葛という貴重な甘味料（二七六頁）が貴族の間で使われていた。いわばメープルシロップのようなもので、蔦にこうした実用的な面があることは意外に知られていない。

《季語　秋》

『伊勢物語』第九段に宇津谷峠（静岡県）の蔦の細道があるが、菓銘としては一般に使われない。

つつじ

漢字では躑躅。「躑躅（てきちょく）」と読んで、「躊躇（ちゅうちょ）する」の意味があり、花の美しさに足をとめることからこの名がついたとも解釈される。

つつじの意匠の菓子には、江戸時代から「岩つつじ」や「岩根のつつじ」という菓銘がよく使われる。公園や道端で見る機会が多い花なのになぜだろうと思い、調べてみると次のような歌が目にとまった。

思（おも）いいづるときはの山の岩つゝじ言はねばこそあれ恋しき物を

（『古今和歌集』恋歌一・読人知らず）

この歌に見られるように、かつて岩つつじは「言はねば」を導く、恋の歌に好まれる花だった。言葉遊びもあるが、岩の間に鮮やかに咲くつつじに、古（いにしえ）の歌人は恋の炎を見てとったのだろう。

菓子でも緑のきんとん*やこなし*生地に、紅のそぼろをちりばめて、つつじの花色を表すことが少なくない。可憐な感じがするものの、先の歌を思えば、恋心にも通じているようで艶（つや）っぽい。

江戸時代には、つつじが園芸品種として盛んに栽培され、「つつじ見」なる言葉が生まれたほどだった。あまりにも大衆化し、身近なものになってしまうと、かえって野山に咲くつつじの野性的な美しさに惹かれてしまうのだろうか。恋の歌の連想に加え、山の澄んだ大気によって、つつじの赤色はより鮮明に見えたのかもしれない。菓子に「岩つつじ」「岩根のつつじ」の名をつけた人々の心理を探ってみたくなる。

《季語　春》

椿 つばき

赤い椿白い椿と落ちにけり　河東碧梧桐(かわひがしへきごとう)

椿は、花の形そのままに落ちるもの。誇らしげに咲いている姿が美しいのはもちろんだが、散らずに、雪の積もる道端にそのまま落ちて点在する様にも心惹かれる。かつて武士階級は、椿の花の落ち方が首落ちを想像させるとして忌み嫌ったというが、今ではこうした感性を受け入れる人は少ないだろう。

菓子では一〜二月頃、「玉椿」「姫椿」「白玉椿」「花椿」などの銘のついた、紅や白の端正な椿の姿が形作られる。特徴となるのは個性豊かな花芯の表現だろう。中央のくぼみにそぼろを置いたり、黄色の生地でくっきりと形作って荒粉(あらこ)をつけたりと、花芯はワンポイントになっているようだ。

また、珍しいものに、椿の造花を模した菓子もある。これは東大寺二月堂の修二会(しゅにえ)で供花として飾られる和紙の椿を表しており、黄色のしべに紅白の花弁の形が色鮮やかだ。二〜三月頃、奈良市内で見ることができ、伝統的な行事がより身近に感じられる。
椿は厚みのある艶やかな葉も個性的だ。菓子でも煉り切り*などで葉を作り、花に添えることがあるが、おすすめは本物の椿の葉を使った椿餅*。二枚の葉の間に餅をはさんだもので、『源氏物語』にも登場する。昔は甘葛(あまずら)(二七六頁)で甘みをつけていたというが、現在では餡(あん)入りの道明寺(どうみょうじ)生地で作られることが多い。生地に肉桂(にっけい)を使ったものもあり、香ばしい。

《季語　春》

鉄線・花水木・向日葵

てっせん・はなみずき・ひまわり

和菓子では平安時代の古典文学に登場する植物をモチーフにすることが多いが、次のような植物も目にすることが多くなった。

鉄線

植物らしからぬこの名は、針金のように細く硬い蔓(つる)に由来するという。近世に中国より渡来したといい、工芸意匠としてもてはやされるが、江戸時代の菓子絵図ではなぜかあまり見かけない。物語性に乏しい点で、菓子としての人気は今一つだったのだろうか。近年では、六弁の淡紫の花をかたどった外郎(ういろう)*や煉り切り*などをよく目にする。

てつせんは花火の花のたぐひかな　季吟

花火や風車を思わせるその姿は、夏の和菓子にふさわしい（図）。

《季語　夏》

花水木

ミズキ科の落葉高木。晩春から初夏にかけ、白や薄紅色の苞葉（ほうよう）に包まれた花が咲き、街路を彩ることが多い。日本古来の植物ではなく、明治四五（一九一二）年、東京市長がアメリカに桜の苗木を寄贈したところ、大正四（一九一五）年、返礼として送られてきたものという。別にアメリカヤマボウシの名前もある。

菓子では、光を一身に受けるよう、上向きに開く苞葉の姿が煉り切りなどで形作られる。

《季語　春》

向日葵

夏の強い光を浴びながら、大輪の花を咲かせる向日葵。北アメリカ原産のこの花が日本に渡来したのは、江戸時代に入ってからという。しかし、大ぶりで異国風な花の姿はあまり日本人に好まれなかったのか、絵画や工芸品の題材になることはそれほどなかった。

菓子意匠としては、餡玉（あんだま）の周りに黄色のそぼろをつけたものが代表で、小さな花弁がたくさん集まって咲く様が見立てられる。画家ゴッホの作品やソフィア・ローレン主演の名画「ひまわり」（一九七〇年公開）が思い出されるように、向日葵はヨーロッパで人気のある花。外国人のおもてなしにもおすすめしたい菓子だ。

このほか、ダリアやカーネーション、洋蘭、洋薔薇（ばら）などを見る機会も増えている。

《季語　夏》

茄子

なす

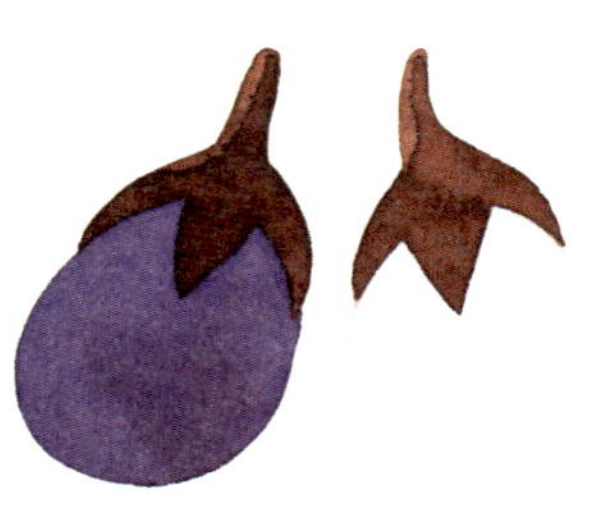

茄子はインド原産で、正倉院文書（しょうそういんもんじょ）にその名が見えることから日本には八世紀頃には渡来したとされる。茄子で思い出されるのは、「秋茄子は嫁にくわすな」という、嫁いびりの姑の言い回しだ。おいしいので嫁に食わせない意味だと教えられたが、秋茄子は体を冷やすことから、嫁の体を案じた、という解釈もあることを後から知り、なるほどと思った覚えがある。

茄子の愛敬ある形は、江戸時代の菓子の意匠にも取り入れられている。古くは虎屋の元禄八（一六九五）年の菓子見本帳に、丸々とした白茄子が描かれており、本物そっくりにへたもついている。

現在も外郎（ういろう）*生地で白餡（しろあん）を包み、茄子形にした生菓子が作られているが、茄子の砂糖漬*の方が知られているのではないだろうか。秋茄子をゆで、砂糖液で繰り返し煮込み、最後に砂糖をまぶして作るもので、長野県、千葉県などの菓子屋の名菓にもなっている。初夢に見て縁起が良いという「一富士、二鷹、三茄子」にちなみ、名前に「初夢」の文字を入れたものも見られ、新年の贈り物にもふさわしい。実際の茄子よりも水分がとんで、細く小さくなってしまうが、夢の結晶とでもいいたくなるような趣がある。

《季語　夏》

由来には諸説あり、『嬉遊笑覧』（一八三〇序）などによれば、駿河の諺で、駿河の名物とされたものという。また、茄子は「成す」にかけ、幸先がよいという解釈もある。

撫子
なでしこ

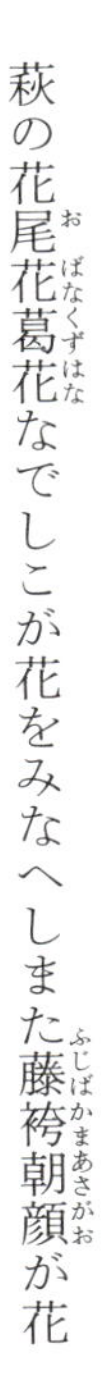

萩の花尾花葛花なでしこが花をみなへしまた藤袴朝顔が花

（『万葉集』巻八）

山上憶良が詠んだ秋の七草はつとに有名。順に萩*、すすき*、葛の花、撫子、女郎花、藤袴、そして最後は桔梗*の花を指すといわれる。どの花にも持ち味があるが、万人受けするのはどれかと問われれば、撫子と答えたくなる。子どもを撫でいつくしむ意の「撫子」という漢字にふさわしく、その魅力は誰にでも愛される可憐で楚々としたところにあると思う。『万葉集』の代表的歌人、大伴家持が愛した花といわれるが、清少納言もお気に入りだったようで、『枕草子』六四段に「草の花は、撫子。唐のはさら也、大和のもいとめでたし」と書いている。中国伝来の唐撫子（石竹）がよりたたえられているが、「大和撫子」（日本産の撫子）は後年、支持を集めてか、理想的な日本女性を呼び表す言葉としても使われるようになった。

菓子で作られる撫子も、切込みのある花の姿を愛らしく表現した薄紅色のものが多く、おしとやかな感じがする。「撫子」やその古名「常夏（とこなつ）」（花期が長く、秋に咲いても夏の盛りを思わせる華やかさがあることにちなむ）が菓銘によく使われる。
　時代の変化とともに、今や「大和撫子」だけでは理想の女性の魅力を言い表せなくなった。しかし、撫子が象徴する優しさやつつましさは、大事にしたいもの……。和菓子を味わいながら、そんなことを思ってみる。

《季語　夏》

菜の花

なのはな

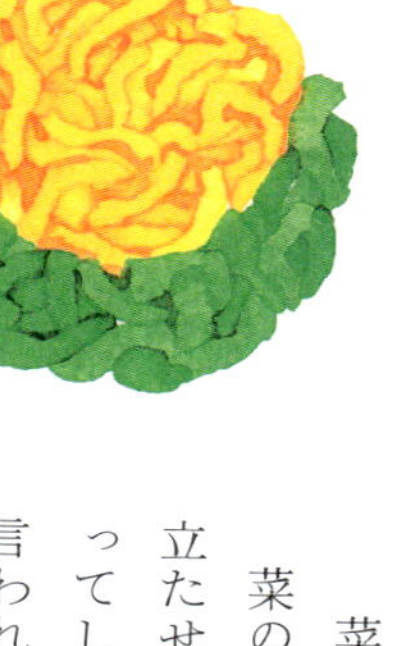

菜の花や月は東に日は西に　蕪村

　菜の花が一面に咲く様は、春ならではののどかさを感じさせ、心を浮き立たせてくれる。菜の花畑を見ると、その夢のような世界にひたりたくなってしまうが、「菜の花畑があるのは菜種油をとるからだよ」と、知人に言われたとき、現実にかえる思いだった。そういえば、司馬遼太郎著『菜の花の沖』の主人公、江戸時代の海運王とも呼ばれた高田屋嘉平衛（たかだやかへえ）は菜の花栽培が盛んだった淡路島の出身。花畑の延長線上に広がる海の向こうの本州、そして異国に思いを馳（は）せ、廻船（かいせん）業者になり、数々の功績を残した。陽を浴びて輝く黄色の菜の花畑は、人々を元気づけるオーラを放っているのかもしれない。

とはいうものの、菓子の場合、やはりうららかな春のイメージが強い。緑と黄色のそぼろからなるきんとんがその定番で、「菜種きんとん」「菜の花きんとん」などと呼ばれる。

茶席の菓子としてよく知られるのは、松江の銘菓「菜種の里」(三英堂製)。寒梅粉(かんばいこ)に砂糖を加えた黄色い打物(うちもの)で、菜の花畑に白い蝶が舞う様に見立て、ところどころに炒り米が散らされている。手で適当に折り、自然な形を楽しむもので、ほのかな塩味がきいているところが奥ゆかしい。茶道に造詣の深い、松江藩七代藩主松平治郷(はるさと)(不昧(ふまい))による銘という。

《季語　春》

南天　なんてん

南天の漢名には南天竹、南天燭、南天竺があるという。順に、「竹」は葉の形が似ていること、「燭(しょく)」は実が赤く輝くこと、「竺(じく)」はインドから渡来したことを意味するらしいが、いつのまにか省略されて南天で通じるようになった。

南天は観賞用としてだけでなく、難を転ずるという語呂合せになるため、日本人に好まれた。古くは、武士が出陣の前に、鎧(よろい)に南天の葉を挿し、かち栗を食べたとされる。現在も火災や泥棒よけのおまじないとして庭に植えたり、食あたりを防げるよう、赤飯の上に置いたりする風習が伝えられる。実のなる時期柄、正月飾りにもよく使われ、縁起の良さから、松や福寿草と組み合わせたものなども作られている。

菓子でも南天は、冬、とくに正月のモチーフとして作られる。緑の葉形に赤い実形を置くなど、生菓子で作ったり、*羊羹の表面に型紙を使ってその姿を絵画的に表現したり、慶事の贈答用にふさわしい。加えて、仕上げに氷餅をかけたり、羊羹の地を白くしたりすることで、雪の風情を出すこともある。

なお、生菓子の場合、南天かと思えば、千両や万両、藪柑子の名がついていることもある。どれも赤い実が目を引く、正月飾りに使われる植物だが、とくに藪柑子は、盆栽にも利用が多いことから親しみやすいかもしれない。

《季語 実=冬》

葉
は

四季折々に表情をかえる樹々の葉は、和菓子の世界でも季節感を表すのにふさわしいモチーフ。*蔦、楓、檀など、葉の形は同じままにして、初夏には緑、秋には紅や黄と生地の色をかえる。*霜や*雪に見立てたそぼろやまぶし粉の氷餅を置くと、また雰囲気がかわり、冬の風情になる。

葉を意匠化した菓子のなかでも、注目したいのは、初夏に見ることが多い「落とし文」だ。緑の生地を葉形にし、餡玉を巻いて作るもので、*露に見立てた丸い粒を葉の片隅につけることもある。「よ

そえ文」「時鳥の落とし文」の名もあり、親しいながらも久しく会っていない人に贈りたくなる。

「落とし文」には優雅な物語が伝えられる。保元の乱に敗れた崇徳天皇（在位一一二三～四一）が讃岐に流された折、帝は時鳥が鳴くたびに都を思い出し、

啼けばきく聞けば都ぞ慕はるゝ此里すぎよ山杜鵑

と歌った。これを聞いた時鳥は、歌わないかわりとして手紙を届けるかのごとく、葉を落とすようになったという（『雲錦随筆』）。

「落とし文」の名はつかないが、本物の葉で餅生地を包んだ菓子のおいしさも見逃せない。桜、柏、笹などが葉の代表で、心地良い香りが生地に移り、菓子の味わいが一層増すようだ。

萩　はぎ

小学生の頃、萩と聞いて、真っ先に思い出すのは花札の絵だった（当時、幼馴染の間では花札遊びがカルタやトランプ同様、人気だったのである）。猪と一緒に描かれている地味な秋の植物、それが萩のイメージだった。

そうした思い出があったせいか、『万葉集』ではもっとも多く歌に詠まれた植物だということを教

わったときは、合点がいかなかった。

さ雄鹿の朝立つ野辺の秋萩に玉と見るまで置ける白露

（『万葉集』巻八・大伴家持）

萩を詠んだ歌の一首だが、なかなか優雅。実物の萩の花も、紅紫色の小花が上品で奥ゆかしく、花札の絵ではあまりにも単純すぎると思うようになった。菓子では芸が細かく、可憐な小花を荒粉や小豆で見立てたり、木型で花の姿を絵画的に表したりしたものが見られ、菓銘には「こぼれ萩」や、萩で有名な宮城県の地名「宮城野」、清涼殿の一室の名にちなむ「萩の戸」などがある。

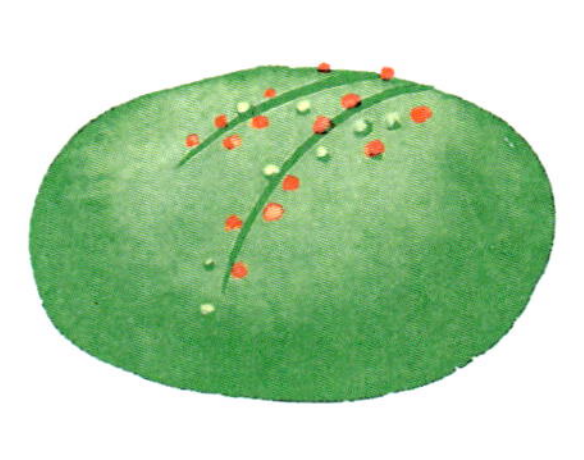

ところで、歌では鹿とともに詠まれることが多いのに、花札ではなぜ猪と一緒に描かれているのだろう。実は、この裏には言葉遊びがあった。猪肉の鍋がぼたん鍋と呼ばれるように、猪肉の俗語はぼたん。ぼたんでぼたもちを連想し、おはぎ*、つまり、萩の花をもってきたというもの。「臥猪の床」（茅・葦・枯草などを敷いた、猪の寝場所）という言葉にちなみ、「萩と猪」が絵画に描かれたことも関連しているようだ。

《季語　秋》

蓮　はす

極楽浄土を象徴する蓮の花は仏事の意匠に欠かせないこともあり、どこか抹香臭さが漂う。蓮の花

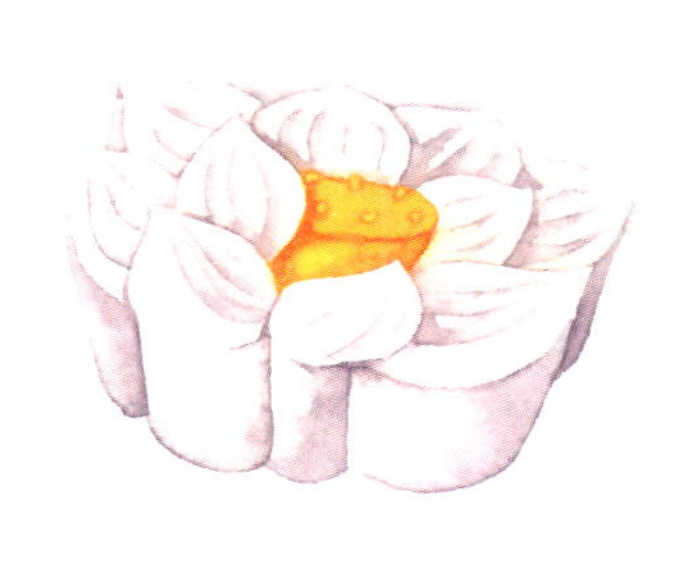

の菓子も仏事やお彼岸に使うことが多い。とくにお彼岸の頃には大ぶりの蓮の花をかたどった*落雁がコンビニの売り場にも積み重ねられる。食べるというより、仏壇に供えるためにあるようなものだ。今はあまり見ないが、不祝儀の三ツ盛の菓子にも、蓮の意匠はよく使われた。花だけでなく、ハチの巣状の花托も木型の意匠に見られる。

一方、隣の中国でも蓮の花をかたどった菓子木型があるが、この場合はおめでたいイメージ。蓮はリエン（lián）と読むが、恋もリエン（lián）と発音されることから、蓮は恋人、愛人という意味にもなる由。しかし残念ながら、日本でこの解釈を広めるのは難しいだろう。

蓮の花形の和菓子は前述のように不祝儀との結びつきが強いが、蓮の実や根、澱粉を使った菓子ならいつでも味わうことができる。アジア系のデザートが広まり、蓮の実入りのおかゆや*汁粉が知られるようになったが、蓮の実は*甘納豆としてもおいしく、一口サイズの愛らしい形や上品な甘みが魅力だ。また、蓮根からとれる澱粉で作った*羊羹や*餅、蓮根の薄い輪切りを小麦粉生地の*煎餅の表面に置いたもの、蓮根の*砂糖漬も作られている。

幻の菓子となってしまったのは、切り口に蓮根の輪切りが見える蒸羊羹だ。江戸時代の菓子見本帳によく見え、「水車羹」「車輪羹」などの名前がついている。蓮根の輪がくるくる回転しそうで、昔の人の発想の豊かさに感心してしまう。

《季語 夏》

瓢簞

ひょうたん

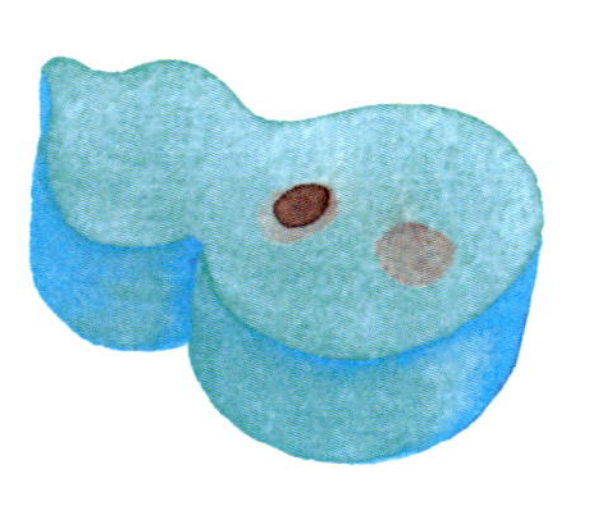

瓢簞は名前の響きもユーモラスな、ウリ科の植物だ。その形は、造化の神が戯れに作ったような遊び心に満ちていて、見ているだけで和(なご)やかな気持ちになる。飄々(ひょうひょう)とした雰囲気とは裏腹に、かなり実用的にできているのも心憎いところ。酒を入れる徳利(とっくり)になるばかりか、横に切って器、縦に切って柄杓(ひしゃく)、その上楽器にまで変身する。早くも縄文時代前期の遺跡から、器として加工した皮が出てくるというから、瓢簞と日本人との関わりの深さがうかがい知れる。

時代は下り、かの豊臣秀吉が、瓢簞の群生している様を図案化した千成瓢(せんなり)簞を旗印にしたのも有名な話。瓢簞には勝利や子孫繁栄を導く縁起物の意味合いもあるのだ。

菓子では木型や流し型を使ったり、手技で形作ったりして、瓢簞を表すことが多い。琥珀羹(こはくかん)を型に流したものなどは透明感にあふれ夏らしく、中に清涼水でも入っているような涼しげなイメージだ。

江戸時代の菓子絵図で風流だと思うのは、「薄むらさき」という銘で、薄紫の羊羹(*ようかん)の断面に、白い枡(ます)と瓢簞形が見えるデザインだ（松屋常盤(まつやときわ)や二口屋能登(ふたくちやのと)の見本帳）。薄紫は藤*の花の見立てで、藤棚の下で花見酒という趣向だろう。現在、作られていないのが残念である。

《季語　秋》

枇杷

びわ

初夏に熟す実が楽器の琵琶に似ていることから、この名がついたという。日本には古くから実の小さい野生種が存在しており、『古今和歌集』には「笹（ささ）松（まつ） 枇杷（びわ） 芭蕉葉（ばしょうば）」として、

いささめに時待つ間にぞ日は経ぬる心ばせをば人に見えつつ

（物名（もののな）・紀乳母）

と枇杷を詠み込んだ言葉遊びのような歌がある。しかし、当時は食用にされていなかった。日本人が果肉のおいしい枇杷の実を味わう機会は長らくなかったが、その反面、葉は珍重されたようだ。葉を乾燥させて細かく切り、肉桂（にっけい）や甘茶などを混ぜ合わせ、煎じた枇杷葉湯（ようとう）は暑気払いの民間薬とされ、江戸時代には屋台が市中に出回るほど人気があった。その一方で、枇杷の木は陰気臭いとして、「屋敷内に植えると病人が絶えない」などといわれ、あまりいいイメージがない。

現在有名な長崎県茂木（もぎ）の枇杷は、幕末に中国からもたらされたという。大粒で甘みのあるこの枇杷は菓子にも利用されることが多く、ゼリーや焼菓子に入れたものが人気を集めている。

夏には、淡い橙（だいだい）色の実をかたどった枇杷形の生菓子も見かける。枇杷といえば、難点は種の大きさ。果肉が多く種の小さいものへと品質改良が進んでいるが、菓子では、中の種つまり餡（あん）の部分も食べられるところがうれしい。

《季語　夏》

福寿草
ふくじゅそう

元日草（がんじつそう）の名もあるように、福寿草は正月の床飾りにふさわしい。鉢植えとして観賞するような小さな花なのだが、寒々とした大気の中で黄金色に輝く様は、門出を祝うようなめでたさに満ちているといえるだろう。

俳句にも「りんの中に春やもてくる福寿草」（信徳）、「日のあたる窓の障子や福寿草」（永井荷風）などがあり、福寿草に託して、新たな事の始まりを予感させるものが多い。

新年を彩る年賀状や雑誌の挿絵で見慣れていたせいか、福寿草は平安時代の古典文学の世界でも初春の定番の花だったような気がしていたが、栽培されだしたのは江戸時代初期という。以降、盛んに改良され、品種も増えた。旧暦を使っていた時分はタイミングよく正月頃に咲いていたわけだが、新暦を使っている現在、正月に間に合わせるために、温室栽培などの工夫をして出荷しているらしい。名前通りの花になるよう、自然のリズムを調整しているとは違和感があるが、その一方で贅沢（ぜいたく）な喜びも感じてしまう。

菓子の場合、人参のような緑の葉、愛らしい黄色の小花を、緑と黄色のそぼろの組合せで表したものや、木型でその可憐な姿をかたどったものが見られる。正月菓子の縁起物として、意匠ももっと工夫されればと思う。

《季語　新年》

藤　ふじ

蝶々のごとき小花が集まって、シャンデリアのように豪華な雰囲気を漂わせる藤の花。見ていると、平安時代に栄華を誇った藤原氏のことや、貴族たちの藤見の宴に想像が及ぶ。貴族趣味の花という印象があるが、旅土産に人気があった大津絵（おおつえ）の「藤娘」、そこから想を得た歌舞伎舞踊の「藤娘」などから庶民にも人気のある花だったことがうかがえる。花の美しさだけでなく、蔓（つる）状の形態が、豊穣や子孫繁栄の意味をもつという縁起の良さもその背景にあるのだろう。

菓子の藤の花の意匠は江戸時代から見られる。小豆（あずき）の粒を藤の花に見立てて、*羊羹（ようかん）に散らしたものや、白・紫のそぼろのきんとん*で表すもの、木型で細かく花房をかたどるものなど、様々である。菓銘も「白藤」「藤波」「藤棚」「花藤」など、優美だ。

なるほどと思うのは、ねじった新粉餅に小豆やささげをつけて花房を表した「藤の花」だ。単純な形とはいえ、その特徴をうまく表現している。この菓子は、江戸時代の女性向け実用百科事典『女重宝記』（一六九二）に「豇のついた糝粉は、藤の花」とあるように、古くから作られ、「白糸餅」「寄水」とも呼ばれた。現在京都で見かけるねじり形の「しんこ」にその面影を見ることができよう。

《季語　春》

牡丹

ぼたん

牡丹は中国原産で、日本には奈良時代頃渡来したとされる。今も中国的な雰囲気が個性になっているように、昔から異国情緒に満ちた華やかな美しさがもてはやされた。寺院や城の襖絵などに描かれた華麗な牡丹の姿からは、時の権力者がいかにこの花を愛でてきたかがうかがえよう。

菓子のモチーフとしては、晩春から夏にかけてよく見られる。木型でかたどれば、幾重にも重なる大ぶりの花びらを絵画的に表現することも難しくない。菓銘も「富貴草」「名取草」などがあり、貫禄十分だ。珍しい例では、百獣の王獅子と百花の王とされる牡丹を裏表に配した木型があげられるだろう（虎屋蔵）。天保一五（一八四四）年の年記が残るこの木型には「友鏡」の菓銘がついており、能の曲目「石橋」にちなむと考えられる。「石橋」は、清涼山の石橋に、文殊菩薩の使者である獅子が現れ、あたり一面に咲き誇る牡丹の花と戯れる勇壮な舞だ。後にはこの作品をもとに、歌舞伎舞踊の「連獅子」「鏡獅子」など、獅子物の踊りが作られた。こうした舞踊を思いつつ、菓子を賞味する趣味人もいたことだろう。

一方、暑い盛りには「水牡丹(みずぼたん)」(図)という名の菓子もよく見られる。これは紅餡(べにあん)を葛粉(くずこ)、あるいは寒天を使った生地で包んだもので、半透明の生地から透けて見える紅の色合いが艶(あで)やか。牡丹の華ある美しさを色で象徴しているようだ。

《季語 夏》

松

まつ

常磐(ときわ)なる松のみどりも春くれば今ひとしほの色まさりけり
(『古今和歌集』春歌上・源宗于(みなもとのむねゆき))

常緑の松は不老長寿の象徴であり、神が宿る神聖な植物として、古来称(たた)えられてきた。松竹梅*でも筆頭にくるせいか、吉祥の最たるものというイメージだ。

菓子でも、新年や慶賀に好まれるモチーフで、松葉、松笠をかたどった本物そっくりの干菓子、緑色で松のイメージを表す羊羹(ようかん)*やきんとん*などがある。日の出や雪*を組み合わせたデザインも多く、緑が映える。また、「千歳(ちとせ)の松」「常磐の松」「千代の松」など、かつては松の永遠性を強調した菓銘がよくつけられた。冒頭の歌にもある「松のみどり(翠・緑)」も菓銘に好まれたもの。江戸時代の菓子製法書には、焼菓子と*砂糖漬の二種が出てくる。前者は「みどり」とも呼ばれるもので(一五八頁)、小麦粉に砂糖を加えた生地を細く切って煎り、砂糖がけしたもの(『古今名物御前菓子秘伝抄』)。後者は春の末頃の「松のしんに立たる物」(松の花か)をよく湯煮して、砂糖で煮詰めたものだ(『鼎左秘録』)。『古今夷曲集』(一六六六)巻八には、「緑といふ菓子の出ける座にてよめる」という詞書で、「常盤なる松のみどりも春くへば今一しほの菓子の味はひ」という、前述の歌のパロディがある。

また、「*松風」といえば小麦粉の生地を焼き、胡麻や芥子の実を散らしたもの。各地に形も質感も異なる様々な松風がある。

紅葉 もみじ

春が花見なら、秋は紅葉狩。見るのではなく、狩という言葉を使いたくなるのが紅葉らしいところだろう。獲物を追うように奥深く山に踏み入っていけば、この世とは思えぬほどのまばゆいばかりの錦の美に出会えるような気にさせてくれる。

菓子の場合も、紅葉は秋の主要なテーマ。楓や*蔦、*銀杏や檀の葉などが色づいた様が楽しめる。なかでも目立つのは楓の葉だ。夏には若楓の風情だった緑色の楓形の菓子が、秋になると赤や黄色になり、「龍(竜)田」「紅葉の錦」など、紅葉に関わりある銘で呼ばれる。ちなみに「龍田」とは、古来紅葉

の名所として知られた奈良県生駒郡斑鳩町にある地名。

　ちはやぶる神世も聞かずたつた河から紅に水くゝるとは

（『古今和歌集』秋歌下・在原業平）

を代表として、龍田川や龍田山が多くの歌に詠まれており、龍田の名がつけば意匠は紅葉となる。とくに楓と流水との組合せは、器や着物の文様でおなじみだろう。

　このほか、赤や橙、黄の*羊羹やそぼろで紅葉を抽象的に表したものもよく見かける。干菓子の場合は、*雲平細工で銀杏や楓を形作り、打物の銀杏の実や松笠などと合わせた*吹き寄せがおすすめ。小さな箕に盛れば秋の風情が漂うもので、野山に遊ぶような気分にひたれる。紅葉をイメージした菓子に、全国各地の名所を思ったり、秋の移ろいを読み取ったりしてはいかがだろうか。

《季語　秋》

桃　もも

　雛祭りに欠かせないのが桃の花だ。優しい花色に包まれて、雛人形もどことなくうれしそう。甘美な世界に桃の花が似つかわしいのは、中国の詩人、陶淵明の『桃花源記』に見える桃源郷の連想にもよるのだろう。これは、晋代、武陵の漁夫が道に迷い、桃林の奥の理想郷にたどりつき、手厚いもてなしを受けるが、帰宅後再びかの地を探しても見つけることはできなかったという伝説。自分もこの平和でうっとりするような世界に迷い込むことができたら……と想像力を刺激される。

桃の花を意匠化した菓子も雛祭りの頃によく作られる。花の姿を焼印や手技で表現するのは梅*や桜*と同様だが、取り上げられる期間が短いためか、印象が薄いともいえる。野暮ったい花として嫌う人もいるようだが、かえってその鄙（ひな）びたところが理想郷にふさわしいと思う。

桃は花ばかりでなく、実も菓子の意匠として好まれる。これも中国の伝説に負うところが大きいだろう。仙女、西王母（せいおうぼ）の所有する桃は三千年に一度実を結び、その実を食べると不老長寿が約束されるというもので、ここから「西王母」「仙寿」などの銘の桃形の菓子が生まれた。同様に、中華料理のデザートとしても、めでたい意から桃形の饅頭*がよく出される。

長崎には、生地の表面に、すり蜜を使って桃の実を写した桃カステラもあり、雛祭りほか祝事に人気がある。中国伝来の饅頭と南蛮菓子*のカステラを融合させた、長崎ならではの名菓だ。

《季語　花＝春　実＝秋》

山吹
やまぶき

晩春から初夏を彩る山吹の花には、小判や大判の異名にふさわしい黄金色の華やぎがある。『万葉集』以来の伝統的な歌材の一つとされるが、菓子でも山吹にちなむものは多く、「水山吹」「山吹もち」「八重山吹」などが江戸時代から作られている。なかでも「水山吹」は虎屋の元禄八（一六九五）年の菓子見本帳ほかに描かれるもので、黄・黒・黄の三段の棹物（さおもの）の意匠が定番である。「水山吹」という言葉は辞書にはないが、水辺に咲くことの多い山吹のイメージを抽象的に表したものだろう。川岸に群生する花の姿が浮かび上がってくるようだ。

また、井手（いで）（京都府綴喜（つづき）郡井手町）の山吹が昔から有名だったため、「井手の里」「井手の玉川」の銘もよく使われた。意匠に違いがあっても、山吹の色にちなみ、生地を山梔子（くちなし）の実で黄色にするのがきまりごとだった。

山吹で思い出されるのが、江戸城を築いた室町時代中期の武将、太田道灌（おおたどうかん）の逸話だ。狩の帰りに雨にあった道灌が民家で蓑（みの）を求めたときのこと、娘が差し出したのは山吹の一枝だった。道灌はわけがわからず腹立たしく思うが、後に、

　なゝへやへ花は咲けども山吹のみ（実）のひとつだになきぞあやしき
　（『後拾遺和歌集』雑五・兼明親王）

という歌から「実の」に「蓑」をかけ、ないことを奥ゆかしく表していたと教わり、歌の道にめざめたという。道灌にも菓子の「水山吹」を味わってもらえたらと、ふと思う。

《季語　春》

「悲しき」とする本もある。

柚子
ゆず

柚子の上品な香りは日本料理になくてはならないものだ。菓子も例外ではなく、柚子の外皮や果肉を使った羊羹(ようかん)*やジャム、餅*や干菓子など、様々な商品が作られている。

また各地の名物としては、柚餅子(ゆべし)*もあげられる。柚子風味の餅菓子で、胡桃(くるみ)や味噌(みそ)などを入れた四角形やつくばね(羽根つきの羽根)形のものがあるが、とくに石川県輪島市では柚子の実を丸ごと一個使い、果肉をくりぬき、中に胡桃や味噌、砂糖などを詰めて蒸したものがよく知られる。

柚餅子は年間を通じて手に入るが、柚子の形の生菓子類は冬至の頃に季節限定で作られることが多い。代表的なのは饅頭*で、つくね芋の薯蕷(じょうよ)生地を黄色く染めて餡(あん)を包み、表面に箸跡(はしあと)をつけ、ぼこぼこした感じを出す。蒸してへたをつければできあがり。生地の部分には、柚の皮をすりおろしたものが入っているので香りも良い。また、皮の部分をくりぬき、中に柚子味の羊羹を流し込んだ柚子羹などもある。

冬至に柚子湯に入るのは、芳香を楽しむだけでなく、柚子に薬効があり、風邪を防ぐためともいわれる。柚子の菓子にも病除けの願いが込められているのかもしれない。

《季語 秋》

百合 ゆり

夏の野の繁みに咲ける姫百合の知らえぬ恋は苦しきものそ
(『万葉集』巻八・大伴坂上郎女(おおとものさかのうえのいらつめ))

百合は薔薇(ばら)とともに西洋的な花と思われがちだが、古く『万葉集』にもその印象深い姿が詠まれている。また、着物のデザインや屛風絵(びょうぶえ)に取り入れられ、「立てば芍薬(しゃくやく)、座れば牡丹(ぼたん)、歩く姿は百合の花」と、美人の所作の比喩にもなっている。意外にも、日本は百合の王国と呼ばれるほど、鑑賞用の百合の品種に恵まれているとのこと。百合はまさに日本、そして日本人にゆかりある花だったのである。

これほど昔から愛されている花にもかかわらず、菓子の意匠に見ることが少ないのは不思議だ。木型や瀬戸型で百合をかたどったものがあるが、あまり知られていない。生菓子になると、さらに見かけることは少ないようだ。細い茎から横向きに広がっていくような花の開き方、しなやかな花びらやおしべ・めしべの形など、菓子にするには難しい特徴をもっているからだろうか。調べてみると、家紋でも百合を扱ったものは少ないという。横向き、下向きに咲く様が武家社会では好まれなかったからという見方もあるが、真相は謎に包まれている。

《季語 夏》

若菜

わかな

若菜とは春の初めに芽をだす蔬菜(そさい)のこと。

深山(みやま)には松の雪だにきえなくに宮こ(都)は野べのわかなつみけり

（『古今和歌集』春歌上・読人知らず）

の歌があるように、かつて野の若菜を摘み、一月の初子(はつね)の日や、七日の白馬(あおうま)の節会(せちえ)（宮中行事の一つ）などに食べる習慣があった。一年の邪気を払い、不老長寿を願うためで、これが今の七草粥（セリ・ナズナ・ゴギョウ・ハコベラ・ホトケノザ・スズナ・スズシロ）につながっている。

また、平安時代には四十賀(よそが)、五十賀(いそが)など、一定の年齢に達した人の祝いとして、若菜を贈る儀式があった。『源氏物語』の「若菜」の帖も、玉鬘(たまかずら)が育ての親、源氏の四十賀にちなんで、若菜を贈ったことからこの名がついている。若菜のもつ新たな生命力にあやかりたいという意もあったのだろう。

菓子では「若菜餅」が江戸時代から作られている。求肥(ぎゅうひ)*で餡(あん)を包み、青大豆の粉をつけたもの（『古今名物御前菓子図式(こんめいぶつごぜんがしずしき)』）、とうきび（イネ科の唐黍）の粉、蕨(わらび)*の粉、白砂糖を混ぜて蒸した生地に青海苔をかけたもの（『鼎左秘録(ていさひろく)』）などが製法書に見える。緑のそぼろの「若菜餅（きんとん）」や可愛らしい蕪(かぶ)をかたどった「若菜」なども、江戸時代の菓子見本帳に見られるものである。

《季語　新年》

蕨

わらび

山野にめぶく蕨の姿は、春の訪れの象徴といえるだろう。真っ先に思い出されるのが『万葉集』の歌だ。

いはばしる垂水（たるみ）の上のさわらび（早蕨）の萌え出づる春になりにけるかも

（巻八・志貴皇子（しきのみこ））

蕨はその形のユニークさが、ほかの早春の植物にない魅力になっている。こぶしを握った赤ちゃんの指のような形は、一目見たら忘れられない。銅鐸・武具・仏具などにもこの蕨手の文様を見ることができるが、とくに筆者の印象に残るのは、本阿弥光悦（ほんあみこうえつ）作と伝えられる「樵夫蒔絵硯箱（しょうふまきえすずりばこ）」（MOA美術館蔵）の蓋裏（ふたうら）、見込（みこみ）（内側）に生き生きと表された蕨の姿だ。光悦は、自然の生んだ造形のおもしろさに創作意欲を刺激されたのだろうか。

身近なところでは、のし袋の「のし」という文字が思い出されるだろう。蕨の姿に似ていることから、「わらびのし」の名称がついている。

菓子では、焼印・木型の意匠やすはま*の形などにその姿を見ることが多い。真っ白な薯蕷（じょうよ）饅頭の表面に焼印を押せば、雪間に見える早蕨の風情（ふぜい）。一方、一口サイズの蕨形のすはまは、蕨摘みを想像しながら器に並べたくなる。

《季語　春》

鮎

あゆ

鮎は魚のなかでも細身でスタイルがいいといえるだろう。清らかな水の流れにのって優雅に泳いでいる姿は、見ていて実に気持ちが良い。

菓子の場合もその姿を形作ったものは数多く、とりわけ夏には「若鮎」「焼鮎」の名の焼菓子が目につく。卵を使った小麦粉生地を焼き、*求肥(ぎゅうひ)をはさみ、焼印や焼ごてで目やえらなどをつけたもので、生地を折り込んで尾びれを表すなど、なかなか芸が細かい。店によって鮎の表情が違うのも気になるところ。土産や贈り物用には、青竹籠のパッケージがおすすめで、鮎の季節にふさわしい。

このほか、夏には透明感ある*錦玉羹(きんぎょくかん)の中に鮎形の小さな*羊羹(ようかん)を浮かべたものや、本物そっくりの鮎の姿を*煉り切りで表した生菓子もよく見られる。季節を問わないのは、鮎の形をかたどった*最中(もなか)や*煎餅だ。新潟県魚野(うおの)川や岐阜県長良(ながら)川など、鮎釣りで知られる観光地で地元名物として作られている。

鮎は夏の季語だが、押鮎(おしあゆ)(塩漬けした鮎)となると、正月と結びつく。鮎は寿命が約一年で、「年魚(ねんぎょ)」の異名をもつことから新年に用意する風習があり、正月の菓子の*花びら餅に使われる牛蒡(ごぼう)も、この押鮎を見立てたといわれる。

うさぎ

《季語 夏》

「うさぎ追いしかの山……」(「ふるさと」)、「うさぎうさぎ何みてはねる……」(「うさぎ」)と童謡に歌われるように、うさぎは誰にとっても親しみやすい存在だろう。菓子の木型や焼印の意匠にも、跳ねたり、すわったり、様々な姿が取り入れられている。饅頭*では、卵形にして焼印で耳をつけ、箸(はし)の頭で赤い目を入れたものがあり、南天*の葉と実で作る雪うさぎのような愛らしさだ。丸い種(たね)煎餅では、耳と目の形だけでうさぎを表したものがある。子どもにもわかりやすく喜ばれることから、入園式や誕生祝い、七五三などに使われることが多い。赤いうさぎは実在しないが、饅頭の場合、お祝いの意味から、紅白のセットで作ることがある。

昔の木型の意匠には、波間を走るうさぎがある。これは、詩や謡曲の題材になった竹生島(ちくぶじま)にちなんでいる。竹生島は、滋賀県琵琶湖にある、周囲二キロメートルほどの神島で、古来、人々の厚い信仰を集めてきた。波間を走るうさぎは、禅僧自休が竹生島に詣でた際に詠んだ「緑樹影に沈んで魚木に上り、清波に月落ちて兎波を奔(はし)る……」という詩の一節からきているという。幻想的な光景が好まれてか、この意匠は江戸時代、工芸品にもよく用いられたが、今やその意味を知る人も少なくなった。現在人気があるのは、*月にうさぎの古典的な組合せだろう。丸い月とうさぎや*すすきの意匠をセットにした干菓子などがあり、月見用に喜ばれる。

《季語　冬》

鶉

うずら

鶉は、鳥のなかでもふっくらと丸みを帯びた姿が特徴的である。中国の影響を受け、古くから日本でも絵画・工芸意匠の題材になっているが、江戸時代には愛玩用として飼われ、その鳴き声の優劣を競うことも楽しまれたという。

身近な動物だったせいか、菓子の世界にも登場するのが早い。戦国時代の公卿、山科言継の残した『言継卿記』の天文二二（一五五三）年三月七日の条には、「鶉餅」を贈られたことが記されている。この餅がどのようなものだったか不明だが、虎屋の宝永四（一七〇七）年の菓子見本帳には、鶉の可愛らしい形を模して目や嘴までつけた鶉餅が描かれている。一方、菓子製法書『古今名物御前菓子図式』（一七六一）には、丸くふくらんだ形を鶉に見立てた鶉餅があり、同名でも形には違いがあったことがうかがえる。後者の鶉餅は食べごたえがあることから、腹太餅とも呼ばれ、一般にも広まった。また鶉餅を焼いたものを「鶉焼」ともいったようだが、先の製法書には鶉の羽形に彫った焼きごてを餅に押し当てる鶉焼の製法が記されている。弥次喜多道中で知られる『東海道中膝栗毛』では、今村（現在の愛知県安城市）に着いた喜多八が、三文の「うづら焼き」を二文に負けさせて買う場面があるが、一体どんな鶉焼だったのだろう。

なお、現在も、先の見本帳にあるような鶉餅や、焼きごてで羽を表す鶉焼が作られている。

《季語　秋》

海老　えび

海老といえば正月の縁起物。真っ白な鏡餅の上に譲り葉や橙とともに飾られた姿は、威厳があって貫禄十分といえよう。歌舞伎「助六」で、主人公助六の恋人、花魁の揚巻が登場するときの衣装も、鏡餅を意匠化したもので、赤く豪華な海老が目を引く。

菓子の場合も、海老は祝儀に喜ばれる。「腰が曲がるまで長生き」の意味から長寿、勢いよく跳ねることから出世の象徴とされていることも魅力だろう。

とはいえ木型を例にとると、鯛*ほどその数は多くない。「海老で鯛をつる」（少しの労力で多くの利益を得る）、「海老の鯛交じり」（価値のないものが価値の高いものにまぎれ込む様）という諺があるように、鯛よりもいくぶん下に見られているからだろうか。海老の特徴である細く長い髭(ひげ)や、威勢のよさを菓子ではうまく表現できないことも理由かもしれない。しかし、まれに彫師の技を感じさせる堂々とした海老の木型を見ることがある。和歌山県の総本家駿河屋の木型「老(おい)の寿(ことぶき)」(和歌山市立博物館蔵)もその一つだ。天保七(一八三六)年に作られたもので、さすがに足や髭、そして目の部分も生き生きと彫り込まれており、風格がある。

一方、とれたての海老を加工し、煎餅*に焼き込んだものや、海老風味のあられ*など、その味わいを生かした菓子も多い。こちらは酒のおつまみとしても好まれているといえよう。

貝

かい

貝のなかでも、もっとも菓子とのつながりが深いのは蛤(はまぐり)だろう。貝殻を器がわりにして、飴*や錦玉羹*(きんぎょくかん)を流し込んだものがあり、持ち運びも良く品がある。また、蛤は対の二枚貝が他の貝とは合わないことから、古来、夫婦和合のしるしとされ、その形も菓子によく見られる。出番はやはり三月三日の雛祭りだ。婚礼とも結びつく女子の節句にふさわしいことや、この日潮干狩りをし、蛤の吸い物を用意したことなどが関連していると思われる。蛤形の饅頭*もあり、王朝貴族の優雅な遊び、貝合(かいあわせ)を連想させる。

雛菓子用には、巻貝、平貝といった貝尽くしの可愛らしい干菓子もあり、雛祭りに彩りを添える。春らしく、赤や黄、橙など、暖色系が中心になるが、夏になると白や水色など、寒色系の貝尽くしが涼を呼ぶ。木型で打ち出したもの、有平糖*で形作ったもののほか、様々な形が楽しめる。

また、変わったところでは法螺貝の形を模した菓子もある。京都聖護院門跡では、二月三日の節分会に法螺貝餅をお供えする。法螺貝は山伏が悪疫退散を目的に身につけ、鳴らすもの。小麦粉生地を帯のように焼いて、牛蒡をさした味噌餡に巻くもので、聖護院門跡より製法を受け継いだ柏屋光貞で作られている。

鰹・鯉

かつお・こい

鰹の菓子で名前があがるのは、名古屋の「初かつを」(美濃忠製)だろう。薄紅色の蒸菓子で、切り口が魚の切り身のように見えるものだ。「目に青葉山ほととぎす初鰹」(素堂)の句を思わせる、初夏にふさわしい趣だ。また、高知県では鰹節に見立てた飴*「松魚つぶ」(山西金陵堂製)が有名。「つぶ」は土佐の方言で、飴を意味する。専用の小槌でたたき割って食べるもので、肉桂の風味が良い。現在では鰹節を削って使う家庭も少なくなってしまったが、懐かしい形を今に伝え残しているといえるだろう。ちなみに鰹節はかつて嫁入り道具の一つだったため、菓子木型にもその特徴ある形を見ることがある。おそらく婚礼や雛祭りのお祝いに使われたものだろう。

一方、鯉は天界の竜門という滝を上り、竜にもなるという中国の伝説から、古来、出世魚として尊ばれてきた。端午の節句で鯉幟をかかげるのも、子どもの立身出世を願う親心からといわれている。そうした象徴性からいえば、もっと菓子の意匠にあってもいいように思われるが、意外に少なく、「こどもの日」に合わせ、長崎ほかで鯉形の菓子を作る店が少々ある程度だ。しかも*柏餅・*粽が定番になっているせいか、鯉はやや影が薄い。

このほか、たこ、いかなども、愛嬌ある姿から*最中や*煎餅などの形に取り入れられている。全国にはさらに多くの魚形の菓子があることだろう。

《季語　鯉＝夏》

亀

かめ

「鶴は千年、亀は万年」という諺があるように両者は長寿の象徴で、組み合わせて使われることが多い。ペットとして可愛がっている方には失礼だが、亀はよくよく見るとグロテスクだ。菓子では、写実的に作るとおいしそうに見えない部類といえ、生菓子では、古来親しまれている正六角形の亀甲形がよく使われる。菓子の形自体を亀甲形にしたり、表面に幾何学的な亀甲文様の焼印を押したりするのがその例だろう。亀の甲羅を焼いて占いをしたという古代中国の風習なども思い出されて、神秘

的な感じだ。
木型では、吉祥の一つ、蓑亀（長寿を得て甲に緑藻が着生し、それがのびて蓑のようになったもの。霊獣）がよくかたどられる。干菓子、生菓子どちらでも作られ、白い鶴*、紅色の蓑亀のセットとして祝儀用の箱に詰めることもある。また一口サイズの小ぶりの干菓子もあり、茶事では初釜に喜ばれそうだ。
可愛らしいものには、静岡県御前崎市に亀形の焼饅頭「亀まんじゅう」（かめや本店製）がある。同店はもともとパン屋さんで、この饅頭もパンダやコアラ形のパンに通じる餡入りの焼菓子だ。昔話、浦島太郎を思わせるような親しみやすさに加え、大きいものは家族で分け合って食べる楽しさがあり、子どもに人気があるという。アカウミガメが産卵に訪れる土地柄ゆえ生まれた菓子だそうだ。

雁　かり

白雲に羽うちかはしとぶ雁のかずさへ見ゆる秋のよの月
（『古今和歌集』秋歌上・読人知らず）

雁は渡り鳥の一種で、秋に渡来し、春に飛び立ってしまう。列をなして群れ飛ぶ様は美しく、古来、歌に詠まれ、絵画に描かれてきた。「雁が音」として親しまれる鳴き声には哀愁があり、ぐぁーん、ぐぁーんと空に響き渡るという。今では雁の姿を見ることも少なくなったが、おでん種の雁もどきが、

雁の肉に似ていることから名づけられたと伝えられるように、かつては身近な存在だったのだろう。

菓子でも雁の風情が好まれてか、「へ」の字に似せた焼印を*饅頭や焼菓子、白い種煎餅などに押し、飛翔する姿を表したものや、小豆の粒を雁に見立てた*羊羹などが作られている。秋の季語でもある「初雁」（その年初めて見る雁）、「雁が音」などの菓銘がよく使われる。

埼玉県川越市では、「初雁焼」（亀屋製）が知られる。川越産の「紅赤」の甘藷を薄切りにし、黒胡麻を散らして鉄板で焼き、表面にすり蜜をかけたものだ。薄焼煎餅のような軽い食感に、胡麻と芋の素朴な風味が調和しておいしい。雁の舞う川越城が初雁城と呼ばれたことにちなんでおり、雁の姿を胡麻で見立てているのは、*落雁同様だ。

《季語　秋》

狐・雀・水鳥

きつね・すずめ・みずとり

狐

狐といえば、民話の世界では、人間をだますいたずら好きの動物としておなじみ。その一方で、お稲荷さんのお使いとして親しまれているため、狐面の干菓子を初午に作る店もある。地方の名菓としては、京都伏見稲荷神社門前の狐煎餅や山形県鶴岡市の狐面をかたどった干菓子がよく知られる。どちらの狐もつり上がった目の神妙な表情が魅力だ。

《季語　冬》

雀

農家にとっては穀物をついばむ害鳥とはいえ、「舌切雀」の昔話があるように、雀はどこか人なつこく憎めない鳥だ。文様にも「竹に雀」「稲穂に雀」などがあり、とくにふっくらした雀を表す「ふくら雀」は、子どもの衣装や玩具によく用いられた。菓子では、ふくら雀に稲穂を組み合わせた干菓子を見ることがあり、その愛らしさに、頬(ほお)がゆるむ。「福良(ふくら)む」に通じる音の良さもうれしい。なお、岡山県倉敷市の「むらすゞめ」（橘香堂製）は、豊年踊りの編笠を表しているという。

水鳥

水鳥とは、水辺に遊ぶオシドリ、都鳥（ユリカモメ）、セキレイなどの総称。菓子では、水色の*煉り切りやこなし生地などで小鳥の形を作り、筋を入れ、胡麻(ごま)で目をつけたものを見かける（図）。とくにオシドリは、「おしどり夫婦」の連想から、結婚式や記念日の引出物の意匠として好まれたため、雄と雌の姿をこなしや、型紙を使う刷(す)り込(こ)み*羊羹(ようかん)で表したものがよく作られた。なお、生菓子の水鳥に似た製法で、春を告げる鶯(うぐいす)や初夏の象徴時鳥(ほととぎす)なども作られている。

《季語　冬》

二月初めの午の日。稲荷神社で祭りが行われる。

鯨

くじら

鯨は日本人の生活になくてはならず、古来、肉は食用、脂肪は油、骨・髭は工芸材、内臓は肥料など、余すところなく利用されてきた。捕鯨が国際問題になる昨今だが、こうした歴史や文化にも目を向けてほしいと常々思う。

菓子では、鯨の黒い皮と白い脂肪層を見立てた「鯨餅」「鯨羹」などが江戸時代から作られており、製法書や菓子見本帳にその名を見ることができる。多くは、白地の上に、墨や昆布などで染めた黒地を配した二段の棹物で、*外郎のような蒸菓子として作られる。凶事用の黒白幕は「鯨幕」、片側は黒繻子、逆側に白布を配した帯は「鯨帯」と呼ばれるように、黒白の配色は、かつて鯨と結びつくものだったのだろう。

現在、黒と白で鯨を見立てた鯨羊羹が宮崎県の名物になっているほか、広島県（中屋製）でも作られており、珍しい菓子として時折雑誌やテレビで紹介される。

また、山形県新庄市ほか東北各地で作られる「くぢら餅」は、黒砂糖や味噌、胡桃などを入れた外郎のような菓子で、色合いを鯨肉に見立てて名づけられたともいわれる。とはいえ、「久滋良」の字をあてたものなどは、滋養に富む健康食品のようで、いつの間にか鯨の姿が消えてしまった感がある。
《季語　冬》

鯛 たい

祝儀の魚としてまず思い浮かぶのは鯛だろう。色合いの美しさ、上品な味わい、そして「おめでたい」の語呂合せ、何をとっても喜ばしい。菓子でもお祝い用として、鯛をかたどった*落雁（らくがん）や*金花糖（きんかとう）が作られる。これらは、冷蔵庫のなかった昔、鮮魚の代用品として広まったという。持ち運び、保存の面で便利な上、本物とはまた違った鮮やかな赤色、甘みが好まれたのだろう。

江戸時代には疱瘡（ほうそう）（天然痘（てんねんとう））にかかると、赤色が病魔を払うという俗信から、赤色を身につけ赤色のものを食べると良いといわれ、真っ赤な鯛形の落雁が見舞品としてよく用いられた。鯛形の木型が各地に残っているのもこうした風習によっているのだろう。病に対抗するかのように威嚇的な表情の鯛形などは迫力がある。

全体に左頭の横向きが多いが、意気のいい「はね鯛」の場合は、右に頭がくることもある。はね鯛の意匠は、漁夫の祝い着、大漁半纏（はんてん）などにも見られるが、最近ではなじみがないせいだろうか、菓子店のしおりでも、はね鯛が上下逆に置かれた写真を見ることがあり、なんとも残念だ。これでは鯛が腰をかがめてお辞儀しているようで勢いがない。鯛焼*にはね鯛の意匠が増えればこの間違いは減るのではと思うことがある。

千鳥
ちどり

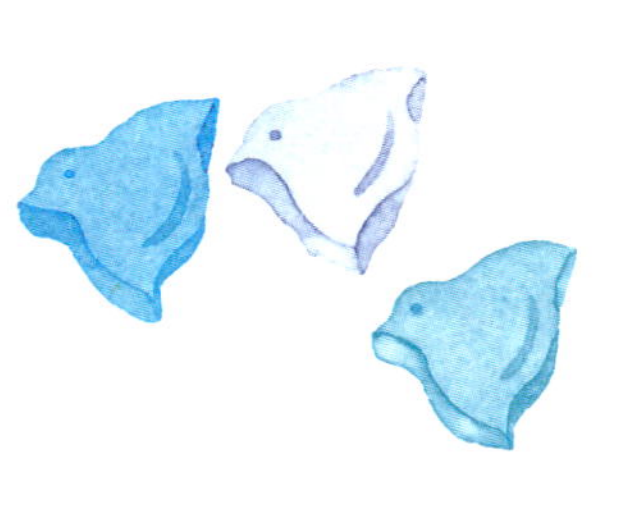

近江の海夕波千鳥汝が鳴けば心もしのに古思ほゆ
（『万葉集』巻三・柿本人麻呂）

千鳥はチドリ科の鳥の総称で、冬、海辺や河原に群れる小さな鳥を指す。冒頭の歌にあるように、哀愁を帯びた鳴き声は、古来、多くの歌に詠まれ、波間を飛ぶ姿は数々の絵画や工芸品に描かれた。リズミカルに群れたり、ふわりと宙に浮いていたり、その意匠は多様だ。

菓子でも千鳥は好まれるもので、「磯千鳥」「波千鳥」「浜千鳥」「友千鳥」などの銘がある。小豆の粒を千鳥に見立てた道明寺羹、千鳥の焼印を押した饅*頭、千鳥形の干菓子など多種あり、いかにそのイメージが愛されているかがよくわかる。

夏によく見かけるのは、かき氷屋の暖簾や旗の千鳥だろう。波しぶきに千鳥の組合せが一般的だが、このデザインがどのように広まったかはよくわからない。着物にもよく見る伝統的な文様を参考にしたとも思われ、冬の鳥、千鳥を描くことで、涼しさを演出しているのかもしれない。しかし、残念なことに現在では、この鳥をひよこと勘違いする若者もいるという。
酒に酔ってふらふら歩くときの「千鳥足」という言葉は知っていても、肝心の千鳥がどのようなものか、わかる人が少なくなっているのかもしれない。

《季語　冬》

蝶

ちょう

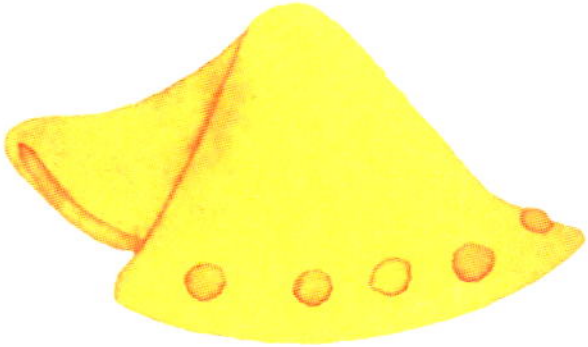

中国の故事の一つに「胡蝶(こちょう)の夢」がある。これは、中国戦国時代の思想家、荘子が蝶になった夢を見て飛ぶことを楽しみ、目が覚めた後、今の自分が夢なのか、蝶だった夢が現実なのか、わからなくなったというもの。存在していることの不思議、現実と夢の狭間を考えさせるようなおもしろさがある。この故事に影響を受けてか、歌の世界でも蝶で無常観を表したものがある。西行の

ませに咲く花にむつれて飛ぶてふ（蝶）の羨(うらや)ましくもはかなかりけり　（『山家集』）

もその例といえる。一方、菓子の場合は無常観とはほど遠く、春の光を浴びてのどやかに飛んでいるような蝶を表すことが多い。黄色い*外郎(ういろう)生地を折り畳んで羽に見立て、焼印で斑文様(まだらもんよう)をつけたり、*有平糖(あるへいとう)を蝶形にねじって飛ぶ姿を形作ったりと、愛らしい。

工芸品の文様では、華麗なアゲハチョウを題材にすることが多いというが、木型を使う干菓子は別にして、一般に生菓子では、シンプルに黄色あるいは白一色で表現する。確かに、昆虫標本にあるような派手な羽文様の蝶が菓子になったら、口にはできないだろう。蝶だけでは寂しいという人には、春の草花をイメージした干菓子との組合せをおすすめしたい。

《季語　春》

鶴

つる

鶴は亀*とともに長寿の象徴で吉祥となっているが、亀に比べるとその意匠は多様といえるだろう。白く美しい羽毛、細く長い首と足に特徴があり、羽を広げて飛翔する様、端正な立ち姿、どんなポーズでも絵になる。

西方伝来の華麗な花喰鳥文(はなくいどりもん)が、平安時代に和風化し松喰鶴文(まつくいづるもん)となるなど、鶴は昔から日本美術にとって特別な存在であった。鶴を題材にした数々の美術品を見るたびに、鶴が存在しなかったら、日本美術の魅力も半減するのではないかと思う。

菓子木型でも鶴の意匠は多く、扇状に羽を広げた姿がよくかたどられる。日の出を背景にしたものなどは、正月にもふさわしい神々しさだ。

饅頭*や煎餅*、生菓子の場合、生地に目やくちばしの焼印を押し、頭部に赤い点をつけたものが見られる。この場合は紅白の彩りもおめでたい丹頂鶴が羽を閉じてうずくまっている姿といえるだろう。変わったところでは、福岡県の「鶴乃子」(石村萬盛堂製)がある。黄身餡入りの卵形のマシュマロで、箱にも鶴の絵が描かれている。鶴の子餅同様、成長と発展への願いを思わせる菓子だ。《季語 冬》

蛍

ほたる

草むらでほのかに光る蛍に、我を忘れて見入った思い出をもつ人は少なくないだろう。夏の風物詩として美しいものだが、昔の人にとって、その神秘的な光はどこか妖しい炎でもあった。恋愛に生きた歌人、和泉式部が

もの思へば沢のほたるもわが身よりあくがれ出づるたまかとぞ見る
(『後拾遺和歌集』雑六)

と詠んだように、恋の歌にもよく見られる。蛍という名前も「火垂る」「火照る」に由来するという。

一方、菓子の蛍の光はもっとおだやか。黄色い餡を包んだ葛饅頭、琥珀色の＊錦玉羹などで表す。後者に大徳寺納豆を浮かべたものは、蛍が自らのやわらかな光に包まれているようだ。また、＊有平糖でできた可愛らしい蛍の造形の妙には感嘆させられる。いずれも蛍の詩的なイメージが大事にされているといえよう。童謡の「ほ、ほ、蛍来い……」の一節が思い起こされる。

《季語 夏》

雨

あめ

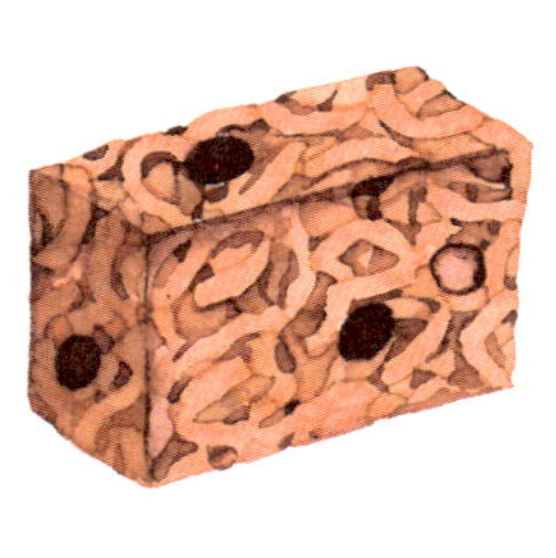

じとじと続く雨は嫌なものだが、晴天続きのあとで、久しぶりに雨音を聞くとほっとする。大地が潤って草木も一段と生き生きとしてくるのだから、まさに恵みの雨だ。考えてみると、小雨、霧雨、春雨、雷雨、時雨、にわか雨など、日本には雨の表現がとても多い。

思い出すのは、学生時代に学んだ、

花の色はうつりにけりないたづらにわが身世にふるながめせしまに

（『古今和歌集』春歌下・小野小町）

という歌。「ながめ」に、「長雨」を掛けて、やるせない心情を詠んでいるという教師の解釈に、「二重の意味が込められているとは……」と感じ入ったものだ。

菓子では「春雨」「五月雨」「時雨」などの銘がよく使われる。春雨は春に降る細かな雨、五月雨は梅雨の別名で、五月の文字が入ることでかろやかなイメージだ。虎屋にはそれぞれ紅・黄・紅、白・黄・白の三段の棹物で表したものがある。また、時雨は晴れたり、降ったり断続して降る雨のことだが、菓子では餡をふるいで漉し、そぼろ状にしたものを蒸し固める製法用語になり（図。時雨羹、村雨、高麗餅、湿粉とも。四八頁）、季節を問わない。適度な湿とほろっとした感触が雨の趣に通じるのだろう。

石
いし

フランスの菓子店で、本物の小石そっくりのチョコレートを見たことがある。石畳の町の雰囲気に似合う小粋な作りで、灰色や茶褐色、半斑状、筋入りなど、どれも凝っていた。といっても、こうした石表現なら、和菓子も負けてはいない。

たとえば小石形の*煉り切りが入った*錦玉羹（きんぎょくかん）。白や黒、茶色の生地を丸め、小石形にし、型に入れ、砂糖を煮とかした寒天液を上から流し込めば、水底を思わせるような涼しげな菓子のできあがり。*鮎形の*羊羹を浮かべると、せせらぎに小石が透けて見えるような情景となる。

また、白砂糖と卵白で作る*カルメラの石（図左）もよくできたもので、ぶつぶつとした気泡が武骨な石の質感を感じさせる。かりかりとした食感に加え、外見から想像できないような甘みが口中に広がるのが特徴だ。夏の干菓子として作られる小粒のものは、流水形の*有平糖（あるへいとう）などとよく組み合わされる。

一方、菓子博覧会に出品される*工芸菓子では、ごつごつしたかなり大きめの石も見られる。これらは岩や石山といってもよく、*雲平（うんぺい）や餡平細工（あんぺいざいく）などで精巧に作られた勇猛な鷲（わし）が、足を寄せる場になることもある。

季節を問わず見かけるのは石衣（いしごろも）*だろう。小さく丸めた餡玉（あんだま）にすり蜜をかけたもので、一口で味わえる。また、黒や白などの小粒の飴*で小石を見立てたものもある。日本人は小石に並々ならぬ愛着をもっているようだ。

霞・霧

かすみ・きり

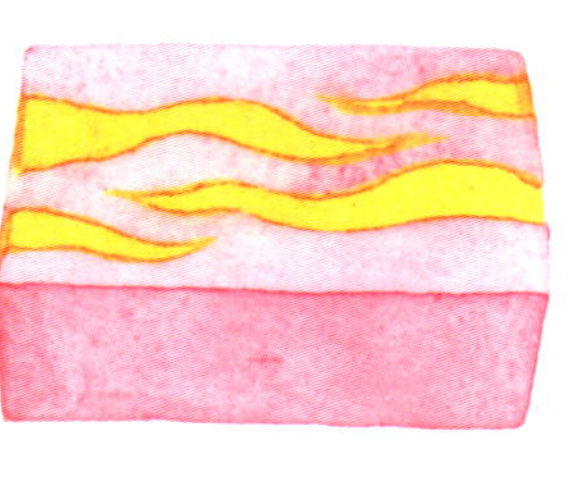

空中に浮遊する細かな水滴やちりによって、遠くのものがぼんやりと見えなくなることを霞というが、この語は気象用語にないと聞く。かわって使われるのは、霧。つまり、霞も霧も同じような現象なのだが、文学の世界では、平安時代以降、その雰囲気から春は霞、秋は霧と分けて用いるのが一般的になったとされる。

よって、季語でも「朝霞」「夕霞」「八重霞」は春、「山霧」「川霧」などは秋になる。春秋に分けて合せ鏡のように使われているようだが、絵画表現の場合、好まれるのはたなびく霞の方だろう。絵巻や屏風絵（びょうぶえ）などでは画面の仕切りや時間の経過を表すものとして、霞が効果的に使われている。

菓子でも絵画に見えるような霞の形を棹物（さおもの）などに取り入れることが多い。また、煎餅*などにすり蜜をかけて、霞がかかった風情を漂わせることもある。

霧の場合も、生地表面に荒粉（あらこ）をまぶしたり、棹物に細かな筋を入れたり、工夫したものが見られるが、際立った特徴がないため、菓銘に霧が使われていなければわかりにくい。『源氏物語』の愛読者なら、霧から源氏と葵の上との息子、夕霧を思い浮かべるのではないか。菓銘としても風情があると思うが、あまり見かけない。幼馴染（おさななじみ）の雲居（くもい）の雁（かり）と結婚するものの、落葉の宮に心動かされる、優柔不断でどこか頼りない男性という印象があるからだろうか。

《季語 霞=春 霧=秋》

氷

こおり

餅*を薄く切り、冬の寒気にさらしたものは氷餅（こおりもち）、凍み餅（しみもち）と呼ばれる。保存食として古来作られてきたもので、白くかちかちになったその様は、氷のイメージにふさわしい。一方、菓子用語としてよく耳にするのは、もち米を水（みず）挽（び）きし、できた米汁を煮て枠に流し、凍らせた後、乾燥させ、砕いてまぶし粉とする氷餅だ。胡桃柚餅子（くるみゆべし）などに使われるもので、弾力のある生地と相性がよく、独特の食感が楽しめる。生菓子では、餅や求肥*（ぎゅうひ）の表面にまぶし、雪*や霜*に見立てることもある。白い薄片に覆われた様は涼しげでもあり、冬に限らず、夏菓子にも使われる。

菓子のモチーフとしては、生菓子では氷室（ひむろ）が知られているだろう。氷室とは、氷を蓄えておく室のことで、白餡の上に氷を模した三角形の紅の羊羹*をのせ、葛生地で包んだ饅頭*として作られることがある。貴重な氷を大事に扱った昔の人の心遣いが感じられるデザインだ。

また、錦玉羹*や寒氷*の生地で、割れた氷を表現したものも見かける。とくに艶干錦玉（干錦玉）の場合、鋭角な仕上がりが氷らしく、時が経つにつれとけてしまうかのような儚さも感じさせる。しゃりっとした感触も、どこか氷の食感に通じるようだ。このほか、薄い煎餅*に和三盆蜜をかけた富山県の「薄氷」（五郎丸屋製）なども、氷に亀裂が入った様を巧みに表した名品といえよう。

《季語 冬》

霜 しも

ついこの前までは錦のように美しかった秋の山も、霜が降りる頃より次第に樹々の葉が散り、もの哀しい景色になっていく……。冬の到来を象徴する霜にはどこかわびしさが感じられよう。

とはいえ、菓子による霜の表現には、そうした風情があまり漂わないように思われる。葉形*や梅形*の生地に白い新引粉やまぶし粉の氷餅を散らしたものなどは、霜で化粧をしているようだ。

地方の菓子では、長野県諏訪地方で作られる「初霜」が美しい。直方体の氷餅にすり蜜をつけたもので、はがれやすい氷餅の形状が、うっすらと降りた霜を思わせる。また、宮城県の「霜柱」(九重本舗 玉澤製)は、砂糖と水飴を材料に何度も引きのばして作る白い晒し飴*。飴の糸が細かく集まった様が霜柱の見立てにふさわしく、口中でさらっととける感触もすばらしい。幼い頃、霜に覆われた地面をさくさく歩いて楽しんだことが思い出される、詩情ある菓子だ。

「霜柱」という銘の菓子には、棒状の小麦粉生地を糖衣で覆ったものもあり、江戸時代から作られている。また虎屋の生菓子には、つくね芋を使った薯蕷生地で餡を薄く包んだ棹饅頭(羊羹*のように棹状にした饅頭*)の「霜柱」もある。断面が地表を覆う真っ白な霜に見える、おもしろい意匠だ。

《季語 冬》

月
つき

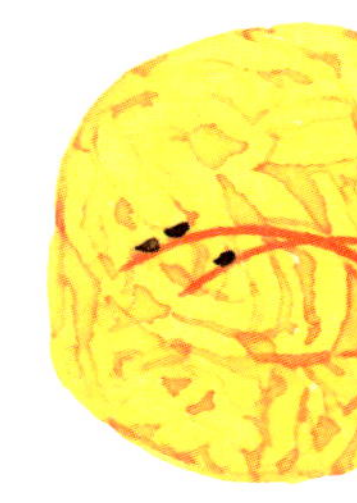

月見れば千ゞにものこそかなしけれわが身ひとつの秋にはあらねど
(『古今和歌集』秋歌上・大江千里)

今とは違い、日が落ちればあたり一面暗がりとなってしまう昔、月の光はこの上なく神秘的なものだったことだろう。月の姿は、美術品はもちろん菓子の絵図にもよく見られる。代表的なものは、山*に満月を配した意匠の棹物といえ、月の部分は山芋製で白地となる(現在では白羊羹)。十五夜を意味する「三五夜」、月の名所として知られる信濃の「更級(科)」の銘がつくものもあり、奥ゆかしい。丸形の棹物も「月羹」「名月」などの名をよく見かける。三日月でなく満月をかたどることが多いのは、月見の風習との関わりもあるのだろう。

ちなみに中華菓子の月餅（げっぺい）は中秋の名月に用意するもので、丸形は満月を模していると伝えられる。その一方で、京名菓として知られる白餡（しろあん）入りの丸い焼菓子「月餅」（月餅家直正製）は「つきもち」と読むので要注意だ。

月との取合せとしては、山だけでなく、すすき*やうさぎ*もおなじみ。黄色い麩焼（ふやき）煎餅にすすきやうさぎの焼印を押したものなどは、そのまま着物の文様にもなりそうだ。

《季語　秋》

露 つゆ

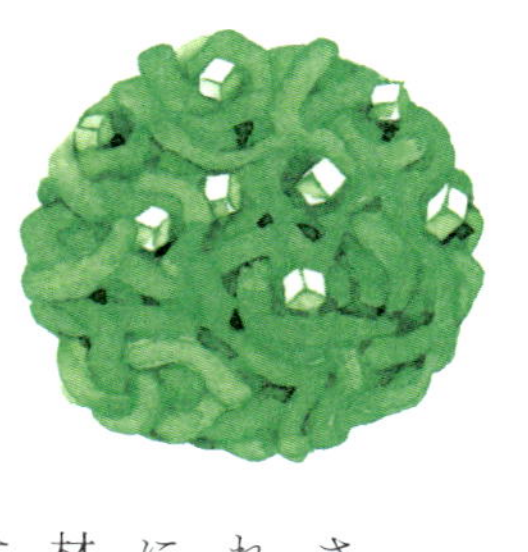

露の玉走りて残す小粒かな　川端茅舎（ぼうしゃ）

地面や草、木の葉に結んだ露の玉は、まさに宝石のよう。朝日を浴びるとさらに輝きを増して、きらめく美しさだ。露は風のない晴れた秋の夜に見られることが多いため、秋の季語になっている。しかし、菓子では初夏から夏にかけてその名を聞くことが多い。これは、葛（くず）や寒天など、露を表現する素材が夏向きだからともいえよう。とくに葛生地は、丸く茶巾しぼりにしただけでも、そのみずみずしさが露の光を思わせる。笹に包まれた葛菓子に「笹の露」の銘があるのも納得だ。

寒天を使った錦玉羹(きんぎょくかん)も采(さい)の目に小さく切れば露の見立てとなる。緑色のきんとんのそぼろ生地に置けば、草むらの露で、朝顔の花形の生菓子に配せば、朝露の風情になる。見た目にも涼しく、品の良さがあるといえよう。

露芝文様といえば、芝草の合間に小さな丸形を置いたリズミカルな伝統文様で、着物などによく見られる。この文様にヒントを得たかのような羊羹(ようかん)が虎屋の文政七(一八二四)年の菓子見本帳にも描かれている。山芋を細い棒形と丸い小粒形にして、芝と露を組み合わせたように断面に見せるもので、「朝露」の名がついている。

《季語　秋》

山 やま

四季の山をたとえ、「山笑う」「山滴(したた)る」「山粧(よそお)う」「山眠る」という季語がある。山も人間のような表情を見せることに、あらためて気づかせてくれる表現だ。菓子の場合、羊羹(ようかん)などの棹物(さおもの)では山形の枠を使い、春は桜を思わせる薄紅、夏は若葉の緑、秋は紅葉の紅、冬は雪見立ての白など、生地の色で変化をつける。正月には神々しい「富士山」、春には桜の美しい「吉野山」(奈良)や「嵐山」(京都)、秋には紅葉の名所とされる「高雄山」(京都)や「龍田山」(奈良)などが題材になることがあり、賞味しながら想像上の山めぐりが楽しめる。

一方、一年中販売されている〝山〟の名の菓子といえば、三笠山（三笠）だろう。*どらやきの別名ともいえ、奈良県の春日大社後方にある三笠山にちなんでいる（二一四頁）。

四季折々の植物と出会える山路も、菓子の銘に使われる。「山路の雪」「山路の紅葉」「夏山路」などがその例といえ、山道の美しさをイメージさせる。ちなみに、古語で「山路へ入る」は、仏道修行を意味するという。出家遁世する身で見る山道の景色は、どのようなものだろうか。

雪
ゆき

雪月花の一つ、雪は、日本人の詩情と深く結びついた自然現象といえるだろう。古来、文学・絵画の世界で多様に表現されてきたが、菓子では『日葡辞書』（一六〇三）に見える「Yuqimochi ユキモチ（雪餅）一般に四角、あるいは、三角の形に作る、白い米の餅」の記述が注目される。まだ素朴な菓子しかなかったこの時代、早くも雪の風情を表そうとした先人の思いに感じ入る。

『日葡辞書』の記述とは異なる雪餅もこれまで作られてきたが、[1] 現在では、つくね芋で作った薯蕷生地をそぼろにし、箸で黄色の餡玉の周りにつけたものがよく知られる。真っ白なそぼろに楊枝を入れると、餡が雪明かりのように見えて美しい。このほか生菓子では表面に氷餅や白いそぼろをのせて

雪を表現することがある。

また、雪輪（ゆきわ）や雪華（せっか）などの結晶文様は、焼印や干菓子の木型によく見られる。江戸時代の刊行とはいえ、『雪華図説』（一八三二）は今も意匠の参考になるだろう。「風花（かざばな）」（遠くで降っている雪が風によって花のように舞うもの）や「雪文様」、「六花（りっか）」「むつの花」（結晶が六角形であることにちなむ）といった菓銘は、「寒い冬にも楽しみあり」と、心を浮き立たせてくれる。

なお、卵白を泡立てて砂糖、寒天液を混ぜ、固めた生地は淡（泡）雪羹と呼ばれる。型に流し、固めた棹物（さおもの）が知られるが、[2] 液状のものを*鹿の子などの生菓子の表面にかけることもある。

雪をモチーフにした菓子は北陸によく見られ、たとえば新潟県の「越乃雪（こしのゆき）」（大和屋製）は、和三盆糖と、もち米の寒晒（ざら）し粉で作る干菓子で、はかなくとける雪の風情を見事に表現している。また、福井県の「雪がわら」（亀屋製菓製）は四角に切った昆布を軽く焼き、その上から砂糖を何度もまぶして乾燥させ、民家の屋根の黒瓦に降り積もった雪に見立てたもので、味わい深い。《季語　冬》

1『料理物語』（一六四三）には、うるち米の粉、もち米の粉を合わせ、間に串柿、栗、榧（かや）の実などを入れて蒸す「雪餅」が見える。これは韓国の「シルトッ」に似た製法だ。

2 淡雪羹は、広島県三次（みよし）市、愛知県岡崎市、山口県下関市の名菓にもなっている。

歌枕

うたまくら

歌枕といえば、一般には歌に詠まれた名所を指す。菓銘に使われることも多く、古来その地で賞美された植物やゆかりの事物が意匠化される。

嵐山 京都市西京区。紅葉*の名所として歌によく詠まれたが、現在では桜*の名所という印象が強いといえよう。

井手（井出） 京都府綴喜郡井手町。山吹*で知られる。

宇治 京都府宇治市付近、平安京の東南。抹茶の製産地として知られるため、「宇治羊羹」「宇治金時」のように、抹茶を使った菓子の名によく使われる。

嵯峨（嵯峨野） 京都市右京区の西部一帯の地。秋草のすすき*や女郎花などが連想される地名。

佐保 奈良市の佐保山のこと。秋の女神「竜田姫」に対して春の女神は「佐保姫」と呼ばれ、桜の意匠の菓銘に使われる。

更級（更科） 長野県の地名で、月*の名所。姨捨山伝説が知られる。

須磨 神戸市須磨区。『源氏物語』の「須磨」「明石」の帖の連想もあり、松*、月、海岸などがイメージされる。

龍田（竜田・立田）　奈良県生駒郡斑鳩町龍田。紅葉で有名。
二見浦　三重県伊勢市の夫婦岩を意匠とした菓子にこの銘がよく使われる（図）。
八　橋　愛知県知立市。『伊勢物語』第九段にちなみ、かきつばた*と橋との組合せで表現されることが多い（一七六頁）。
吉　野　奈良県吉野郡。桜の名所である一方、葛粉の製産地としても知られる。

団扇・扇　うちわ・おうぎ

団扇は中国で作られ、日本には奈良時代に伝来したという。団扇も扇も涼を呼ぶものだが、団扇の方が庶民的。型紙を使い、着色したすり蜜で表面に朝顔*や名所絵をあしらい、楊枝をつけた麩焼煎餅（加藤皓陽堂）などは、飾り物のミニ団扇のようで思わず手に取りたくなる。

一方、扇は日本人の発明といい、平安時代にはすでに、貴族の間で檜の薄板を糸でつないだ檜扇が使われている。その後、今日見るような紙扇が考案され、普及した。

末広がりの形は、発展・繁栄の吉祥でもあることから、扇は年始や婚姻などの贈り物とされ、舞踊やあらたまった席にも用いられる。菓子の木型の意匠にも扇形は好まれ、日の出や季節の植物を配したものが見られる。雅趣に富むのが扇に夕顔の花をあしらったもの（総本家駿河屋・虎屋）。『源氏物語』の「夕顔」の帖で、香をたきしめた白扇に夕顔の花が置かれ、源氏に渡される情景が想像される。

また、地紙（扇に張る紙の部分）の形もよく見られる。型の中に花や鮎形の煉羊羹を置き、錦玉羹や道明寺羹を流したものなどは、彩りもよく涼やかだ。

《季語　ともに夏》

織部焼 おりべやき

千利休に茶の湯を学び、師亡きあとも江戸幕府二代将軍徳川秀忠や諸大名に茶を伝授した古田織部。その名は茶人というより、織部焼でなじみ深いのではないだろうか。

織部焼は、尾張・美濃地方で焼かれたもので、古田織部が作陶を指導したことから名づけられたという。斬新な造形、深みある緑釉に幾何学文様や大胆な意匠が特徴で、現代感覚あふれるものが多い。このやきものの趣を菓子に表したのが「織部饅頭（織部饅）」で冬〜初春に作られることが多い。真っ白い薯蕷饅頭に、緑釉に見立てた緑のにおい（色差し）をつけ、梅鉢や井桁、木賊形などの焼印（二六七頁）を押したもので、江戸時代後期には作られている。

その一方で、江戸時代には「織部餅」なる餅も存在した。元禄九（一六九六）年刊の『茶湯献立指南』に見えるもので、うるち米ともち米を粉にして水でこね、卵のように丸くし、湯のなかに入れ、浮き

上がったところをすくい出すという。由来は不明だが、料理書に見える「織部味噌」「織部豆腐」などと同様、有名な茶人の名をつけることが風流とされたのかもしれない。

織部の名はそれだけ親しまれていたのだろうが、現在はこうした料理名を聞くことはなくなり、織部饅頭が知られる程度だ。その人気の秘密は、現在も目にするやきものの風情が菓子から感じられることにあるといえるだろう。焼印なしで、薯蕷饅頭に緑のにおいをつけただけのシンプルなデザインも、本質をついているようで味わい深い。

砧

きぬた

み吉野の山の秋風さよふけてふるさと寒く衣うつなり

（『新古今和歌集』秋歌下・藤原雅経）

砧とは衣板が約された言葉という。布を巻きつける台のようなもので、木槌でたたくことにより、布（とくに絹）がやわらかくなり、艶が出る効果があった。秋の夜長に打つ砧の音は風流で、数多くの詩歌に詠まれ、絵画に描かれた。

菓子の名にも、「砧」「砧巻」がある。江戸時代には、深川仲町（現在の東京都江東区）の越後屋の砧巻が有名で、高坏に越後屋の松風煎餅、こはく餅（琥珀色の餅あるいは琥珀羹か）、砧巻などを積み合わせて出すといった記述(『仕懸文庫』)がある。

これは、布を巻きつけた砧の形にちなみ、小麦粉の生地を薄く焼いて巻いたもの、あるいは、こなし生地で餡を巻いたものだったろうか。焼菓子ならば、現在の「絹巻」や「巻絹」と呼ばれる巻煎餅や、その中に棒状の有平糖を入れた有平巻(図)に近いと思われる。砧の意味が忘れられるとともに、砧巻の菓子名はしだいに使われなくなったのかもしれない。

京都では棹物の「きぬた」(長久堂製)が有名だ。丸い紅羊羹を薄い求肥でその風雅な趣に想を得て作り出したという。砧の音はもう聞くこともなくなってしまったが、その詩情は菓子に生き続けているといえるだろう。

《季語 秋》

幾重にも巻いた形が、砧で仕上げた布を思わせる菓子で、初代店主が故郷の丹波で砧の音を聞き、そ

源氏香図　げんじこうず

源氏香図とは、香を聞いて楽しむ香合の一つ「源氏香」に使われる符号のこと(図)。五種類の香を各五包み、つまり計二五包み用意して任意に五包み取り出し、順にたき、聞いた後の結果を示すために用いる。五本の直線を使い、同じ香りどうしを横の線で結ぶもので、組合せは五二種あり、それぞれに「葵」「夕霧」など『源氏物語』の帖名がついている。物語は五四帖あるので、最初の「桐壺」と最

後の「夢の浮橋」は省略されることもある。もしくは「桐壺」と「賢木(さかき)」を同じ形にし、「夢の浮橋」は「行幸(みゆき)」の形を文様がえする。

物語の連想や幾何学的な図形のおもしろさが好まれてか、江戸時代より、着物や工芸品の意匠として親しまれるようになり、菓子の木型や焼印の意匠にも用いられた。図のみを単独で使うだけでなく、「桐壺」に桐の花、「常夏(とこなつ)」に*撫子(なでしこ)など、源氏香図と植物とを組み合わせた雅びなものもあり、現在も『源氏物語』ファンに喜ばれている。法事の菓子には、源氏の最愛の女性、紫の上が亡くなる帖「御法(みのり)」を使うなど、用途に気を配ることもある。

帚木
空蟬
夕顔
若紫
末摘花
紅葉賀
花宴
葵
賢木
花散里
須磨
明石
澪標

蓬生
関屋
絵合
松風
薄雲
朝顔
少女
玉鬘
初音
胡蝶
蛍
常夏
篝火

野分
行幸
藤袴
真木柱
梅枝
藤裏葉
若菜上
若菜下
柏木
横笛
鈴虫
夕霧
御法

幻
匂宮
紅梅
竹河
橋姫
椎本
総角
早蕨
宿木
東屋
浮舟
蜻蛉
手習

なお、江戸幕府や大名の御用をつとめた江戸の菓子屋、金沢丹後の絵図にも、「源氏香（糕）」[2]として、源氏香図に檜扇あるいは松と藤、蕨などを配した上品な意匠が見られる（『金沢丹後江戸菓子文様』）。祝い事などの贈り物に使われたと推測されるが、同店の木型の所在は不明なため、残念ながら実物を見ることはできない。

1 香道ではかぐといわず、聞くという。
2 糕は、米粉などを蒸し固めたり、押し固めたりして作る食物をいう。

光琳文様

こうりんもんよう

光琳模様ともいう。光琳とは江戸中期に活躍した画家、尾形光琳のこと。「紅白梅図屛風」（ＭＯＡ美術館蔵）、「燕子花図屛風」（根津美術館蔵）など、その作品は明るく華やかで町衆の活気に満ちあふれている。また、菊、水、梅、波、松などを光琳風にデザインした文様は昔から人気があり、着物や工芸品に盛んに取り入れられた。菓子も例にもれず、今も「光琳菊」「光琳松」などの銘や意匠を見ることは多い。

興味深いことに、光琳が後援者の銀座役人、中村内蔵助に贈った菓子の注文記録が虎屋に残っている。宝永七（一七一〇）年五月二一日の日付で、

「色木の実」「友千鳥」「氷雪焼」「松風」「源氏榧」「花海棠」など、*有平糖でできた干菓子も含めて全一〇種が、杉二重物（杉でできた二段重ねの折箱）二組に納められたことがわかる。このうち「色木の実」は、葉と木の実をかたどった二種の生菓子、「友千鳥」は小豆を*千鳥に見立てた棹物である。光琳がどのように菓子を選んだのか、気になるところ。案外、菓子の意匠にも関心を示し、色や銘に細かく注文をつけたのかもしれない。実際、光琳の子孫にあたる京都の小西家に代々伝えられた画稿類には、印籠や蒔絵の下絵とはいえ、和菓子に使えそうな図案がかなりある。とくに寿字や菊花の型紙などは、そのまま木型の意匠に使えそう。光琳と菓子を結びつける資料がさらに見つからないかと願わずにはいられない。

言葉 ことば

喜びや祝いの意味で、菓銘によく使われる言葉をあげたい。

千代（千世）

千代といえば、思い出されるのが「君が代」。実は

わが君は千世に八千代にさゞれ石の巌となりて苔のむすまで
（『古今和歌集』賀歌・読人知らず）

によっており、「千世」は、きわめて長い年月を表す。菓銘にも、幸福が末長く続くことを願い、「千代の寿」「千代の菊」「千代結」などがある。また、同様の意味をもつ「千歳」や「常磐（常盤）」、「万代」

「千尋（ちひろ）」なども使われる。

玉（たま）

玉とは、球形の高価な石や真珠など、尊いものの意。菓銘でも「玉椿」「玉簾（すだれ）」など、玉を頭につけることで、雅びで特別な感じが漂う。愛らしいのは「玉手箱」。浦島太郎の伝説からは装飾をほどこした美しい小箱が連想されるかもしれないが、菓子では正方形の生地に餡玉（あんだま）を置き、四方から三角に折って包むものが知られる。中の丸い餡を貴重な玉に見立てるのも一興だ。

寿

永続する生命力を表す文字。壽とも書くもので、本来、田のうねを表し、豊穣を祈る意があるという。本家の中国ほどではないが、日本でも寿の字はありがたがられ、のし袋や結納の席の祝い酒を飾る折り形、器物の意匠など、様々に使われてきた。和菓子でももっとも使用頻度の高い文字といえ、寿の字をかたどった*落雁（らくがん）や寿の焼印を押した麩焼（ふやき）煎餅、*饅頭などが作られている。口にすると、幸福に一歩近づけるような思いがする。

福

寿とならび、福もおめでたい言葉。黄門様で知られる徳川光國（みつくに）は、元禄一三（一七〇〇）年「ふく（福）寿」と紅で書いた饅頭一〇〇個を、公家の中院通茂（なかのいんみちしげ）の誕生日祝いとして、虎屋に注文している。ほっと心温まる贈答の逸話である。

衣
ころも

春過ぎて夏来(きた)るらし白たへの衣干(ころもほ)したり天(あめ)の香久山(かぐやま)

（『万葉集』巻一・持統天皇(じとう)）

衣といえば、右の歌がよく知られる。青葉のなかに白く見える衣で夏の到来を知るとは、視覚効果もあって爽快だ。

菓子用語で、生地の表面にすり蜜(みつ)がけしたものを「衣がけ」と呼ぶのは、こうした歌の連想もあってのことだろう。*石衣(いしごろも)もこの製法によるものだが、麩焼(ふやき)煎餅などにも見られ、うっすらと蜜を刷(は)いたものなどは、白い薄衣をまとっているような上品さが感じられる。天女が羽織った羽衣のことなども思われ、しばし見入ってしまう。「衣をかける」には、「事実以上に大げさに見せる」という意味もあるが、菓子用語では「より詩情豊かに見せる」と定義してもよいだろう。

このほか、「春衣」「花衣」「夏衣」など、生菓子でも衣の名はよく使われる。多くは丸めた餡(あん)を*煉切りなどの生地で反物のように巻いたもので、彩りや衣の文様は店によって様々。春は*桜の花をあしらうことが多く、花見にでも出かけたくなるような装いがイメージされる。一方、夏には道明寺(どうみょうじ)生地がよく使われ、中の餡が透けて見える様が涼しげだ。

思えば、粽や柏餅、桜餅も葉を衣代わりにした菓子といえるだろう。そういえば、「葉衣」は「羽衣」と同じ発音だ。

松竹梅

しょうちくばい

鮨屋や天ぷら屋のメニューで松竹梅の使われ方を見ると、松がもっとも高く、以下、順に値段が安くなるようである。序列のように思われがちだが、本来は同等で、中国では「歳寒の三友」として、それぞれ尊ばれてきた。最初の松は厳しい寒さに耐えると同時に、常に緑をたたえる不老長寿の象徴。竹はまっすぐのびた幹が清廉潔白な君子の姿に通じるとされ、梅はその香りと品の良さが好まれた。松竹梅がおめでたい文様として着物や工芸品の意匠に親しまれるようになるのは、江戸時代に入ってからという。

菓子の世界でも、伝統的な祝いの意匠として好まれており、とくに正月には生菓子はもちろん、一口サイズの小さな干菓子など、目にする機会は多い。

また、昔は結婚式の引出物として、大きめの羊羹一つに生菓子二つを組み合わせ、縁高に納めた三ツ盛がよく使われた。たとえば、型紙を使い、松の枝ぶりを表した刷り込み羊羹に、笹形の煉り切りと紅梅の花をかたどった求肥*（ぎゅうひ）という具合。大きさは店売り生菓子の三倍はあり、威風堂々とした貫禄がある。筆者も、一度では食べきれない量に圧倒された思い出がある。しかし、バウムクーヘンなどの洋菓子の利用が増えたせいか、三ツ盛の菓子は珍しくなってしまい、松竹梅の出番も少なくなったようだ。

瑞獣　ずいじゅう

中国伝来の想像上の動物にも、吉祥として好まれるものがある。

猩々（しょうじょう）

体は朱紅色の長い毛で覆われ、顔は人に、声は子どもの泣き声に似、酒を好むといわれる。猩々に酒はつきもので、能の「猩々」も、唐土の潯陽江（じんようこう）で猩々が高風という親孝行の青年を称（たた）えて無尽蔵の酒壺を与え、舞いを舞うというめでたい内容だ。袱紗（ふくさ）にも、酒壺の周りで猩々たちが酒をくみかわしている図案などが見られる。菓子木型の意匠にも猩々の姿をかたどったものがあり、かつては赤い落雁*を打ち出し、疱瘡（ほうそう）（天然痘（てんねんとう））見舞いに用いた。生菓子では、糸状にした紅の生地を、猩々の毛に見立てた「猩々餅」や紅色きんとん*の「猩々」があり、同じ形で白色の「共白髪（ともしらが）」（友白髪とも）と組み合わせ、祝儀に使う。

鳳凰（ほうおう）

黄金色の雉子（きじ）の翼と、絢爛（けんらん）たる孔雀（くじゃく）の尾をもつ神々しい鳥で、君子誕生の瑞兆（ずいちょう）として現れるという。桐に宿り、竹の実を食べると伝えられ、文様でも桐、竹とともに意匠化されることが多い。菓子では、木型でその高貴な姿をかたどったものが見られる。受賞記念のお祝いなどにふさわしい、華やかで重厚な趣がある。

四神（しじん）

高松塚古墳やキトラ古墳に描かれ、話題になったことから、四神は知名度が上がったのではないだろうか。東西南北の守護神で、青竜（せいりょう）、白虎（びゃっこ）、朱雀（すざく）（鳳凰に似る）、玄武（げんぶ）（亀に蛇が巻きついた姿）になる。国家安泰の願いを込めてか、一六弁の菊の四方に四神を配した意匠の、珍しい菓子木型「四ツ（よっ）の極（きわみ）」が現存している（虎屋蔵）。

簾（すだれ）

簾とは、細い葦（あし）や竹のひごを編んでたらすようにしたもの。日差しよけの効果があるばかりか、その色合いや風情はしばし暑さを忘れさせてくれよう。夏、下町の路地などで、＊朝顔の植木鉢が並ぶなか、簾のかかっている家を見かけると、昔ながらの生活の知恵が今も生きていることにほっとする。菓子でも夏には「青すだれ」「玉すだれ」「夏すだれ」といった銘をよく見る。＊錦玉羹（きんぎょくかん）に葛粉（くずこ）や餅粉を

合わせた生地を凸凹のある包丁(千筋)で幅五ミリほどに切り、餡玉を包むことが多く、筋の入り方が簾らしさを表し、涼やかだ。

雅びなのは、「源氏物語絵巻」などに描かれる高級な御簾だろう。王朝貴族が日差しを避けるのに用いた目の細かいもので、木型の意匠にも見られる。縁どりも美しい御簾に紅葉や桜など、季節の風物を配したものがあり、簾の内側にはどんな女性が控えているか、想像がふくらむ。当時の服装は重ね着スタイルのいわゆる十二単で、貴族たちは衣の重なり合いが見せる色彩の美しさに「山吹重(襲)ね」「松重ね」「紅葉重ね」など、四季折々の植物の名前をつけ、楽しんでいた。御簾の下からも、カラーコーディネートした袖口や褄が見えるようにしたというから優美だ。簾から連想される、こうした「かさねの色目」も和菓子の意匠に取り入れられていることは、意外に知られていないようだ(一七七・一七九頁)。

《季語　夏》

宝尽くし　たからづくし

中国伝来の宝尽くし文様も菓子(主に干菓子)に見られる。一つひとつに幸せを願う人々の気持ちが託されているかのようだ。

文様には次のようなものがある(次頁図は、上段左から時計回りに如意宝珠、小槌、丁子、分銅、隠笠)。

如意宝珠（にょいほうじゅ）
自分の意の如く（ごと）願いがかなうという不思議な玉で、仏徳の象徴ともされる。菓子では、火炎なしに玉の形だけを表す場合もある。

小槌（こづち）
願いをかなえてくれる打ち出の小槌。小槌の不思議な力によって、一寸法師が最後にどんどん大きくなるお伽話（とぎばなし）が思い出される。

丁子（ちょうじ）
香料として知られるクローブのこと。かつてはその芳香が珍しがられ、貴重なものだったため、宝尽くしの一つに数えられた。

分銅（ふんどう）
秤で物の重さをはかるときに標準とするおもり。円形の左右を弧状にえぐったくびれ形で、均整のとれた美しさがある。

隠笠・隠蓑・唐人笠（かくれがさ・かくれみの・とうじんがさ）
かぶったり、身につけたりすると、姿が消える魔法の笠や蓑。

鍵
土蔵の戸などにつける鍵をかたどったもの。福徳の象徴とされる。

経巻（きょうかん）

知識の宝庫の象徴。巻物、宝巻ともいう。

法螺貝(ほらがい) 戦いの合図の戦具、山伏の用具として知られる。独特の音色は悪霊を払うともいわれる。

巾着 銭貨、お守り、香料などを入れる袋で、その文様は、金嚢文(きんのうもん)、金貨文、巾着文ともいわれる。

茶巾 ちゃきん

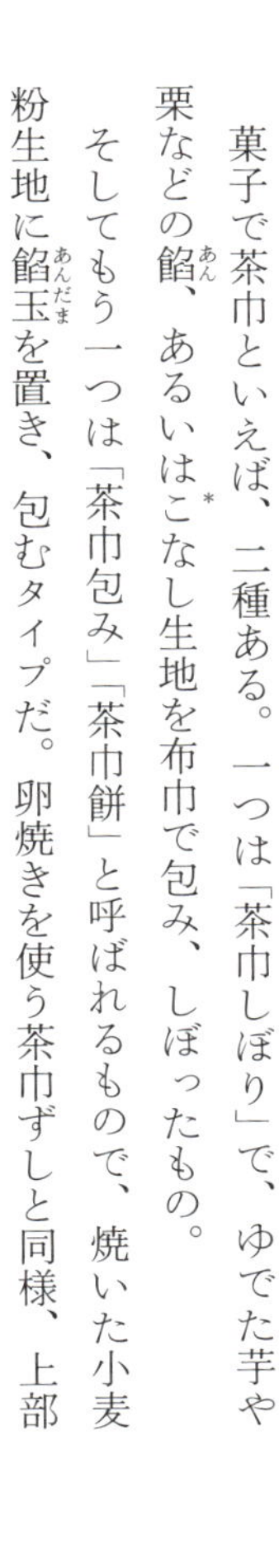

菓子で茶巾といえば、二種ある。一つは「茶巾しぼり」で、ゆでた芋や＊栗などの餡(あん)、あるいはこなし生地＊を布巾で包み、しぼったもの。そしてもう一つは「茶巾包み」「茶巾餅」と呼ばれるもので、焼いた小麦粉生地に餡玉(あんだま)を置き、包むタイプだ。卵焼きを使う茶巾ずしと同様、上部にひだをつけながらきれいに包むものもある。

茶巾とは茶器をぬぐう布のことだが、なぜこの名が使われるのだろうか。調べてみると、『俚言集覧(りげんしゅうらん)』(一七九七〜一八二九成)の「砂金餅　砂金嚢形なる故に云　その俗ちゃきんもちといふはあやまりなるべし」という記述が目にとまった。これによれば、本来は砂金を入れる砂金袋(嚢(のう))、いわゆる巾着形からきていることになる。実際、『男重宝記(なんちょうほうき)』(一六九三）には、巾着に似た「沙（砂）金餅」の絵図もあり（三〇一頁）、この説を裏づけているように思われる。「さきん」「しゃきん」、さらに茶道で身近な「茶巾」へと名前がかわったのだろうか。

なお、『浪華百事談』には、大坂にあった、茶巾餅を専門とする播磨屋の記述がある。生地は白赤黄の三色で、中は黒砂糖餡。一個二文という安価で繁盛したが、明治時代前には閉店したという。

蓬萊山

ほうらいさん

蓬萊山とは、中国の古代思想に由来する理想郷のこと。東方の海上にあり、不老不死の神仙が住むといい、その意匠は日本でも平安時代から漆器や鏡などに用いられた。祝儀や酒宴の飾り物とされた蓬萊台（洲浜台とも）もこの島をイメージしており、松竹梅*や鶴亀の作りものを添えて豪華に仕立てていた。現在も歌舞伎や文楽などの舞台の小道具として使われている。

菓子では「蓬萊饅頭」「蓬萊島」「蓬が嶋」などの名前で、小さな饅頭*入りの大きな饅頭として作られることが多い。小饅頭の餡は、紅や黄・白・緑・紫などで、大饅頭を真中で半分に切るとその彩りが見える。「子持ち饅頭」という別称もあり、子孫繁栄の願いを込めているのだろう。

虎屋の「蓬が嶋」は宝暦一二（一七六二）年一〇月六日、時の摂政近衛内前が銘をつけたもの。史料によれば、このときの饅頭の中には小倉餡の小饅頭が二〇個入っており、しかも小饅頭の間には「くりの粉」(栗餡か)が詰まっていたという。饅頭の数の多さには驚かされるが、栗の粉の部分はどのような味だったのだろうか。

蓬萊山にちなんで紹介したいのは、煎(い)り大豆を糖衣で覆った紅白の豆菓子に「蓬萊豆」(源氏豆とも)だ。紅白に、めでたい「蓬萊」の言葉を重ね合わせたものだが、宝来に通じる語感も喜ばれたに違いない。そのためか、京都の蘆山寺(ろざんじ)の追儺式鬼法楽(ついなしきおにほうらく)では、鬼の退散後、蓬萊豆と「福もち」が撒(ま)かれるそうだ。

❧虎屋文庫編著『和菓子を愛した人たち』山川出版社、二〇一七。

コラム

身近な生活のモチーフ

編笠

藺草、菅、藁などで編んだ笠をいう。菓子では餡を包んだ生地を編笠状に二つ折にしたものを編笠餅と呼ぶ例がある。焼物の場合は、生地に焼ごてで筋をつけ、より笠らしい表現ができる。

糸巻・糸

七夕には、裁縫ほか技芸の上達を願う乞巧奠という行事（一六三頁）があったことから、糸や糸巻に見立てた菓子が作られる。また、細く長い糸は永遠を象徴すると同時に、「結び」を連想させてめでたいため、新年や婚礼などの祝い菓子のモチーフになることもある。

稲穂

黄金色に実った稲穂は豊作の象徴。木型の意匠として見ることがある（図右）。

色紙・草紙

「小色紙」「色紙餅」という菓銘は江戸時代の菓子見本帳によく見られる。単純な四角形でも、「色紙」と名づけられれば、これからどんな書や和歌がしたためられるのかと、気になってくる。四角形の生地に餡をはさんだ菓子に「草紙」の名がつくのも、紙を重ねて冊子状にした形を思わせるからだろう。物語や日記にも連想が及ぶ、優雅な響きがある。

絵馬（えま）

願掛けとして、寺社に奉納されるもの。その形は正月の干支菓子（えとがし）*によく見られ、煎餅仕立て*の絵馬に干支の焼印が押され、ぶらさげる紐が昆布になっているものもある。合格祈願も絵馬に託されることから、二月の菓子としても作られる。

小判・大判

昔の銭のことだが、今も金運を願う庶民の思いを反映してか、煎餅の型などに見られる。現在使われていないだけに、かえって夢を託しやすいのかもしれない。

俵

藁を編んで作るもので、米などの穀物を入れる。富の象徴として、宝船の意匠につきものだ。俵形の干菓子からは、地蔵が笠のお礼に米俵や財宝を届ける「笠地蔵」の話なども思い出されよう。

鳴子（なるこ）

実りの秋、稲田の鳥おどしに用いられる道具(図左)。黄金色の稲穂が一面に広がるなか、鳴子が風に揺れる様はかつて秋の風物詩だった。鳴子を模した饅頭*や煎餅を見ると、郷愁を覚える。

枡（ます）

節分の豆撒（ま）きにおなじみの容器。枡に斜交（はすかい）が入った形を生菓子で模したものがある。

民家

小麦粉生地を焼き、餡を入れて折り畳み、焼ごてや焼印を使い、木や藁で作った鄙（ひな）びた小屋を表す。

見わたせば花も紅葉もなかりけり浦のとまやの秋の夕暮

（『新古今和歌集』秋歌上・藤原定家）

の歌に通じる風情が茶人好みといえるだろう。

コラム　知っておくと便利な文様

日本の伝統的な文様が焼印や干菓子の意匠、パッケージに使われることが少なからずある。代表的なものを紹介する。

麻の葉（あさのは）

大麻の葉に似ることから名づけられた文様。産着（うぶぎ）などによく用いられた。

稲妻文（いなずまもん）

雷文とも。雷光を表したもの。かつては雷おこし売りの着物の文様などに使われた。

市松文（いちまつもん）

石畳文（いしだたみもん）とも。江戸時代中期の歌舞伎役者、佐野川市松（さのがわいちまつ）が衣装に用い、広まった。

青海波（せいがいは）

波文様の一種。江戸時代中期の塗師（ぬし）、青海勘七（せいがいかんしち）が生み出したものと伝えられる。律動感ある曲線の連なりが美しい。

松皮菱（まつかわびし）

菱形の上下に小さな菱形をつけた文様（右）。松の皮をはがしたものに似ていることに由来。左図のような羊羹*の意匠も松皮菱と呼ぶ例がある。

巴（ともえ）

名前は鞆（とも）（弓用具）の側面を図案化したことにちなむ。水の渦（うず）、蛇、まが玉をかたどったという見方もある。

七宝つなぎ（しっぽうつなぎ）

紡錘状（ぼうすいじょう）の形を四つ結び合わせて楕円にし、連続させた文様。中心に花形を入れたものなどもある。略して七宝とも。

紗綾形（さやがた）

卍形を崩して連続させた文様。絹織物の紗綾に用いることにちなむ名。菱万字とも。

観世水（かんぜみず）

能の観世流の大夫の紋所にちなむ巻水文様。*雲平や*有平糖（あるへいとう）、打物によく見られる。

井桁（いげた）

井戸の上部の縁を四角で表したもの。織部饅頭などに好まれる。

鱗文（うろこもん）

三角形を組み合わせた文様。蛇の見立てになるため、*干支（えと）菓子（がし）の「巳（み）」などに使われる。

梅鉢（うめばち）

梅花文の一種。単弁の梅花を文様化したもの。織部饅頭によく見かける。

蛇籠（じゃかご）

竹籠の中に砕石などをつめたもので、河川の護岸工事や水流の制御に用いる。*千鳥の意匠と組み合わせる例がある。

鳥居（とりい）

神社の鳥居をデザインしたもの。七五三やお宮参りの菓子などに用いる。

木賊（とくさ）

多年生の常緑シダ植物、木賊を表したもの。木賊は砥（と）ぎ草ともいい、堅木（かたぎ）などを磨くのに用いられた。

轡（くつわ）

馬の口にはませ、手綱をつけて馬を御す折に用いる馬具を表したもの。干支菓子の「午（うま）」などにおすすめだ。

根引き松

新年を迎えた最初の子（ね）の日には、若松の根を引き、長寿を願う風習があった。この引き抜いた松を表したもので、正月や長寿祝いの菓子にふさわしい。

コラム

世界の菓子木型

菓子意匠を語る上で、木型の存在を忘れてはならないだろう。世界各国には様々な木型があり（写真は一例）、お国柄が表れている。日本の木型の意匠は、四季折々の植物や、鶴亀などの吉祥、名所絵など、多様である。一方、中国では吉祥文字や桃*、魚など縁起の良いもの、韓国では幾何学文様、ヨーロッパでは聖書を題材にしたものが多い。それぞれ次のような菓子に用いられる。

日本

落*雁ほか、煉*り切りなどの上生菓子。

中国

月餅（げっぺい）、日本にあるような干菓子、蒸して作る葛餅（くずもち）など。

韓国

茶食（タシッ）（穀類や豆類の粉に、蜂蜜や胡麻油（ごまあぶら）などを加えて型取りする菓子）や、米粉（こめこ）を蒸して搗（つ）いた餅（木型で文様をつける）など。

インドネシア

豆や米粉、砂糖などを混ぜた生地で作る、日本の干菓子と似たもの（写真はバリ島の古い木型）。

ヨーロッパ

レープクーヘン（小麦粉に香辛料を加え、蜂蜜で練り上げ、型で文様や形をつけて焼くもの）を代表とした焼菓子。

日本（江戸時代）：虎屋蔵

インドネシア：山星屋蔵（ほか３点同）

韓国（李朝時代）

ヨーロッパ

中国

菓子木型と職人技

日本の菓子木型には、主に山桜の木が使われる。適当なかたさがあり、狂いが少ないためで、三年以上は寝かしてから使用する。木型には一枚型、厚みを出す板（下司、下枠とも）をつけた二枚型、立体的な形を作る三枚型ほか、いろいろな形がある。図案をもとに凹凸や左右を反対に考えたり、目方どおりの菓子がうまく抜けるよう工夫したり、彫るには技術が必要だが、今や木型職人の数が減り、３Ｄデータを使った機械による製作も増えている。職人の減少は落雁や金花糖*の需要が減ったことが大きいといえるだろう。

優れた職人の手による木型は線に冴えがあり、できあがる植物や動物などが生き生きとしていて、美術工芸品の趣がある。そうした木型の造形美に触発され、独自の作品を発表しているアーティストもいる。

使用されなくなった木型は、菓子店の廃業に伴い、散逸してしまうことも少なくない。地域の文化遺産として、資料館や博物館での木型の調査、保管、展示による紹介を望んでやまない。

木型を使って落雁を作る。『古今新製名菓秘録』（1862。虎屋蔵）

永田哲也作「花王に舞う」和紙で木型をかたどった作品。

第三部

素材・用語編

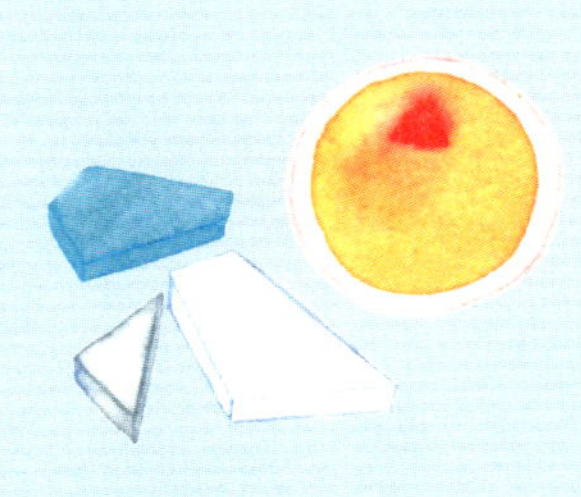

餡（あん）

小豆（あずき）、いんげん豆、かぼちゃ、栗、芋などをゆで、砂糖を加えて煮、煉（ね）って作るもの。本来は、饅*頭などの具の意味で、必ずしも甘い物に限られなかったが、現在、第一にイメージされるのは甘い小豆餡だろう。以下、小豆餡のほか、代表的なものをあげる。

粒餡（小倉餡（おぐら））　小豆の粒の歯応えを生かした餡。小倉は、京都市右京区の小倉山を指すと考えられる。

小倉山峰のもみぢ葉心（ば）あらば今一度（ひとたび）の行幸（みゆき）待たなん（『拾遺和歌集』雑秋・藤原忠平）

の歌にちなみ、粒餡を紅葉に縁のある鹿の「鹿の子斑（まだら）」に見立てて、「今一度の行幸待たなん」（行幸＝天皇の外出）と、その美味を称えたことから、小倉餡の名がついたともいう（『日本国語大辞典』）。粒餡→鹿の子斑→紅葉→小倉山の連想だろうか。

また、蜜煮した小豆を加え、粒の形を生かしたものを小倉餡として、粒餡、つぶし餡と区別することもある。なお、小豆の粒が見える羊羹（*ようかん）は小倉羹ともいう。

こし餡（御膳餡（ごぜん））　小豆の皮を取り去って作る口当たりのなめらかな餡。御膳餡は、高貴な人に供する上等な餡の意でその名がついたという。

飴　餡　水飴を加えた餡で、ねき餡ともいう。主に最中（*もなか）や押物（おしもの）に入れる。

白　餡　一般に白餡といえば、手亡（てぼ）などのいんげん豆類（二七四頁）を使うが、上生菓子では、高価で風味の良い白小豆から作る白餡を使うことが多い。そのままで、あるいは着色して用いる。

味噌餡 白餡に味噌（主に白味噌）を加えて煉り上げたもの。柏餅や花びら餅の餡に使われる。

うぐいす餡 青えんどう（うぐいす豆）を使った緑色の餡。

黄身餡 白餡に、ゆで卵の黄身を裏漉しして入れるか、あるいは生の黄身を混ぜ、火にかけ煉ったもの。饅頭や黄身（味）時雨に用いる。

晒し餡 小豆を煮て皮などを除き、加熱乾燥し、粉にしたもの。懐中汁粉などに使われる。

ずんだ餡 枝豆やそら豆を使った餡。

このほか、白餡に胡麻や柚子、抹茶を入れたものなど、様々な餡がある。

豆類

小豆 和菓子の主材料。主に餡作りに使われる。日本では北海道の生産量が第一位。粒の大きいものは大納言と呼ばれる。たんぱく質、ビタミンB_1、鉄分、ポリフェノールほか、食物繊維も多いため、健康食品としても注目されている。

白小豆 乳白色の稀少な小豆で風味豊か。上生菓子の餡作りに使われる。

手亡 いんげん豆の一種。一般に白餡といえば、手亡や福白金時などを使ったものが多い。

えんどう　みつ豆や豆かん、豆大福に使う赤えんどうや、緑色のうぐいす餡に用いる青えんどうなどがある。

枝　豆　若い大豆のこと。ゆでた枝豆をすりつぶし、砂糖を加え、餅にからめたものは、ずんだ餅（じんだ餅）と呼ばれ、東北を中心におやつとしてよく作られる。

塩辛納豆　蒸した大豆を麹（こうじ）菌で発酵させた後、塩水につけ、天日で乾燥させたもので、味噌（みそ）に似た風味がある。京都大徳寺発祥の大徳寺納豆や浜松生まれの浜名（はまな）納豆（浜納豆）がよく知られる。

砂糖類・甘味料

上白糖（じょうはくとう）　一般に白砂糖と呼ばれるもの。家庭でもっともよく使う砂糖で、和菓子にも利用が多い。粒が細かく、しっとりしている。

白双糖（しろざらとう）　結晶の大きい純粋な砂糖。羊羹（＊ようかん）や餡（あん）に使われる。

中双糖（ちゅうざらとう）　白双糖の精製段階で、カラメルで着色したもの。風味が良く、飴＊や生菓子に使われる。

黒砂糖　黒糖ともいう。砂糖黍（さとうきび）のしぼり汁を煮詰めて作る黒褐色の砂糖。精製されていないため、ビタミンやミネラルを豊富に含み、特有の香りをもつ。飴＊やかりんとうなどの駄菓子＊ほか、羊羹、生菓子に使われる。主な産地は沖縄、奄美大島である。

和三盆糖　四国の徳島県、香川県の一部で伝統的な製法により作られる砂糖。砂糖黍（竹糖）のしぼり汁を煮詰めてできる白下糖の余分な蜜を抜き、細かい結晶の砂糖に仕上げる研ぎの作業は、熟練の職人により、丹念に行われる。口どけが良く、風雅な香りがあるため、干菓子に使ったり、菓子表面にかけたりする。

白下糖　和三盆糖を作る過程の半製品。砂糖黍のしぼり汁を灰汁を取りながら煮詰め、冷却したもので、茶色で固めのペースト状。生菓子などに使う。

水飴　液状の飴の総称。じゃがいもやとうもろこし、米などに含まれている澱粉を、化学分解あるいは酵素分解して作るものと、澱粉に麦芽を加えて作るものとがある。生地に甘みを加えるだけでなく、しっとり感をもたせ、艶を出すのに役立つ。

すり蜜　砂糖に水や水飴を加えて煮詰め、冷めてから白くなるまですったもの。

甘葛　*蔦の樹液を煮詰めたと考えられる古代の甘味料。『枕草子』の「あてなるもの」に「削り氷にあまづらいれて、あたらしき金椀にいれたる」と見えるように、氷にかけることもあったが、貴族の口にしか入らない高価なものだった。現在は実験的に再現されることはあっても、生産されていない。

▼参考　石橋顕『幻の甘味料甘葛煎研究』小倉薬草研究会あまづら調査部会、一九八八。

粉類・穀類

新粉・上新粉・上用粉　新粉は糝粉とも書く。うるち米を製粉したもの。表記順に粒子が細かくなる。

新粉を水でこね、蒸して搗いたものが新粉餅である。

餅　粉　もち米を生のまま粉にしたもの。*求肥や餅菓子などに使われる。

道明寺粉　もち米を蒸して乾燥させ、粗挽きし、大きさをそろえたもの。粒の大きさによって、三ツ割・五ツ割などの呼び名がある。大阪の尼寺、道明寺で作られた(道明寺糒)ことからこの名がついた。関西の*桜餅は主に道明寺生地で作られる。

新引粉(真挽粉)　道明寺粉を細かく引き割って煎ったもの。荒粉、みじん(味甚)粉、いら粉とも呼ばれる。打物や菓子のまぶし粉に使われる。

寒梅粉　餅を*煎餅状に白焼きし、粉にしたもの。みじん粉という地域もある。梅が咲く寒い時期に作ったことからこの名がついたという。

上南粉　新引粉の目の細かいもの。極みじん粉という言い方もある。

白玉粉　もち米を水挽きしてできた米汁を、脱水、裁断、乾燥させたもの。主に*白玉や求肥に使われ、寒晒し粉とも呼ばれる。

氷　餅　菓子材料では、もち米を水挽きし、できた米汁を煮、枠に流し、凍らせた後、乾燥させ、砕いたものをいう。主に長野県諏訪地方で作られ、菓子のまぶし粉としての利用が多い。

しとぎ　白米(うるち米が一般的だが、もち米を使うこともある)を水に浸してやわらかくした後、搗いたり、石臼で挽いたりして粉にしたもの。そのままでも食べられるが、搗いたり、水でこねたりしたものを丸め、供え物にもする。なお、滋賀県大津市の小野神社では、毎年一一月二日に、しとぎを藁の「つと」に包み、神饌とし、五穀豊穣を願うしとぎ祭りを行っている。

小麦粉 グルテン（麩質）の強弱によって、強力粉、中力粉、薄力粉に分類される。和菓子には薄力粉がよく使われる。

はったい粉 大麦を煎って粉にしたもので、麦こがしとも呼ばれ、麦落雁などに使われる。

そば粉 そばの実を挽いて作る粉。そば饅頭、そば煎餅、そばぼうろなどが作られる。

黄な粉 大豆を煎って粉にしたもの。青大豆を用いたものは青黄な粉と呼ばれる。

小豆粉 小豆を煎って粉にしたもの。秋田県の「諸越」のような干菓子に使われる。

葛粉 葛の根をたたき、水晒しを繰り返してできた澱粉質を乾燥させた粉。昔から奈良県の吉野葛が高級品として有名。夏の生菓子、蒸羊羹、葛切などに使われる。純粋の葛粉が高価になっているため、馬鈴薯澱粉を混ぜたものなども出回っている。

葛を使った*粽や*饅頭は水仙粽、水仙饅頭ともいう。これは、葛切がかつて黄と白の短冊状で作られ、*水仙の花を思わせたことから、水仙と呼ばれたことに由来する（『貞丈雑記』）。

片栗粉 本来は片栗の根の澱粉のことだが、現在では、一般に馬鈴薯澱粉をいう。餅菓子などの手粉として使われる。

蕨粉 蕨の根からとる澱粉。近年は入手しにくくなっており、「わらび粉」「わらびもち粉」として市販されているものは、甘藷澱粉やタピオカ澱粉であることが多い。

粟 もち粟とうるち粟があり、菓子にはもち粟がよく使われる。粟ぜんざい、*粟餅などが知られる。

黍(きび) もち黍とうるち黍があり、黍団子などにはもち黍が使われる。

「煎る」「炒る」「熬る」の表記があるが、本書では「煎る」を用いる。

香料・調味料ほか

肉桂(にっけい) クスノキ科の常緑高木で、樹皮や根の皮を乾燥させたものが香辛料となる。ニッキともいい、八ツ橋(一五八頁)や飴*の香りづけに用いられる。

胡麻(ごま) すりつぶして餡(あん)に混ぜたり、菓子の表面にまぶしたりする。

生姜(しょうが) すりおろしたしぼり汁を飴や煎餅*、焼菓子の生地に使う。

山椒(さんしょう) 葉と実に特有の香りと辛味をもつ。切山椒*や山椒餅がよく知られる。

紫蘇(しそ) 塩漬けした赤紫蘇の葉で求肥*(ぎゅうひ)を包んだり、刻んで饅頭*の皮に入れたりする。

味噌(みそ) 味噌のなかでも、麹(こうじ)が多く、こくのある京都の白味噌が、松風*のような焼菓子や味噌餡などに使われる。

芥子の実(けしのみ) あんぱんや生菓子*などにまぶす。

抹茶 挽茶(ひきちゃ)ともいう。羊羹*(ようかん)、団子*、餡、カステラ*、アイスクリームほか、近年は洋菓子にもよく使われる。

薯蕷芋(じょうよいも) 山芋の一種。つくね芋ともいう。すりおろして、上用粉と砂糖を混ぜた生地に入れ、饅頭の皮に使う（薯蕷饅頭）。薯蕷生地を木枠に流し、蒸す菓子もある。

寒天 寒晒しのところてんの略。テングサを煮熟してところてんを作り、凍結・融解の繰り返しによって、乾燥させたもの。長野県や岐阜県の山間地方で作られる。糸寒天と棒（角）寒天があり、菓子屋では糸寒天を使用することが多いが、近年は工業寒天（粉寒天）の利用も増えている。ノンカロリーで、食物繊維が豊富なため、体に良いとして話題になることが多い。煉羊羹や錦玉羹などに使う。

卵 植物性のものが主体の和菓子の材料のなかで、唯一動物性のもの。焼菓子や蒸菓子に使われる。

和菓子の分類・製法用語

主な分類・製法用語を五十音順にあげる（名称編にあるものは除く）。

餡平 餡、小麦粉、餅粉などを混ぜ合わせた生地で、工芸菓子に用いる。餡を使わない雲平に比べ、ひびが入りにくく、艶が出やすい。

浮島 餡に、卵、砂糖、粉類を加えて蒸した、カステラ風のしっとりとした菓子。当初の製法では生地の表面に胡桃を散らしており、その風情を浮島に見立てて名づけられたという（『製菓と図案』一九二五年八月号、『製菓製パン』一九六二年六月号）。

打物 打菓子とも。寒梅粉やはったい粉などに砂糖を加え、木型に入れて打ち出した干菓子をいう。押物、落雁という言い方もあるが、押物は押し固めて作るもの、あるいは塩釜や村雨など、押し出した後に切る物として分類することもある。

縁起菓子　一般に、厄を払い、福を呼ぶ菓子の意で、縁起物に通じる。昔ながらに寺社の参道沿いの店、もしくは境内で求めるものがある一方、開運や厄除けを謳った、菓子店のアイディアによる現代的な商品も増えている。歴史あるものとして、愛知県津島神社参道近くで売られる揚げ菓子「あかだ」「くつわ」、京都市今宮神社門前の名物「あぶり餅」、名古屋市熱田神宮にゆかりのある「藤団子」などがある。各地に様々なものが伝えられており、亀井千歩子著『縁起菓子・祝い菓子』(淡交社、二〇〇〇)に詳しい。

岡物(おかもの)　最中(*もなか)や鹿の子(*)のように違う素材のものを組み合わせて作る菓子。火を使わず、台上で作業することにちなむという。

主菓子(おもがし)　茶席では、濃茶用の上生菓子を主菓子という。季節感あふれるものが多い。

掛物(かけもの)　砂糖がけしたり、すり蜜などの衣をかけたりして作る菓子。金平糖(*こんぺいとう)、雛あられや衣かけ煎餅などがある。

数物(かずもの)　数菓子ともいう。饅頭(*)や生菓子のように一つひとつ作るものを指す。

片栗物(かたくりもの)　干菓子の一種。砂糖を主材料に片栗粉、すりおろした山芋を加え、固くこね、型抜きしたもの。雲錦(うんきん)ともいう。

棹物(さおもの)　棹菓子ともいう。羊羹(*ようかん)や外郎(*ういろう)のように長く棒状に作るもので、昔は「一棹、二棹」のように数えた。舟と呼ばれる器に生地を流し込んで作るため、舟には棹がつきものとして、この名が生まれたという。

式菓子　冠婚葬祭や祝宴、儀式用の菓子。祝儀・不祝儀の引菓子としてとらえられることが多いせいか、最近はあまり聞かない言葉になった。縁高の三ツ盛なども含まれる。

雪　平　求肥に卵白と白餡などを加え、煉ったもの。上生菓子の生地に使われる。仕上がりが白くなるので着色すると彩りが良い。細工物にも向いている。

卵　羹　卵白と煉羊羹を合わせたもの。刷り込み羊羹に文様を入れる折などに使う。

流し物　寒天などを使った生地を型に流し込んで作るもの。羊羹、錦玉羹などがある。

生菓子　できあがりの水分が三〇〜四〇パーセント以上のもの。餅菓子、水羊羹、団子類。次のような分類もある。

上生(菓子)　上等な生菓子のこと。茶席では主菓子という言い方になる。煉り切りやきんとんなど。

朝生(菓子)　その日の朝作られる一日もので日持ちがしない菓子。並生ともいう。餅菓子や団子、葛菓子など、比較的値段が安いものが多い。

中生(菓子)　朝生より日持ちのするもの。蒸し物や焼物などがある。

半生(菓子)　生菓子と干菓子の中間的な菓子をいい、水分が一〇〜三〇パーセント未満。石衣、最中など。

煉り物　練り物とも書く。蒲鉾が連想されるが、菓子では求肥や雪平、煉り切りなど、作業工程に煉りが入るもの。火取る作業が入るものには本来「煉」が使われるが、現在は「練羊羹」「練り切り」のように「練」もよく使われる。

干菓子(ひがし)　できあがりの水分が一〇パーセント以下のもの。日持ちが良い。飴*、落雁(らくがん)*、煎餅*、おこしなどがある。

鳳瑞(ほうずい)　宝瑞・ほうずい・ホーズイとも書く。泡立てた卵白に錦玉液を加えて混ぜ、固めた生地を菊輪、梅花、雪輪などの型で抜き、寒梅粉などをまぶして乾かしたもの。和風マシュマロのような感じである。京都の三浦鳳瑞宗家の三浦永太郎による冊子『鳳瑞』(一九五三。虎屋蔵)によれば、明治三三(一九〇〇)年大正天皇成婚記念菓子として東京の菓子店新杵(しんきね)で創作、献上されたものが始まりという(新杵を名乗る菓子店は現存するが、文中の店とのつながりは不明)。

蒔物(まきもの)**(菓子)**　日本舞踊、長唄、琴などの発表の場に招待した友人、知人に土産の意味で渡す菓子をいう。名前は配るにも通じる「撒(ま)く」を「蒔(ま)く」の字にしたものだろうか。種を蒔くときのように、成長を見守る意味も感じられる。蒔物菓子の意匠は発表する演目にちなんだものが多い。たとえば清元(きよもと)の「青海波(せいがいは)」なら青海波文様、舞踊の「藤娘」なら藤の花に笠の意匠といった具合だ。二個セットで箱入りにすることが多く、演目にちなんだきれいな掛け紙を使うことがある。

みじん羹　錦玉液にみじん粉を加え、型に流したもの。固めた後、型抜きし、乾燥させるものも作られている。

蒸し物　蒸菓子ともいう。饅頭、羊羹、かるかん*、外郎など、蒸して作るもの。

村雨(むらさめ)　砂糖に餡、寒梅粉などを加え、成形用の木枠に入れ、押しぶたで押さえ、適当な大きさに切ったもの。関西では時雨(羹)を村雨と呼ぶことも多い。高麗餅(四八頁)も同様の製法による。

焼物 焼菓子とも。平鍋、オーブンなどを用いて焼いて作る菓子のこと。金つば、どらやき、桃山などが含まれる。かつては鉄板の上に小麦粉などの生地を流し落とす「落とし焼」、落として文字や絵を書く「文字焼」が人気だった。

有職菓子 本来は宮中や公家の礼式にのっとった菓子の意味で、主に供饌用、献上用とされる。しかし、しだいにその意味も不明確になってしまったようで、京都三條若狭屋の二代目藤本如泉は、『日本の菓子』(一九六八)で「小笠原流の容器に大名菓子や御供物やらわからないような菓子を盛り込んで有職菓子と言っているものもありますが、これなどは礼式菓子と言うが正しいと思います」と述べている。「大名菓子」はほとんど聞かない名称だが、大名に献上するような格式ある菓子のことだろうか。礼式菓子は式菓子と同様の意味と思われるが、近年これらの言葉は使われなくなったようだ。

寄せ物 菓子製法では、寒天などで果物や豆類を固めたものをいう。

コラム

和菓子の歴史

菓子とは木の実や果物

「一番古い和菓子は何ですか?」と聞かれることがあるが、これは難しい質問だ。和菓子とは[1]「日本の菓子」「和風の菓子」という意味で、本来、菓子とは果物や木の実のこと[2]。『日本書紀』や『古事記』に見える伝説を重視するならば、垂仁天皇のために、田道間守が常世の国から持ち帰ったという「非時香菓」、つまり橘の実が菓子の始まりともいえるだろう。

一方、素材の面から考えてみると、今日見る日本の菓子の原形は、＊餅や＊団子ととらえてよいだろう。すでに縄文時代晩期には稲作が始まっており、野山への携行や保存用に、穀物を火にかけ、搗いて丸めるなどの工夫は自然に行われていたと考えられる。これらは主食というより間食や副食で、時には植物の蜜や果物の汁で[3]味つけをすることもあったと想像できよう。

果物や餅・団子が日本の食生活のなかで受け継がれる一方、外国から新たな食文化がもたらされることにより、菓子の歴史に変化が生じる。

それは一、飛鳥〜平安時代に遣唐使などが伝えた＊唐菓子、二、鎌倉〜室町時代に中国に留学した禅僧や来日した中国人の僧が、喫茶の風習とともにもたらした＊羊羹や＊饅頭などの＊点心、三、室町時代末期〜江戸時代初期にポルトガルやスペインの宣教師や貿易商人から伝わった＊カステラや＊金平糖などの＊南蛮菓子である(詳しくはそれぞれの項目を参照されたい)。

加えて、菓子史で見落とせないのが、茶の湯との結びつきだろう。村田珠光(しゅこう)から武野紹鷗(じょうおう)につながる草庵風の茶の流れを経て、一六世紀後半、千利休(せんのりきゅう)によってわび茶が大成される。『天王寺屋会記(てんのうじやかいき)』や『松屋会記』『利休百会記』などの茶会記から一六世紀の茶会で使われた菓子を調べてみると、栗や榧(かや)ほか木の実、柿、梨、葡萄といった果物、昆布や野菜の煮しめ、餅や饅頭などの名があがる。今日のような甘い嗜好品に限らないことに驚かされるが、当時は茶請けの食べ物という意識が強かったのだろう。南蛮菓子が伝来していたとはいえ、まだ一般的なものではなく、茶会には主に亭主手作りの素朴なものが用意されている。また、砂糖は高価な輸入品であったため、饅頭といっても、今日同様の甘みはなかったと考えられる。[4]

菓子文化が花開いた江戸時代

江戸時代に入り、徳川幕府のもと、社会が安定、商品経済が発展し、平戸や長崎を窓口に砂糖の輸入量が増加すると、街中や寺社門前、盛り場で菓子作りを専門とする店が増える。一七世紀も後半になると、活気ある元禄文化を背景に、京都を中心にこれまでにない上菓子(じょうがし)(上等な菓子の意)が作られ、高級品としてしだいに評判になっていく。上菓子は、高価な白砂糖や氷砂糖を使うもので、今日の上生菓子に通じ、「から衣」「春霞」「朧夜もち」など、文学的な菓銘や四季折々の自然風物を題材にした意匠に特徴があった。このような上菓子が生まれた背景には、茶人が好みの道具を作らせたり、茶杓や茶碗に銘をつけたりしていたことがあるといえよう。すでに室町時代の八代将軍足利義政の頃より、名物茶器をもてはやし、銘を重んじる傾向があったが、江戸時代初期、小堀遠州にいたっては、茶器の風情を和歌と結びつけ、文学的な銘をつけるなど、その趣向を楽しむようになっていた。後の元禄の頃に上菓子が広まっていくわけだが、和歌や古典文学が教養とされた当時、「立田餅（たったもち）」という菓銘を聞き、紅葉の意匠の菓子を見て、「たつたがわ紅葉乱れて流るめり渡らば錦中や絶えなむ」(『古今和歌集』秋歌下・読人知らず)という歌を思い出すなど、知的な遊びが興じられていたことだろう。

上菓子は天皇家や将軍家、大名や公家、門跡などの有力寺社といった上層階級の行事や儀式に用いられたり、贈答品や茶菓子として使われたりした。上菓子屋のなかには上層階級と結びつき、御用菓子屋を名乗るものもあった。京都では禁裏(御所)御用の二口屋能登（ふたくちやのと）、虎屋近江(現虎屋)、松屋山城（まつややましろ）(現松屋常盤)、江戸では幕府御用の大久保主水（おおくぼもんと）、金沢丹後（かなざわたんご）などが知られ、折々に大量の注文を受けていた。また、京都に本店を置く上菓子屋のなかには江戸をはじめ各地で商売をするものもあった。

一方、庶民は盛り場や街中などで売られる安価な餅や団子などの菓子を口にしていたが、これらには主に黒砂糖が使われていたとされる。享保年間(一七一六〜三六)に八代将軍徳川吉宗（よしむね）によって砂糖黍の国内栽培と製糖が奨励されたり、海外からの砂糖の輸入量が増えたりしたことで、一八世紀後期には、砂糖は入手しやすくなっていく。菓子の製造技術も向上し、天保年間(一八三〇〜四四)には江戸や京都に限らず、農村などでも幅広い階層がそれぞれに菓子を享受する状況になり、日本独自の豊かな菓子文化が育まれていった。

こうして江戸時代に今日見るような菓子の大半は作られるようになるが、以下菓子の発展について、項目別に補足したい。

菓子製法書の刊行

出版文化の発展を背景に、享保三(一七一八)年には版本としては初の菓子製法書『古今名物御前菓子秘伝抄（ここんめいぶつごぜんがしひでんしょう）』が刊行された。その後、宝暦一一(一七六一)年には『古今名物御前菓子図式（ここんめいぶつごぜんがしずしき）』、天保一二(一八四二）年には『菓子話船橋（かしわふなばし）』が出版される。製法書ほか、菓子の意匠を記録した版本や写本などによって、菓子の知識や製造技術が広まっていった。

製造技術の向上

中国から伝来した饅頭や羊羹、西欧からもたらされた南蛮菓子のカステラや金平糖、有平糖などが、職人の創意工夫により、日本人の嗜好にあう独自のものとして定着していく。たとえば有平糖は、縞模様や細工物が数多く作られ、贈答品として好まれた。また、寛政年間（一七八九～一八〇一）に寒天（かんてん）5で煉り固める煉羊羹が江戸で作られ、広まったのは画期的なことだった。それまでの蒸羊羹とは違う煉羊羹のなめらかな食感、日持ちのよさは評判になり、その製法は全国各地に伝わった。

年中行事や人生儀礼

三月三日の上巳（じょうし）には草餅*、五月五日の端午（たんご）に粽（*ちまき）を用意することは平安時代から見られるが、江戸時代にはそれぞれの節句が女子、男子の健やかな成長を願う日となり、菱餅*や雛菓子、柏餅*が加わるなど、庶民の暮らしにも行事菓子が定着していく。また、婚礼や葬儀といった慶弔の引き出物にも菓子が幅広く使われようになる。菓子の場合、色や形、銘に招福除災の願いを込めやすいこともあり、各地の行事と結びついて、地方色豊かなものが作られるようになったといえるだろう。

贈答品

砂糖の価値が今とはくらべものにならないほど高かった江戸時代、甘みのある菓子は、贈り物として喜ばれるものだった。大名や公家などの上層階級だけでなく、庶民も手土産や配りものとして菓子をよく利用した。たとえば江戸時代後期の作家、滝沢馬琴（ばきん）の『馬琴日記』（一八二六～四八記）などから、手土産に羊羹、お彼岸の配り物にぼた餅、疱瘡（ほうそう）見舞いに赤い落雁（*らくがん）などが使われていたことがわかる。贈答としての利用が多かったことも、各地独自の菓子の意匠や味わいの工夫につながったのではないだろうか。

盛り場の菓子

江戸の例では隅田川沿いの桜葉を利用した向島の桜餅*、目黒の粟餅*、麴町の助惣ふのやきなど、人が集まる観光名所、寺社門前や盛り場で、名物菓子が数多く登場した。また、街中では、飴売り*やところてん売り*などの振り売りが、個性的な呼び声やいでたち、あるいは曲芸で商売をし、人気を集めた。行商の踊りや唄の中には、粟餅搗きや団子売りのように、歌舞伎の所作事に取り入れられ、大流行したものもある。

街道名物の誕生

参勤交代などによって街道が整備され、一般庶民も寺社参詣などを目的に旅を楽しめるようになった。宿場町や名所に名物と呼ばれる菓子が多数誕生したことは、全国各地の菓子の発展を促したといえよう。茶店で出される菓子は、旅人の楽しみの一つであった。東海道では駿河（静岡県）の安倍川餅*、草津（滋賀県）の姥が餅などがあげられるが、こうした菓子や店は、名所図会や案内記など、当時のガイドブックともいえる書籍や錦絵に紹介され、話題になった。旅人の口コミの力も大きかったといえよう。

遊び心

菓子は単に食べておいしいだけではなく、人々の遊び心をくすぐるものであった。『名代干菓子山殿』（一七七八。八・一二八頁）などの黄表紙に取り上げられたり、歌川広重の「太平喜餅酒多々買」（一八四三〜四六。五七頁）のように錦絵に描かれたり、言葉遊びや見立てが楽しまれた。また、煎餅に占いや玩具を入れたり（辻占煎餅*、大黒煎餅）、刀の鍔や胴乱（革または布製の四角い袋）に見立てた菓子が作られたり（金つば*、胡麻胴乱）、ユーモアを感じさせる菓子も生まれた。『尾張名陽図会』（一八三六成）には、熱田（愛知県）

でとらえられ、見世物となり話題になったあざらしにちなんで、あざらし落雁が作られたとあり、今日見るようなキャラクターの菓子が当時から作られていたことがうかがえる。

茶の湯

茶の湯の菓子は、流派や階層、地域によっても様々といえる。たとえば千家のわび茶では主に亭主手作りの素朴なものが重視されてきたが、遠州流の茶人、遠藤元閑の『茶湯献立指南』（一六九六）に見える茶事懐石の「茶菓子」には、「友千鳥」「鶉餅」など、菓子屋が作る上菓子が使われている。また、公家の近衛家熙の場合、『御茶湯之記』から、「あやめ」「菊の下水」「龍田餅」などの上菓子ほか、「かせいた」「かすてら」などの南蛮菓子を使っていたことがわかる。意外なのは、秋に「山吹まんちう」（享保一四年九月二三日）、冬に「あやめ」（正徳三年一一月一日）など、季節はずれの銘の菓子を使っていること。江戸時代の虎屋の御用記録からも、宮中ほかに納めた菓子に関して同様のことがいえ、当時の人々が季節と菓子をどのようにとらえていたのか、気にかかる。[6] 現在では、季節を先取りした銘や意匠の菓子を用意することが多いが、こうした趣向については、近代以降の歳時記の普及なども視野に入れ、考察していく必要があるだろう。

また、茶の湯に造詣の深い地方の藩主が、地元ならではの茶菓子を作らせていることも興味深い。彼らは参勤交代で国元と江戸を行き来するなか、様々な菓子を味わい、名菓に触発されることもあったとされる。「菜種の里」（三英堂製）を命銘したという松江藩主の松平治郷（不昧公）、「百菓之図」[7]を残した平戸藩主の松浦熙などが例としてあげられよう。

和洋折衷の明治時代——和菓子の今

明治時代を迎えると、幕府の崩壊、東京遷都などを背景に、幕府御用をつとめた大久保主水や金沢丹後などの菓子屋が廃業し、京都の禁裏（皇室）御用菓子屋の一つ、虎屋が東京にも出店するなど、菓子業界にも変化が生じる。西洋伝来の菓子が広まり、[8] 専門の菓子屋が増えるとともに、洋菓子に対して「日本菓子」「邦菓」、そして「和菓子」という言葉が使われるようになっていく。明治二二（一八八九）年に刊行された『和洋菓子製法独案内』では、当時も実用的であったのか、江戸時代の菓子製法書『菓子話船橋』（一八四一）の内容が掲載されているが、洋菓子ではパンケーキやレモンプリン、ゼリーケーキ、ワッフルなどが紹介されている。なお、翌年刊行の『東京買物独案内』には、「皇邦西洋御菓子所」を名乗る凮月堂がある一方、和洋菓子調進所として壺屋があり、「和製　乾菓子　蒸菓子数種　洋菓子　ビスケデセール　ボン〳〵　ケーク数種」を扱っていたことがわかる。

菓子業界にも西洋化の波が押し寄せるなか、明治政府内務省が明治一〇年から三六年（一八七七〜一九〇三）にかけ、五回にわたって開催した内国勧業博覧会では、全国の様々な菓子が出品された。[9] 地域の特産物をいかしたもの、土地それぞれの歴史にちなんだものなどが各地で工夫され、地方菓子が発展する好機になったといえよう。加えて、明治三三年、パリ万国博覧会では、京都の菓子組合が技術の極みともいえる工芸菓子*を展示。大籠に入れた牡丹*の飾菓子を陳列するなど、外国人に称賛された。また、日清戦争（一八九四〜九五）前後頃から、名所旧跡を巡る団体旅行や修学旅行が盛んになり、観光土産として各地で名物の羊羹や飴が作られる。[10]

一方、和と洋の素材を組み合わせた新しい菓子も考案される。その代表が明治七年に誕生したあんぱん*で、このほか、明治時代後期〜大正時代にはカステラの生地で羊羹（あるいは餡）をはさんだ「シベリア」、ビスケット生地に餡を入れた「ビスケット饅頭」、チョコレート風味の「チョコ饅頭」なども広まっていく。こうした菓子は明治四三年に三省堂が刊行した『日本百科大辞典』に見える「和洋折衷菓子」に分類されるものであった。

昭和に入り、日中戦争が始まり（一九三七）、太平洋戦争へと突入（一九四一）するなか、世間一般では菓子を味わうゆとりもなくなるが、海軍や陸軍には羊羹が納められたり、出征兵士に落雁などが贈られたりしている。

第二次世界大戦後の食料難の時代には、休廃業した菓子屋も多かったが、経済成長とともに再び菓子の消費量ものび、クリームやバターなどの素材を使った和菓子もいろいろと作られるようになった。加えてクリスマスやバレンタインデーなど、外国伝来の行事に関連させた和菓子も考案され、サンタやカーネーション、ハート形など、従来なかったモチーフが増えてくる。

和と洋の境界線が薄れつつある一方、昔ながらの植物性の素材を重視する和菓子は、伝統的な製法、日本独自の色や形、古典文学に見られるような銘を受け継いでいる点で、今また見直されているようである。国内だけではなく、海外に向けての日本文化紹介の一つとしても、和菓子が取り上げられることは多い。背景には、各土地の昔ながらの食文化を守り、伝えていくことの大切さを説くスローフード運動の影響、そして平成二五（二〇一三）年、和食がユネスコの無形文化遺産として登録されたことなどがあるだろう。小豆（あずき）や寒天など、和菓子によく使われる植物性の素材が体によいことも、各方面で話題になっている。そうした意味で和菓子はこれからの食生活のあり方を示唆してくれる食べ物ともいえよう。なお、令和四（二〇二二）年には菓銘をもつ生菓子（煉切・こなし）が「登録無形文化財」に登録された。

近年では、若手職人の感性でアートを思わせるような個性豊かなデザインの和菓子も登場し、「ネオ（ＮＥＯ）和菓子」とも呼ばれている。また、この世に一点しかないオリジナルの菓子を贈り物用に作るなど、オーダーメイドの和菓子の希望も増えている。ちょっとした御礼の気持ちを込めて和菓子をプチギフトとして贈る傾向もあり、パッケージデザインの美しさが優先されることもあるようだ。

かつて人気のあった大ぶりの落雁の需要が減ったり、切り分けて食べていた羊羹やカステラなどの棹物（さおもの）の個包装化が進んだり、入園・入学式などの式典で紅白饅頭が使われなくなったり、和菓子好きにとっては、残念に思う現象も起こっているこの頃でもある。和菓子をともに味わったり、贈り合ったりするなかで得られる幸せのひとこまはいつまでも大事にしたいもの。今再び、和菓子と日本人の暮らしの結びつきを見直し、その良さを後世に伝え残したいと思う。

1 明治四三（一九一〇）年『家庭実用百科大苑』に「和菓子」の語が見える（二九四頁）。

2 菓子の原義と果物については、原田信男「「菓子と米」試論」（虎屋文庫機関誌『和菓子』一一号、二〇〇四所収）を参考にされたい。

3 奈良時代の「職員令（しきいんりょう）」の大膳職のなかには、果物と餅をつかさどる「主菓餅」（くだもののつかさ）という職務があった。また、『令義解（りょうのぎげ）』（八三三）や『延喜式』には「菓餅（かへい）」の表記があり、木の実・果物・餅類が同類と見なされていたことが考えられる。

4 砂糖は長い間、高級な輸入品であった。史料としては、唐招提寺を開いた唐僧、鑑真（がんじん）が渡海に失敗したときの将来品目録（七四三）に「蔗糖」や「甘蔗」の名が見えるのが指摘される。また、天平勝宝八（七五六）年の正倉院宝物の「種々薬帳」には聖武（しょうむ）天皇愛用の薬の名があり、「麝香」や「犀角」など六〇の薬の名とともに、「蔗糖二斤十二両三分」が見える。蔗糖は黒砂糖に近いものとされるが、当時は薬品扱いだったことがわかる。その後、中国ほかとの貿易を通じ、白砂糖ももたらされるようになるが、高級品とされ、贈答などに用いられた。江戸時代を通じても白砂糖は高価な品で、庶民の手にはめったに届くものではなかった。

5 寒天の始まりについては次のような伝承がある。江戸時代前期にあたる万治年間（一六五八〜六一）の冬、薩摩藩主、島津光久（みつひさ）侯が参勤交代の途中、山城国伏見（現在の京都市伏見）に宿をとったときのこと。宿の主人美濃屋太郎左衛門が、夕食のところてん料理のあまりを戸外に放置しておいたところ、数日後、それが乾燥しているのに気づいた。この「寒ざらしのところ天」から、隠元（いんげん）禅師が寒天の名をつけたという。

6 茶会に季節感が取り入れられるようになる背景には、俳諧とのつながりが指摘されている。熊倉功夫『茶の湯――心とかたち』熊倉功夫著作集第一巻 思文閣出版、二〇一六参照。

7 江後迪子『江戸時代の平戸の菓子』つたや総本家、一九九九参照。

8 明治八（一八七五）年、「東京の風月堂米津」（米津凮月堂）がビスケットを最初に作ったという（『明治文化史』第一二巻生活、原書房、一九七九より）。

9 橋爪伸子『地域名菓の誕生』思文閣出版、二〇一七参照。

10 8に同じく『明治文化史』第一二巻生活、原書房、一九七九参照。

11 同書は「和洋折衷菓子は最近の製造に係り、餡麺包（アンパン）・唐饅頭（トウマンジュウ）・ジャミ餡最中（アンモナカ）・カルルス煎餅・レモン最中・チョコレートおこし・アンモニア麦饅頭・イスパタ麦饅頭等の類をいふ」としている（唐饅頭は江戸時代から作られている）。

▼参考 中村孝也『和菓子の系譜』国書刊行会、一九九〇。
青木直己『図説 和菓子の歴史』ちくま学芸文庫、二〇一七。
虎屋文庫編『和菓子の歴史』虎屋、二〇一〇。

1 について虎屋文庫が調査している範囲では、明治二六（一八九三）年の貨物等級表（『鉄道賃金案内』国立国会図書館蔵）に「和菓子」の名称が見える。また、後筆の可能性はあるが、明治一九年の宮内省調理所平面図（都立中央図書館蔵）に「和菓子製造所」とある。調査は継続中である。

コラム

絵が語る和菓子の歴史

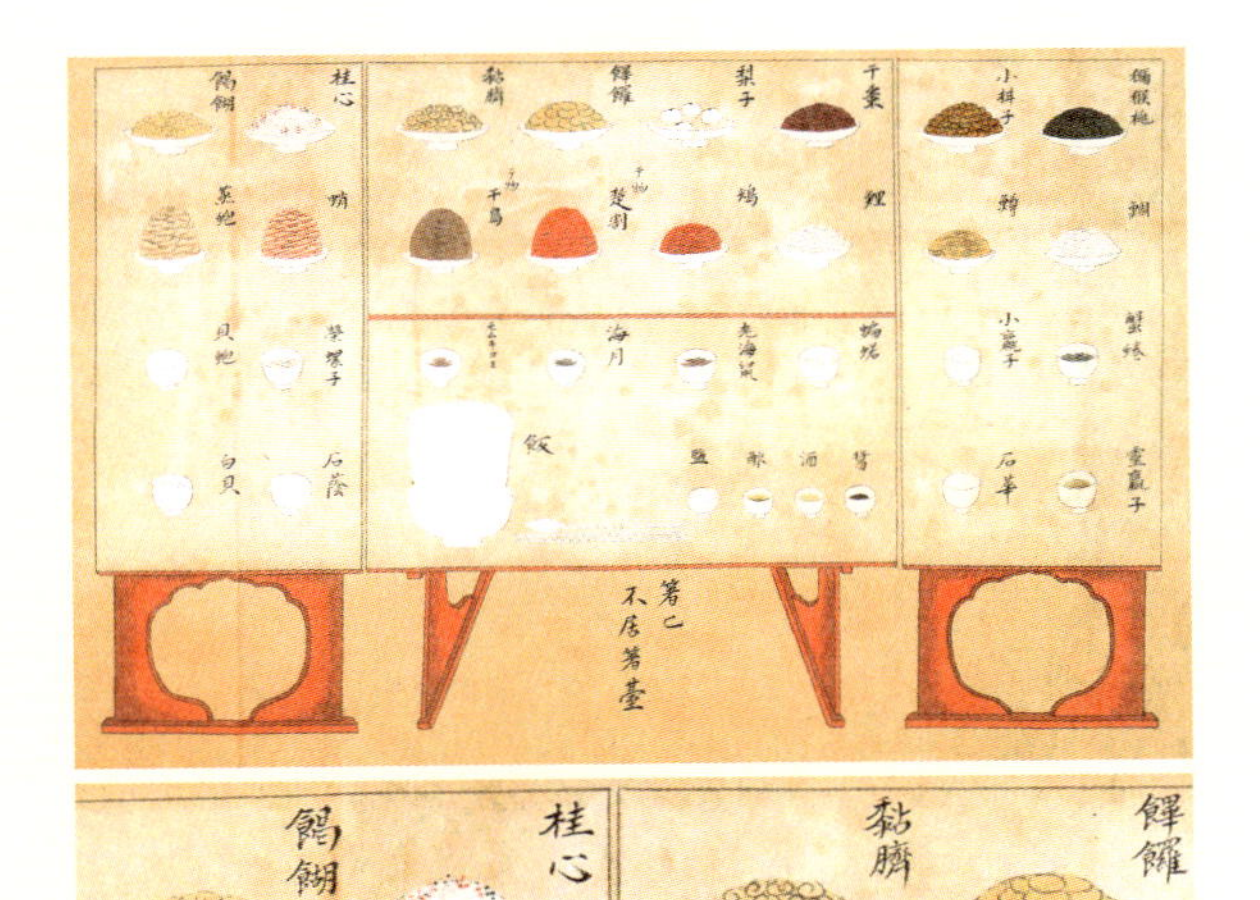

『類聚雑要抄』天明 7(1787)年三井高蔭の奥書
(東京国立博物館蔵。Image: TNM Image Archives)

1　正月の大饗に見える唐菓子類

上の資料は、一二世紀中頃に編纂された、儀式の饗膳や室礼に関する『類聚雑要抄』の内容を、江戸時代に絵画化したもの。江戸時代の考証が含まれているとはいえ、平安時代の生活文化を知る上で参考になる。図は永久四(一一一六)年一月二三日、正月大饗の膳の一部。餲餬、桂心、黏臍、饆饠といった唐菓子*(下図は拡大図)や、梨子、柑子、干棗などの果物が並んでいる。唐菓子は貴族の饗宴に使われることが多かったが、しだいに廃れてしまい、現在では神饌や寺の供物として残る程度である。

「源氏物語絵巻 柏木 三」平安時代(徳川美術館蔵。
© 徳川美術館イメージアーカイブ/DNPartcom)

2 五十日の祝い

源氏が息子の薫(実は柏木と女三宮との不義の子)を抱く名場面である。この日は五十日(生後五〇日目)を祝う日で、向かって源氏の右に膳が見える。絵図では詳細は不明だが、同日には「五十日の餅」を用意する習わしがあった。このほか、平安時代の貴族社会では出生後一〇〇日目に「百日の餅」、幼少期には、「戴餅」(餅を子どもの頭にのせ、祝詞をとなえる)を用意し、子どもの健やかな成長を願った。また、正月には歯固め餅、上巳には草餅*など、年中行事でも餅が重視された。餅が行事食のなかで重要な位置を占めるのは今もかわらない。

「酒飯論絵巻」16 世紀頃（茶道資料館蔵）

3　点心

鎌倉〜室町時代に中国に留学した禅僧や来日した中国人僧は、点心*（食間にとる小食）を日本に伝えた。点心のうち、羊羹*と饅頭*はその後、日本の菓子の代表となった。『日葡辞書』（一六〇三）には、「Can カン（羹）豆や小麦と粗糖または砂糖とで作る、日本の甘い菓子の一種」「Yǒcan ヤゥカン（羊羹）豆に粗糖をまぜて、こねたもので作った食物」「Satǒyǒcan サタゥヤウカン（砂糖羊羹）豆と砂糖とで作る、甘い板菓子〔羊羹〕の一種」と見える。当時、砂糖は輸入に頼る高級品で、砂糖入りと、砂糖なしを区別していたことがわかる。

キリスト教宣教師の日本語習得のために、日本イエズス会が刊行した辞書。

「職人歌合画本」天保 9(1838)年
伴信友写(国立国会図書館蔵)

4　饅頭売り

原本は一五〇〇年頃成立した『七十一番職人歌合』。詞書に「さたうまんちう（砂糖饅頭） さい（菜） まんちう（饅頭） いつれもよくむして候 てうさい（調菜）」とあり、砂糖入りの饅頭や、煮た野菜などを入れた饅頭が作られていたと考えられる。『日葡辞書』(一六〇三)には「Mangiŭ マンヂュウ(饅頭) 小麦の小さなパンであって、湯の蒸気で蒸した物」「Satômangiŭ サタウマンヂュウ(砂糖饅頭) 湯の蒸気で蒸したある種の小さなパンで、砂糖を加えて作ったもの」と見える。また、「Anmochi アンモチ(餡餅) 豆をつぶしたものに粗糖を加えて、あるいは、粗糖なしで〔餡として〕中に入れた米の小餅」とあり、餡にも触れている。

「洛中洛外図巻」住吉具慶（東京国立博物館蔵。Image: TNM Image Archives）

5　上菓子屋の看板

一七世紀後半の京都の上菓子屋（白砂糖を使った上等な菓子を扱う店）の絵図。店頭の看板に亀（店名は亀屋が連想される）・饅頭・すはま*（黄な粉と水飴を合わせた生地をすはま形にしたもの）・羊羹の絵が見え、店内には婚礼などに使う島台が置かれている。祝儀用の菓子の準備だろうか。上菓子屋のなかには大名や寺社、公家の注文を受け、御用菓子屋を称するものもあった。禁裏御用をつとめた虎屋にも似た看板があり、亀の部分が虎になっている。

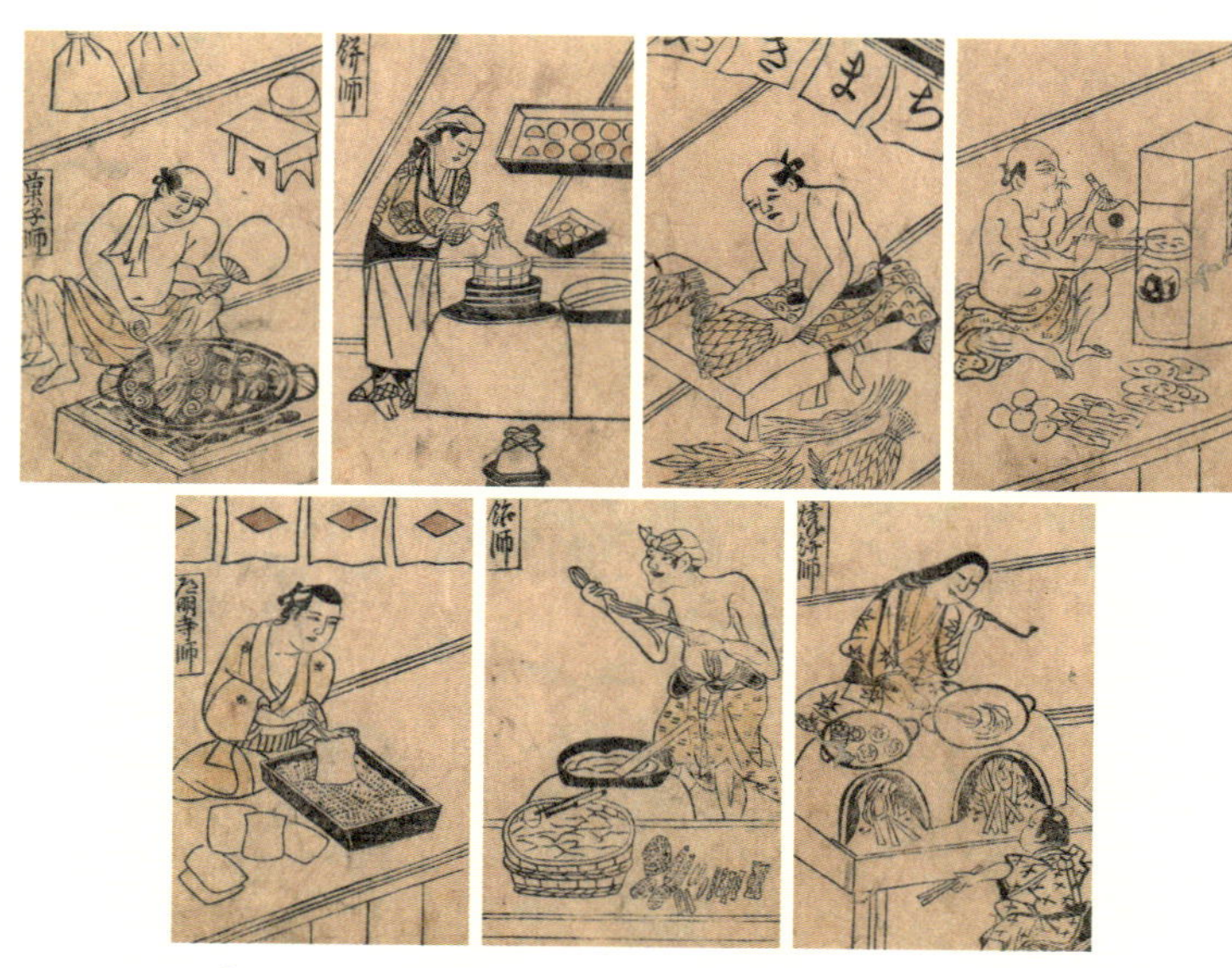

『人倫訓蒙図彙（じんりんきんもうずい）』元禄3（1690）年（国立国会図書館蔵）

6　元禄時代の菓子職人

中国やオランダとの貿易を通じ、国内の砂糖の流通量が増加したこともあり、元禄文化が花開く頃には菓子屋の数も増えた。同書に記載された菓子職人は、菓子師、餅師、粽（ちまき）師、煎餅師、道明寺師、興米（おこしごめ）師、麩焼（ふのやき）師、飴師、地黄煎（じおうせん）師、焼餅師の十職。そのうち七人の職人の絵図が掲載されている（左上より菓子師、餅師、粽師、煎餅師、道明寺師、飴師、焼餅師）。女性が働いている姿や、暖簾（のれん）・菓子袋が描かれていることにも注目したい。なお、「菓子師」の説明に「諸（もろもろ）の乾菓子（ひがし）、羊羹、饅頭の類（たぐい）、饂飩（うんどん）、蕎麦切これをなす」とあり、菓子屋が饂飩や蕎麦も扱っていたことがわかる。

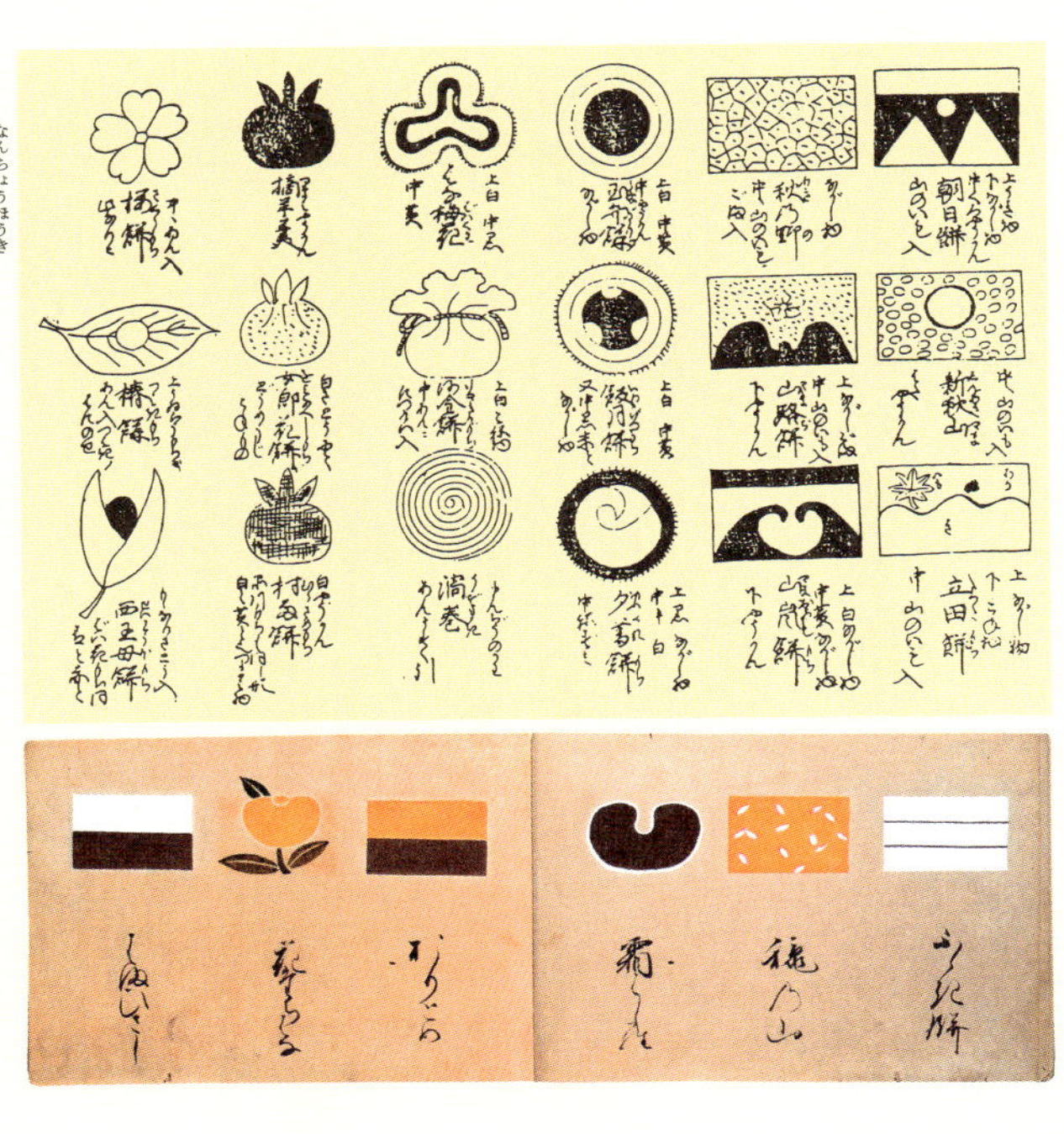

(上)『男重宝記』元禄六(一六九三)年(吉田コレクション)
(下)「御菓子之書圖」元禄八(一六九五)年(虎屋黒川家文書)

7　元禄時代の上菓子の絵図

(上)は男性のための実用百科事典から。茶の湯が男性の嗜みごとでもあった当時、こうした菓子の名前や意匠を知っておくことも教養の一つと考えられたのだろう。(下)は今でいう商品カタログのようなもの。見本帳、絵図帳ともいう。

　左からはまひさし(浜庇)、花たちはな(橘)、おりとめ(織留)、霜はしら(柱)、秋の山、ふふき(吹雪)餅。

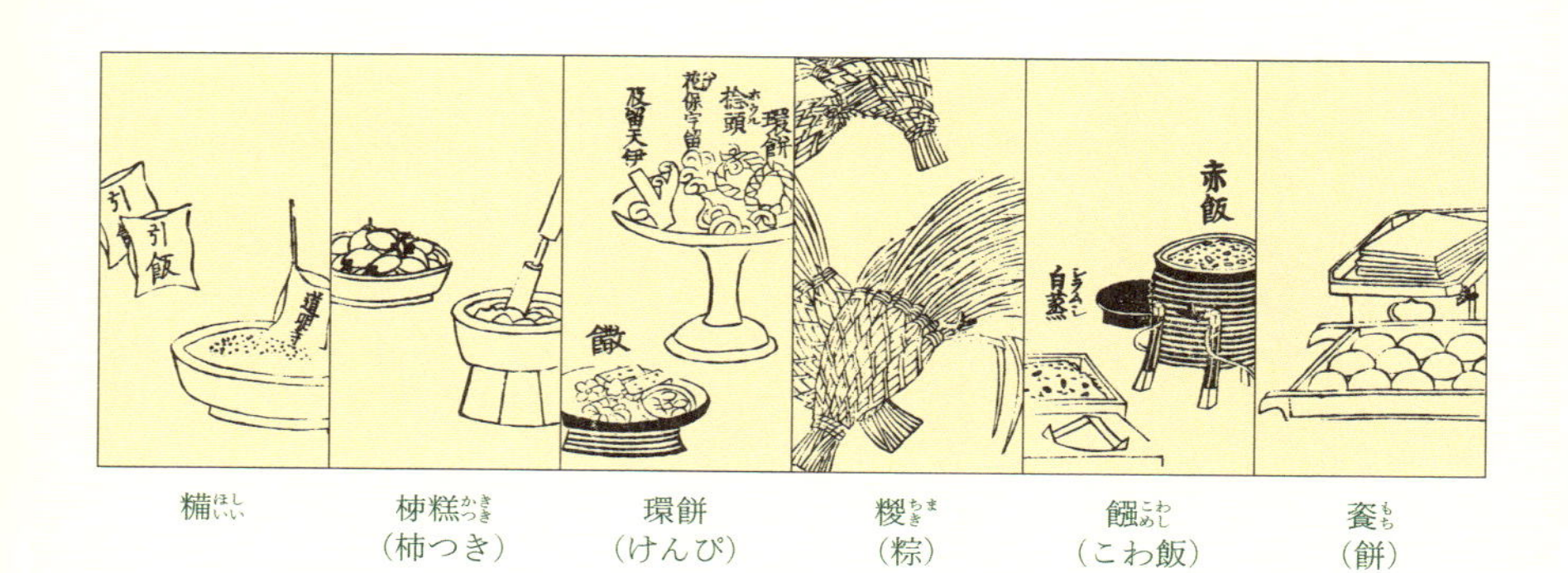

糒(ほしいい)　柹糕(かきつき)(柿つき)　環餅(けんぴ)　糉(ちまき)(粽)　〓(こわめし)(こわ飯)　餈(もち)(餅)

糗糧(はったい)(はったい)　粔籹(おこしこめ)(おこし米)　白雪糕(はくせつこう)　饅頭　牡丹餅(ぼた餅)　餌(だんご)(団子)

8　図説百科事典の菓子図

『和漢三才図会(わかんさんさいずえ)』(一七一二序。国会図書館蔵)の「造醸類」より菓子関係の絵図を抜き出した。

和漢の古書を参考に記述されているため、菓子名の表記や菓子のかたちは必ずしも一般的なものといえないが、参考として紹介する(以下ふりがなは現代表記)。

「餌(だんご)」の真鎬は新粉餅のこと。

「〓(こわめし)」には赤飯と白蒸が描かれる。

「環餅(けんぴ)」には、捻頭(ぼうる)・花保宇留(はなぼうる)・波留天伊(はるてい)・饊(落雁)*が描かれ、『本草綱目』を参考に考察が加えられている。見出しには「捻頭(和名は無木加太(むぎかた))」として、唐菓子の「麦形(むぎかた)」のあて字を記載するが、文中では「保宇留(ぼうる)」として南蛮菓子*と解釈

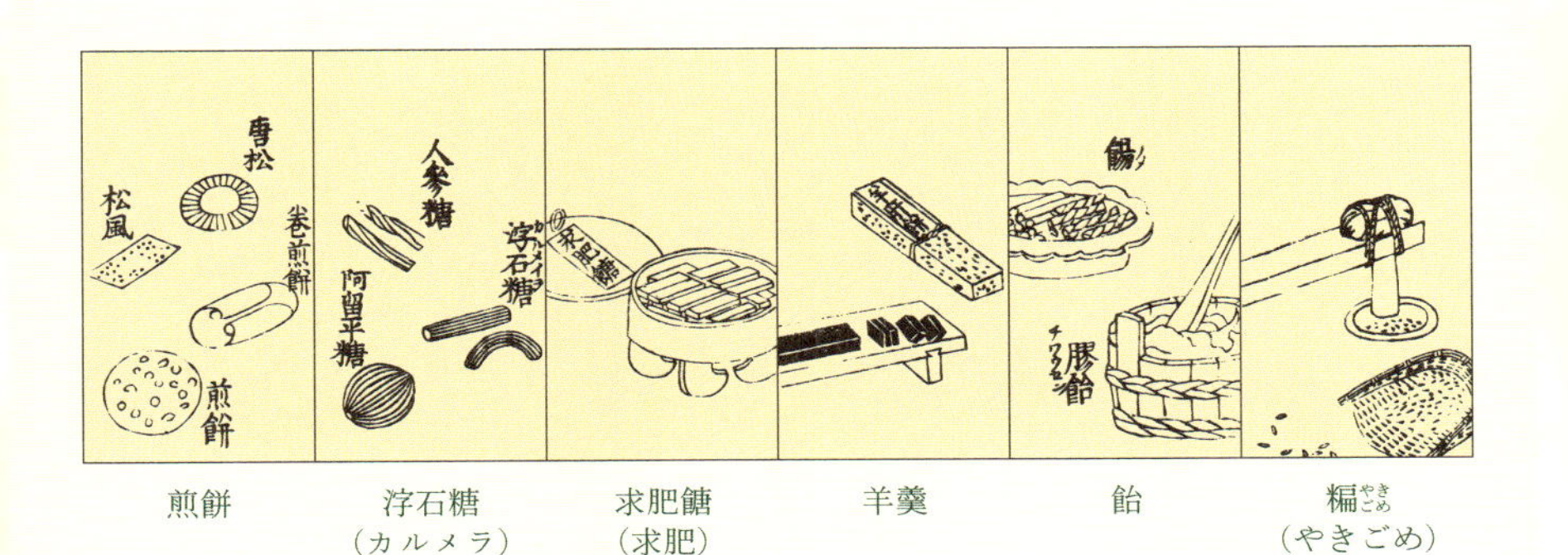

煎餅　浮石糖（カルメラ）　求肥餹（求肥）　羊羹　飴　糒（やきごめ）

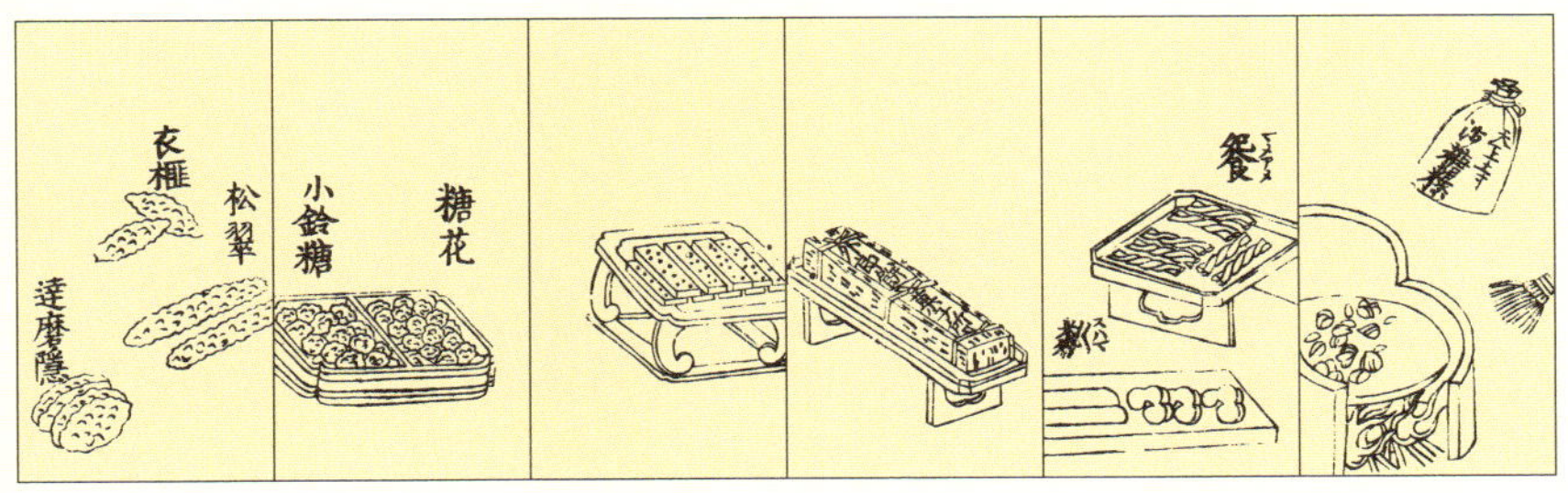

松翠（松のみどり）　糖花（金平糖）　加須底羅（カステラ）　外郎餅（外郎）　餥（豆飴）　糕（はぜ）

している（六七頁）。

「柹糕」は『本草綱目』によると、餅米と乾柿を一緒に搗き、粉にして蒸したもの。煮た棗を入れるという。

「飴」には餳と膠飴（地黄煎）の絵。

「餥」ではねじったものを餥、すはま形を粆としている。

「浮石糖」には人参糖（カルメラが飴のような状態のとき、紅花の黄汁を混ぜて冷やし固めたもの）と阿留平糖（*有平糖）、「糖花」には小鈴糖（*金平糖に似るが、中は空で味はやや劣る）、「煎餅」には唐松、巻煎餅、*松風、「松翠」には衣榧（砂糖がけした榧の実）、達磨隠（一六八頁）も見える。

▼参考　寺島良安著、島田勇雄ほか訳注『和漢三才図会』一八巻、平凡社東洋文庫、一九九一。

『古今名物御前菓子図式』宝暦 11(1761)年(吉田コレクション)

9　菓子製法書の刊行

版本としては初の菓子製法書『古今名物御前菓子秘伝抄』(一七一八)が京都で刊行された後、『古今名物御前菓子図式』(一七六一)、『餅菓子即席手製集』(一八〇五)、『菓子話船橋』(一八四一)、『鼎左秘録』(一八五二)、『古今新製名菓秘録』(一八六二)が世に出る。なかでも江戸深川の菓子屋船橋屋による『菓子話船橋』は、記述も具体的で、近世菓子製法書の最高峰とされる。製法書のなかには、菓子図や製造の場面の挿絵を含むものもある。こうした版本ほか、菓子の意匠や製法を記録した写本も出回り、製造技術が広まっていった。版本の菓子製法書の翻刻や解説は、鈴木晋一・松本仲子編訳注『近世菓子製法書集成』1・2(平凡社東洋文庫、二〇〇三)を参照。

『餅菓子即席手製集』文化2(1805)年(虎屋蔵)

10 カステラ作り

『餅菓子即席手製集』(一八〇五)は『東海道中膝栗毛』の作者、十返舎一九が文章、挿絵を手がけたもの。製法書にしては記述に不備があり実用的でないが、餅を搗いたり、火鉢の上でどらやき*のような生地を焼いたりする挿絵があるなど、興味深い。上図では左下に引き釜、右にカステラ鍋が見え、上下の炭火でオーブン式にカステラを焼く様子がわかる。なお、オランダ商館付医員として来日したシーボルトのお抱え絵師、川原慶賀も、長崎の菓子屋が引き釜でカステラを焼く様子を描いている(作品はライデンの国立民族学博物館蔵)。

「東海道五十三次之内(行書東海道。府中)」歌川広重(吉田コレクション)
左右に安倍川餅の店が見える。

11　旅と和菓子

街道名物の茶店は、旅人の疲れを癒したことだろう。『東海道中膝栗毛』には、弥次さんが四日市で旅人と饅頭の食べ比べをする場面があるなど、旅の途中で菓子を楽しんでいた様子がうかがえる。上図は府中の安倍川近辺の茶店を描いたもの。餅に黄な粉をまぶした*安倍川餅が有名で、餅を搗いている姿が見える。このほか、宇津谷峠の十団子、草津の姥が餅、大津の走井餅なども題材となった。十団子の場合、錦絵では、糸でつないだ厄除けのお守りを描いたものが知られる。

「恋女房染分手綱」歌川国貞（早稲田大学演劇博物館蔵。101-1867「重の井 岩井紫若」、101-1868「六代目岩井半四郎追善狂言大当り へ」「じねん生ノ三吉 岩井粂三郎」「本田弥三太夫 大谷万作」。左より、三吉、弥三太夫、重の井）

12 芝居と和菓子

芝居を題材にした錦絵にも菓子の姿を見ることができる。上は天保一三（一八四二）年上演「恋女房染分手綱」の「重の井子別れ」の段。女性は大名の姫君に乳母として仕える重の井、少年は馬子の三吉だ。三吉が道中双六をすすめたことで、嫁入りを嫌がっていた姫君の機嫌が直ったため、重の井は褒美に菓子をもってくる。三吉は生き別れとなったわが子なのだが、重の井は親子の名乗りができない。この名場面に描かれるのは、色鮮やかな干菓子、紅白の縞の有平糖。こうした曲げ物の有平糖は、江戸時代後期に盛んに作られたが、今は見かけることも少なくなった。

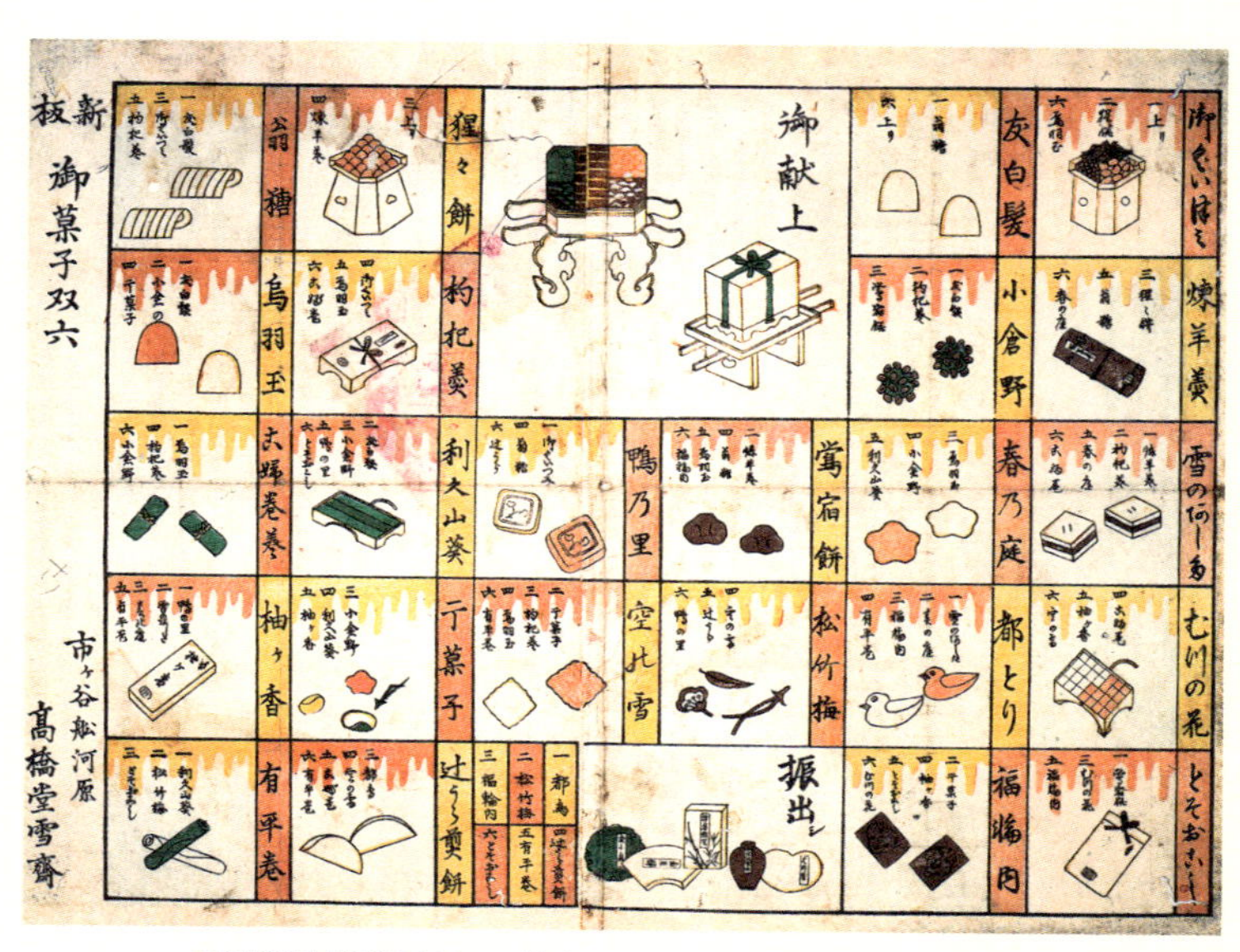

「新板（版）御菓子双六」幕末〜明治（東京学芸大学附属図書館蔵）

13　菓子双六

すべてのコマが菓子の絵になっている珍しい双六。左上から「翁糖」、「猩々餅」、「友白髪」、「御ぐいつみ」、「鳥羽玉*」、「枸杞羹」（クコの実使用の羊羹か）、「小倉野」、「煉羊羹」、「こふ巻羹」、「利久山葵」、「鴨の里」、「鶯宿餅」、「春の庭」、「雪のあした」、「柚ケ香」、「干菓子」、「空の雪」、「松竹梅」、「都とり」、「むつの花」、「有平巻」、「辻うら煎餅*」、「福輪内」、「とそおこし」（屠蘇おこし）である。いずれも当時親しまれたものであろう。

このほか、江戸の名物双六には桜餅*や金つば*、東海道の名物双六には安倍川餅、走井餅などを見ることができる。木箱や竹皮包など、包装形態がわかることもある。

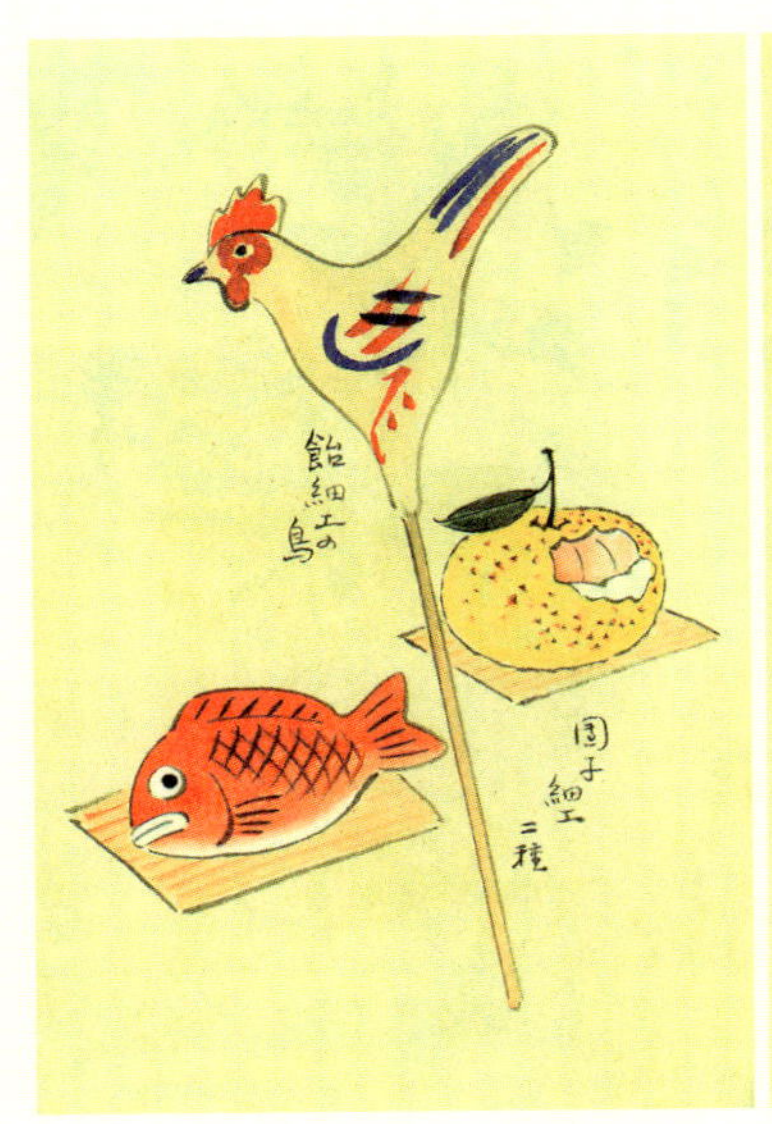

川崎巨泉による菓子の絵　飴細工の鳥と団子細工（大阪府立図書館蔵）

14　飴細工と団子細工

川崎巨泉（一八七七～一九四二）が残した郷土玩具及び菓子の絵図は、庶民の行事や信仰、生活に根差したものが多い。四天王寺・庚申堂の七色菓子（七種の干菓子）、十日戎の餅製のつるし鯛、熱田の十団子など珍しいものがあり、民俗資料としても貴重だ。

飴細工は今も縁日やイベントで人気があり、外国でも披露されているが、団子細工（新粉細工）は目にする機会が減った。むきかけの蜜柑は、外国のマジパン細工にも似たものがあり、ルーツが気になる。

なお、巨泉の絵は所蔵先の大阪府立中之島図書館ホームページ「人魚洞文庫データベース」で公開されている。

付　録

《索引凡例》

- 項目名と本文中で触れられる主要な用語を五十音順に配列した。
- 索引に掲げた用語の所在は、本文のページ数で示した。
- ページ数で、太字は項目名、細字は解説文中の用語であることを示す。

索　引

か

た

な

は

ま

や

ら

わ

和菓子略年表

時代	西暦	年号	政治・社会・文化	和菓子	西暦
縄文時代 ↓	前1万		縄文文化　狩猟採集経済 稲作始まる		
				餅や団子の工夫	
弥生時代 ↓	前300		弥生文化		
			小国家分立		
古墳時代	538		仏教伝来		
	593	推古 元	聖徳太子、摂政となる		
飛鳥時代	645	大化 元	大化の改新	木の実や果物などを菓子と総称	
				遣唐使により唐菓子がもたらされる	630 〜894
	710	和銅 3	平城京遷都	「養老令」に「主菓餅」という役職名あり	718
奈良時代	712	和銅 5	『古事記』成立	正倉院文書のうち、天平10年の『淡路国正税帳』に大豆餅、小豆餅、煎餅、浮餾餅の名あり	738
	720	養老 4	『日本書紀』完成		
				鑑真の積荷に石蜜、蔗糖、甘蔗の名が見える（この年は来朝果たせず）	743
	754	天平勝宝 6	唐僧鑑真、平城京に入る		
平安時代	794	延暦 13	平安京遷都	正倉院文書のうち、天平勝宝8年の『種々薬帳』に蔗糖の名あり	756
	901	延喜 元	菅原道真、左遷		
	927	延長 5	『延喜式』完成	平安京の市で、索餅、心太、糖（飴）、甘葛煎、菓子（果実）が商われる	
	931	承平年中	源順、『和名類聚抄』を編む（〜938）	『和名類聚抄』に梅枝、桃枝、桂心ほか唐菓子の名が見える	
				『枕草子』に青ざし、甘葛などの記述あり	
	1005	寛弘 2	紫式部、一条天皇の中宮彰子に仕える	『源氏物語』に椿餅、粉熟の記述あり	
	1016	長和 5	藤原道長、摂政となる		

時代	西暦	年号	政治・社会・文化	和菓子	西暦
平安時代	1086	応徳 3	白河上皇、院政開始		
	1156	保元 元	保元の乱		
	1159	平治 元	平治の乱		
	1167	仁安 2	平清盛、太政大臣となる		
	1185	文治 元	平家滅亡		
鎌倉時代	1192	建久 3	源頼朝、征夷大将軍に任ぜられる	栄西、『喫茶養生記』を著す	1211
				禅僧により点心が伝来	
	1221	承久 3	承久の乱		
	1235	嘉禎 元	聖一国師(円爾)入宋	聖一国師、酒饅頭の製法を伝える。同年、道元『正法眼蔵』に饅頭の記載あり	1241
	1333	元弘 3	鎌倉幕府滅亡		
南北朝時代	1334	建武 元	建武新政		
	1338	暦応 元 延元 3	足利尊氏、征夷大将軍となる	林浄因、元より来朝して饅頭の製法を伝える	1350
	1378	永和 4 天授 4	足利義満、室町新邸(花の御所)に移る	『庭訓往来』ほかに点心の羊羹や水煎の名あり	
	1392	明徳 3 元中 9	南北朝の合一		
室町時代	1467	応仁 元	応仁・文明の乱(～77)		
	1474	文明 6	一休宗純、大徳寺住持となる	『七十一番職人歌合』に饅頭売り、心太売り、餅売りの絵あり	1500頃
	1489	延徳 元	足利義政、銀閣寺造営		
				『食物服用之巻』に羹類の食べ方あり	1504頃
	1543	天文 12	ポルトガル人が種子島に漂着、鉄砲伝来		
	1549	18	フランシスコ・ザビエル、鹿児島着、キリスト教伝来	南蛮菓子の伝来、砂糖の輸入増加	
	1553	22	武田晴信(信玄)、信濃・川中島で初めて長尾景虎(上杉謙信)と対陣	『言継卿記』に鶉餅の名あり	1553
				宣教師ルイス・フロイス、織田信長に金平糖献上	1569
	1573	天正 元	室町幕府滅亡	『松屋会記』『天王寺屋会記』などに見える茶会の菓子は木の実や果物、昆布、羊羹、焼餅など	

時代	西暦	年号	政治・社会・文化	和菓子	西暦
安土桃山時代	1576	4	織田信長、安土城築城に着手		
	1582	10	明智光秀、京都本能寺に織田信長を討つ		
	1587	15	豊臣秀吉、北野で大茶会を催す		
	1590	18	豊臣秀吉、天下統一		
	1591	19	千利休、秀吉の怒りに触れ自刃する		
	1592	文禄 元	文禄の役(〜93)		
	1597	慶長 2	慶長の役(〜98)		
	1600	5	関ヶ原の戦い		
江戸時代	1603	8	徳川家康、征夷大将軍となり江戸幕府を開く	『日葡辞書』刊行。羊羹、栗の粉餅、饅頭ほか菓子の記載多数	1603
	1615	元和 元	大坂夏の陣、豊臣氏滅亡		
	1637	寛永 14	島原の乱(〜38)	『毛吹草』に真盛豆、粟餅ほか京の名産の記述あり	1638
	1639	16	ポルトガル船の来航禁止	『料理物語』刊行。玉子素麺、葛焼餅など、菓子の製法あり	1643
	1641	18	平戸オランダ商館を長崎出島に移す		
	1654	承応 3	日本黄檗宗の開祖、隠元隆琦、来朝		
	1657	明暦 3	徳川光圀、『大日本史』編纂開始	(万治年間)寒天が発見されたという伝承あり	1658〜1661
	1668	寛文 8	京都町奉行を置く	桔梗屋菓子銘に170余りの菓子銘あり(『一話一言』所収)	1683
	1685	貞享 2	徳川綱吉、生類憐みの令発布	『雍州府志』にふのやき、銀つば、饅頭ほか京都名物の菓子の記述あり	1684
				『人倫訓蒙図彙』に菓子職人の図あり	1690
	1702	元禄 15	赤穂浪士の討入	『男重宝記』刊行。約250種の菓子銘あり	1693
	1704	宝永 元	尾形光琳、「中村内蔵助像」を描く	図説百科事典『和漢三才図会』に、カステラ、羊羹、すはまほか、菓子解説所載	1712

時代	西暦	年号	政治・社会・文化	和菓子	西暦
江戸時代	1716	享保 元	徳川吉宗、享保の改革に着手	版本としては初の菓子製法書『古今名物御前菓子秘伝抄』刊行	1718
	1727	12	吉宗、砂糖黍の栽培を命じる	『長崎夜話草』にカステラのほか南蛮菓子の名あり	1720
	1763	宝暦 13	平賀源内、『物類品隲』刊行。甘蔗栽培の説明、搾汁機の図を掲載、砂糖製法を紹介	徳川吉宗、砂糖黍を琉球から求め、諸藩に分け、製糖技術の伝播につとめる	1727
	1765	明和 2	『誹風柳多留』初編刊 鈴木春信、錦絵を創始	『古今名物御前菓子図式』刊行	1761
	1772	安永 元	田沼意次、老中となる	京都上菓子屋仲間結成	1775
	1787	天明 7	松平定信、老中となる。寛政の改革始まる	江戸で寒天を使った煉羊羹が考案される	1789頃
				『東海道中膝栗毛』刊行 鶉焼、饅頭、外郎など茶屋で出される菓子の記述あり	1802～1822
	1808	文化 5	間宮林蔵、樺太探検	『餅菓子即席手製集』刊行	1805
	1825	文政 8	異国船打払い令	『嘉定私記』に幕府嘉祥の記述あり	1809
	1837	天保 8	大塩平八郎の乱	『嬉遊笑覧』に菓子の記述あり	1830
	1841	12	老中水野忠邦の天保の改革始まる	『古今新製菓子大全』刊行	1840
	1842	13	滝沢(曲亭)馬琴、『南総里見八犬伝』完成	『菓子話船橋』刊行	1841
				『鼎左秘録』刊行	1852
	1853	嘉永 6	ペリー、浦賀に来航	『守貞謾稿』に食風俗の記述あり	1853頃
	1858	安政 5	日米修好通商条約調印		
	1860	安政 7	桜田門外の変	横浜に洋風パン屋開店	1860
	1862	文久 2	孝明天皇皇妹和宮親子内親王、14代将軍徳川家茂に降嫁する	『古今新製名菓秘録』刊行	1862
	1867	慶応 3	大政奉還		
明治	1869	明治 2	東京遷都	横浜でアイスクリームが発売される	

時代	西暦	年号	政治・社会・文化	和菓子	西暦
明治				木村屋、あんぱんを発売	1874
	1889	22	大日本国帝国憲法公布 東海道本線全通	京都菓匠会結成	1888
	1894	27	日清戦争(～95)	パリ万国博覧会に飾り菓子を陳列	1900
	1904	37	日露戦争(～05)		
				第1回帝国菓子飴大品評会(現、全国菓子大博覧会)が東京で開催	1911
				この頃、みつ豆ホールが人気となる	1912～1926
大正	1914	大正 3	第一次世界大戦(～18)		
	1923	12	関東大震災		
昭和	1931	昭和 6	満州事変		
	1937	12	日中戦争	砂糖など原材料の統制が始まる	
	1941	16	太平洋戦争	日本菓子工業組合連合会(現、全国菓子工業組合連合会)結成	1940
	1945	20	第二次世界大戦終結		
				全国和菓子協会結成	1950
	1964	39	東京オリンピック		
	1969	44	アポロ11号月面着陸		
	1970	45	日本万国博覧会、大阪で開催		
	1972	47	札幌冬季オリンピック 沖縄返還		
				「およげ！ たいやきくん」ヒットによる鯛焼人気	1976
				全国和菓子協会、6月16日を「和菓子の日」とする	1979
				イチゴ大福のブーム	1985～1990頃
平成	1989	平成 元	イタリアでスローフード協会が設立		
	1995	7	阪神・淡路大震災		
				「だんご3兄弟」ヒット	1999

時代	西暦	年号	政治・社会・文化	和菓子	西暦
平成				この頃から新感覚の和菓子や和カフェが話題に	2006
				和菓子作りの技術認定「選・和菓子職」始まる	2007
	2011	23	東日本大震災		
	2013	25	「和食」がユネスコの無形文化遺産に登録		
				三重県伊勢市にて第27回全国菓子大博覧会が開催	2017
令和				菓銘をもつ生菓子(煉切・こなし)が「登録無形文化財」に登録	2022

和菓子関係資料館・図書館

（配列は五十音順。2024年1月現在）

味の素食の文化センター　食の文化ライブラリー

108-0074 東京都港区高輪3-13-65　TEL03(5488)7319
午前10時～午後5時　入場無料（図書貸出カード初回登録料100円）
休館日：日曜日・祝祭日・年末年始ほか　食関係の展示室もあり。

味の素株式会社　大阪支社　食のライブラリー（休館中）

530-0005 大阪市北区中之島6-2-57　TEL06(6449)5842
午前10時～午後5時　入場無料（図書貸出カード初回登録料100円）
休館日：土曜日・日曜日・祝祭日・年末年始ほか

あずきミュージアム（御座候）

670-8654 兵庫県姫路市阿保甲611-1　TEL079(282)2380
午前10時～午後5時（入館は4時まで）　入場料：1200円（一般）ほか
休館日：火曜日・年末年始と設備点検等の臨時休館

和菓子の主材料である小豆の種類や栄養、年中行事との結びつきなどを、展示だけでなく、映像シアター、ライブラリーで学ぶことができる。併設のレストランでは、小豆を使った食事や甘味も楽しめる。

石橋屋駄菓子資料館（2023年閉館）

『駄菓子風土記』『みちのくの駄菓子』『駄菓子のふるさと』などを著した、石橋屋2代目、石橋幸作による日本各地の駄菓子の復元物や関係資料を展示。資料は仙台市歴史民俗資料館に寄贈された。

芋菓子の歴史館（里乃誉本舗　亀屋栄泉）

350-0063 埼玉県川越市幸町5-6　TEL049(222)0228
午前10時～午後5時　入場無料　休館日：春期・秋期無休、夏期・冬期水曜日を休業する場合あり（臨時休業あり）

川越が芋菓子で知られるようになるまでの先人の苦労などがわかる資料館。亀屋栄泉蔵の製菓道具や仕入れ帳などを展示し、明治以降の店の歴史も紹介。

お菓子の美術館(桔梗屋)

405-0077 山梨県笛吹市一宮町坪井 1928　TEL0553(47)3700

午前 9 時～午後 6 時　入場無料　年中無休

技巧をこらした華やかな工芸菓子の数々は見応えがある。桔梗信玄餅など菓子の製造工程を楽しめる工場見学も可能。

金沢菓子木型美術館(森八)

920-0912 石川県金沢市大手町 10-15　TEL076(262)6251

午前 9 時～午後 5 時　入場料：200 円(一般)ほか

休館日：元日・1 月 2 日

江戸時代から伝わる、意匠も大きさも様々な菓子木型など千数百点を展示。日英の音声ガイドもあり、金沢の菓子文化を学ぶ絶好の場所である。「落雁手作り体験(要予約・2 名より)」も毎日開催。

川越菓子屋横丁

350-0062 埼玉県川越市元町 2 丁目　TEL049(222)1386(玉力製菓)

20 数軒の駄菓子屋が軒を連ねる。飴玉やカルメ焼、饅頭、団子などを製造販売。

桔梗屋甲府本館

400-0867 山梨県甲府市青沼 1-3-11　TEL055(233)8800

午前 9 時～午後 6 時 30 分(季節によって変動あり)　入場無料　年中無休

工芸菓子を中心に、木型、焼印などの製菓道具を展示。製菓道具は「お菓子の美術館」に収蔵されていたが、桔梗信玄餅発祥の地である甲府本館に移された。

ギルドハウス京菓子　京菓子資料館(俵屋吉富)

602-0021 京都市上京区烏丸通上立売上ル　TEL075(432)3101

午前 10 時～午後 5 時　入場料：常設展 700 円(呈茶を含む)　休館日：水・木曜日

京菓子に関わる古文書、容器、木型のほか工芸菓子を展示。

千葉県立房総のむら

270-1506 千葉県印旛郡栄町龍角寺 1028　TEL0476(95)3333

午前 9 時～午後 4 時 30 分　入場料：300 円(一般)ほか　休館日：月曜日・年末年始ほか

伝統的な商家の町並みなどを復元・展示。菓子の店もあり、和菓子作りの実演や体験学習を行っている。

虎屋文庫(非公開)

107-0052 東京都港区赤坂 4-9-17 赤坂第一ビル 2 階　TEL03(3408)2402
E-mail : bunko@toraya-group. co. jp
午前 9 時〜午後 5 時 30 分(土日祝除く)

昭和 48(1973)年に創設された株式会社虎屋の菓子資料室。虎屋歴代の古文書や古器物を収蔵するほか、和菓子に関する資料収集、調査研究を行い、機関誌『和菓子』の発行(年 1 回)、ホームページ、展示活動などを通して、和菓子情報を発信。資料の閲覧機能はないが、菓子についての問い合わせには応じている。

成田羊羹資料館(なごみの米屋)

286-0032 千葉県成田市上町 500　TEL0476(22)2266
午前 10 時〜午後 4 時　入場無料　年中無休(展示替えの時のみ休館)

1 階の企画展では米屋や菓子に関わる展示を開催。2 階の常設展では、米屋の歩みを写真資料を用いて示す年表、羊羹の歴史に関する資料、全国各地の名物羊羹、羊羹の製造道具や原材料などを展示。

村岡総本舗羊羹資料館

845-0001 佐賀県小城市小城町 861　TEL0952(72)2131
午前 9 時〜午後 5 時　入場無料(元日のみ午前 11 時〜午後 5 時)　年中無休

村岡総本舗の本店隣にあるレンガ造りの洋館(かつての砂糖蔵)が資料館になっている。羊羹作りの道具や資料などを展示。

落雁文庫(諸江屋)

921-8031 石川県金沢市野町 1-3-59　TEL076(245)2854
午前 9 時〜午後 5 時　入場無料　休館日 : 元日

諸江屋蔵の木型、器物などを展示。加賀藩主前田家ゆかりの菓子などの企画展もあり。

主な参考文献

（刊行年順に配列）

明治時代の菓子製法書などは、国立国会図書館のデジタルアーカイブで閲覧できるものもある。今後インターネットで公開される史料も増えることだろう。

菓子・料理関係

岡本純（半渓）『和洋菓子製法独案内』魁真楼、1889
大塚長吉『改良菓子五百品製造法』出版社不明、1893
久保利右衛門『日本菓子製造独案内』又間精華堂、1904
梅田竹次郎『実験和洋菓子製造法』大倉書店、1905
亀井まき子『和洋菓子製法』博文館、1907
小谷雅之編『家庭実用百科大苑』大日本家庭学会、1910
加藤春次郎『作りくだもの教へくさ』家庭製菓講習会、1912
保坂幸三郎編『日本菓子宝鑑』和洋菓子新聞社、1916
藤澤文二郎『勅題干支新年菓帖』巻之18　萬花堂、1918
藤澤文二郎『勅題干支新年菓帖』巻之21　萬花堂、1921
松井喜次郎編纂『和洋菓子製造大鑑』東洋製菓新聞社、1925
菓子研究会編『菓子の事典』上巻・和菓子篇、三元社、1953
石橋幸作『駄菓子風土記』製菓実験社、1965
金沢復一編『金沢丹後江戸菓子文様』青蛙房、1966
鈴木宗康『茶菓子の話』淡交社、1968
藤本如泉『日本の菓子』河原書店、1968
関根真隆『奈良朝食生活の研究』吉川弘文館、1969
古川瑞昌『餅の博物誌』東京書房社、1972
松崎寛雄『饅頭博物誌』東京書房社、1973
金子倉吉監修・石崎利内著『新和菓子大系』上下、製菓実験社、1973
徳力彦之助『落雁〔増補改訂版〕』三彩社、1975
赤井達郎『京菓子』平凡社カラー新書、1978
川上行蔵編著『料理文献解題』柴田書店、1978
『城下町のお菓子〔暮らしの設計127〕』中央公論社、1979
『京のお菓子〔暮らしの設計 伝統シリーズ2〕』中央公論社、1981
『和菓子歳時記〔別冊太陽〕』平凡社、1981
『宗家の茶菓子〔別冊家庭画報〕』世界文化社、1982
奥山益朗編『和菓子の辞典』東京堂出版、1983
農村漁村文化協会編『日本の食生活全集』全50巻、農村漁村文化協会、1984-93

『古事類苑 飲食部』吉川弘文館、1984
『日本料理秘伝集成』全19巻、同朋舎出版、1985
『日本の菓子』全6巻、ダイレック、1985
『食文化に関する用語集 和菓子〔第3版〕』味の素食文化・史料室、1986
佐藤要人監修、住吉久美ほか著『川柳江戸食物志』太平書屋、1989
鈴木晋一『たべもの史話』平凡社、1989
主婦の友社編『和菓子技法』全7巻、主婦の友社、1989
中田友一『おーい、コンペートー』あかね書房、1990
西山松之助ほか監修『四季の和菓子』全4巻、講談社、1990
川端道喜『和菓子の京都』岩波新書、1990
中村孝也『和菓子の系譜』国書刊行会、1990
川上行蔵監修『日本料理由来事典』上・中・下、同朋舎出版、1990
松下幸子『祝いの食文化』東京美術、1991
荒尾美代『南蛮スペイン・ポルトガル料理のふしぎ探検』日本テレビ放送網、1992
渡辺信一郎『江戸川柳飲食事典』東京堂出版、1996
鈴木晋一『たべもの噺』小学館ライブラリー、1996
亀井千歩子『日本の菓子——祈りと感謝と厄除けと』東京書籍、1996
亀井千歩子『縁起菓子・祝い菓子』淡交社、2000
鈴木晋一『たべもの東海道』小学館、2000
小林彰夫・村田忠彦編『菓子の事典』朝倉書店、2000
大山真人『銀座木村屋あんパン物語』平凡社新書、2001
中山圭子『和菓子おもしろ百珍』淡交社、2001
鈴木晋一『御前菓子をつくろう——江戸の名著古今名物御前菓子秘伝抄より』ニュートンプレス、2003
鈴木晋一・松本仲子編訳注『近世菓子製法書集成』1・2、平凡社東洋文庫、2003
早川幸男『菓子入門〔改訂版〕』日本食糧新聞社、2004
山本候充編『日本銘菓事典』東京堂出版、2004
赤井達郎『菓子の文化誌』河原書店、2005
『和菓子風土記〔別冊太陽〕』平凡社、2005
村岡安廣『肥前の菓子』佐賀新聞社、2006
明坂英二『かすてら　加寿底良』講談社、2007
佐藤康明編『カステラ読本抄書』カステラ本家福砂屋、2009
牛嶋英俊『飴と飴売りの文化史』弦書房、2009
細田安兵衛『江戸っ子菓子屋のおつまみ噺』慶應義塾大学出版会、2009
溝口政子・中山圭子『福を招く　お守り菓子——北海道から沖縄まで』講談社、2011
若菜晃子『地元菓子』新潮社、2013
深野彰編著『「ういろう」にみる小田原——早雲公とともに城下町をつくった老舗』新評論、2016

虎屋文庫編著『和菓子を愛した人たち』山川出版社、2017
青木直己『図説 和菓子の歴史』ちくま学芸文庫、2017
橋爪伸子『地域名菓の誕生』思文閣出版、2017
虎屋文庫『ようかん』新潮社、2019
今村規子『史料で見る　和菓子とくらし』淡交社、2022

虎屋文庫機関誌『和菓子』1-30号、1994-2023
＊本文中に引用した寛永12(1635)年の御用記録「院御所様行幸之御菓子通」の翻刻は『和菓子』9号、2002参照。
虎屋文庫展示小冊子、1990-2014
『vesta』和菓子文化の魅力128号　味の素食の文化センター、2022

そのほか

「槐記下」(『史料大観』記録部23、哲学書院、1900)
「御湯殿上日記」全11巻(『続群書類従』、続群書類従完成会、1932-34)
千宗室ほか編『茶道古典全集』全12巻、淡交社、1956-62
菊池貴一郎著、鈴木棠三編『絵本江戸風俗往来』平凡社東洋文庫、1965
平山敏治郎ほか編「諸国風俗問状答」(『日本庶民生活史料集成』第9巻風俗、三一書房、1969)
森銑三『明治東京逸聞史』1・2、平凡社東洋文庫、1969
山中裕『平安時代の年中行事』塙書房、1972
日本随筆大成編輯部編『日本随筆大成〔新版〕』吉川弘文館、1973-79
粟田添星『酒井宗雅茶会記』村松書館、1975
菊岡沾凉「続江戸砂子温故名跡志」(小池章太郎編『江戸砂子』東京堂出版、1976)
物集高見・高量『廣文庫〔覆刻版〕』全21冊、名著普及会、1976-78
人見必大著、島田勇雄訳注『本朝食鑑』1-5、平凡社東洋文庫、1976-81
岡田甫校訂『誹風柳多留全集』全12巻・索引、三省堂、1976-84
三田村鳶魚編『未刊随筆百種』第6巻、中央公論社、1977
宗懍著・守屋美都雄訳註『荊楚歳時記』平凡社東洋文庫、1978
平出鏗二郎『東京風俗志』原書房、1979
『明治文化史』全14巻、原書房、1979-81
エドワード・モース『日本その日その日』全3巻、平凡社東洋文庫、1970
土井忠生ほか編訳『邦訳日葡辞書』岩波書店、1980
片桐洋一『歌枕歌ことば辞典』角川書店、1983
『河海抄』天理図書館善本叢書和書之部第71巻、天理大学出版部、1985
伊勢貞丈著、島田勇雄校注『貞丈雑記』全4巻、平凡社東洋文庫、1985-86
寺島良安著、島田勇雄ほか訳注『和漢三才図会』全18巻、平凡社東洋文庫、1985-91
「京の華」(『新撰京都叢書』第8巻、新撰京都叢書刊行会、1987)
新村出校閲、竹内若校訂『毛吹草』岩波文庫、1988

中村喬『中国の年中行事』正・続、平凡社選書、1988•90
小高恭『お湯殿の上の日記主要語彙一覧』名著出版、1989
鈴木棠三・小池章太郎『藤岡屋日記』3巻、三一書房、1988
佐竹昭広ほか編『新日本古典文学大系』岩波書店、1989-2005
半澤敏郎『生活文化歳事史』全3巻、東京書籍、1990
根岸鎮衛『耳嚢』全3冊、岩波文庫、1991
「尺素往来」(『往来物大系』第6巻、大空社、1992)
喜多川守貞著、朝倉治彦・柏川修一校訂編集『守貞謾稿』全5巻、東京堂出版、1992
長友千代治 校註『女重宝記・男重宝記　元禄若者心得集』社会思想社、1993
松浦静山『甲子夜話』続篇3、平凡社東洋文庫、1993
黒川道祐『雍州府志』新修京都叢書第10巻、臨川書店、1994
朝倉治彦、稲村徹元 編『明治世相編年辞典』東京堂出版、1995
高橋幹夫『江戸商売絵字引——絵で見る江戸の商い』芙蓉書房出版、1995
『庭訓往来　句双紙』新日本古典文学大系52、岩波書店、1996
喜田川守貞著、宇佐美英機校訂『近世風俗志——守貞謾稿』全5巻、岩波文庫、1996-2002
川本重雄・小泉和子編『類聚雑用抄指図巻』中央公論美術出版、1998
千宗室監修『茶道学大系』全11巻、淡交社、1999-2001(とくに4巻『懐石と菓子』1999)
『醒睡笑——静嘉堂文庫蔵〔本文編改訂〕』笠間書院、2000
林屋辰三郎他編『角川茶道大事典〔普及版〕』角川書店、2002
斎藤月岑著、今井金吾校訂『武江年表』下、筑摩書房、2004
喜多村筠庭『嬉遊笑覧』(4)、岩波文庫、2005
「二階から」『岡本綺堂随筆集』岩波文庫、2007
柴田光彦新訂増補『曲亭馬琴日記』全4巻・別巻1、中央公論新社、2009-10
筒井紘一『新版茶道大辞典』淡交社、2010
『蒐める楽しみ——吉田コレクションに見る和菓子の世界』虎屋、2012
『御茶湯之記』茶湯古典叢書6、思文閣出版、2014
中町泰子『辻占の文化史——文字化の進展から見た呪術的心性と遊戯性』ミネルヴァ書房、2015

大阪府立中之島図書館　人魚洞文庫データベース
http://www.library.pref.osaka.jp/site/oec/ningyodou-index.html
『あじわい』全国銘菓(全国銘産菓子工業協同組合)ホームページ　虎屋文庫連載「資料に見る和菓子」「和菓子探検」
http://www.ajiwai.or.jp

中山圭子

東京藝術大学美術学部芸術学科卒業。
卒論のテーマに「和菓子の意匠」を選ぶ。
現在、虎屋特別理事、虎屋文庫主席研究員。
著作『和菓子ものがたり』(朝日文庫)
『和菓子 夢のかたち』(東京書籍)
『和菓子おもしろ百珍』(淡交社)
『和菓子のほん』(福音館書店)
『江戸時代の和菓子デザイン』(ポプラ社) ほか

イラスト・装画 阿部真由美

事典 和菓子の世界 増補改訂版

2018年3月28日 第1刷発行
2024年4月5日 第3刷発行

著 者 中山圭子(なかやまけいこ)

発行者 坂本政謙

発行所 株式会社 岩波書店
〒101-8002 東京都千代田区一ツ橋2-5-5
電話案内 03-5210-4000
https://www.iwanami.co.jp/

印刷・法令印刷 カバー・半七印刷 製本・牧製本

ISBN 978-4-00-061259-3 Printed in Japan